Das Herz des Buddha

Chögyam Trungpa

DAS HERZ DES BUDDHA

Buddhistische Lebenspraxis im modernen Alltagsleben

Herausgegeben von Judith L. Lief

Wandel Verlag berlin 2019

edition khordong

Die Originalausgabe erschien unter dem Titel »The Heart of the Buddha« bei Shambhala Publications, Inc., P.O. Box 308, Boston, MA 021 17.

Einzig berechtigte Übersetzung aus dem Englischen von Jochen Lehner.
1. Auflage erschien beim Otto Wilhelm Barth Verlag, 1993.
Durchgesehene Neuauflage, **WANDEL VERLAG** berlin 2019.

ISBN: 978-3-942380-26-3

1. Auflage 2019

Lektorat, Satz, Gestaltung: Andreas Ruft, Berlin.

Gedruckt bei Schaltungsdienst Lange in Berlin auf FSC zertifiziertem 100% OBA-, säure-, chlor- und holzfreiem, recycle- und biologisch abbaubarem Papier, alterungsbeständig gemäß ISO 9706. Wir unterstützen NatureFund beim Pflanzen von Bäumen: Blue Planet Certificate 105WN

edition khordong ist eine Publikationsreihe begründet im Khordong e.V., inspiriert von Chimed Rigdzin Rinpoche (1922-2002) und veröffentlicht beim **WANDEL VERLAG** berlin. Bitte besuchen Sie unsere Webseiten:
Web: www.khordong.net www.wandel-verlag.de www.tsagli.de
Mail: edition@khordong.net mail@wandel-verlag.de

Wandel Verlag berlin 2019

Inhalt

Anhang

Vorwort der Herausgeberin

Die Auswahl der Beiträge zu diesem Buch war geleitet von dem Gedanken, dem Leser einen möglichst breiten Fächer der Lehren Chögyam Trungpa Rinpoches vor Augen zu führen. Deshalb bietet dieser Band sowohl einführende Darstellungen als auch Kapitel, in denen bestimmte Themen detaillierter und gründlicher erarbeitet werden. Manche Artikel wurden für bestimmte Publikationen oder einfach zur Verbreitung unter Rinpoches Schülerinnen und Schülern verfasst; andere gingen aus Seminaren und Reden hervor und stehen somit für die Lebendigkeit der mündlichen Übermittlung, für die überragende Bedeutung des direkten Austauschs zwischen Schüler und Lehrer.

In seinen vielen Seminaren legte Trungpa Rinpoche stets großen Wert auf ein ausgewogenes Verhältnis von Praxis und Studium. Für die Teilnehmenden an diesen Seminaren gab es immer Zeiten, die der formellen Meditation gewidmet waren, und Studienzeiten, in denen man sich durch Vorträge, Lektüre und Diskussionen die Lehren des Buddha erarbeitete. So gab es immer Gelegenheit, das eigene Verständnis in der direkten Erfahrung auf die Probe zu stellen, und die Verfeinerung des intellektuellen Erfassens konnte Hand in Hand gehen mit einer Vertiefung der unmittelbaren Einsicht.

Die persönliche Reise

Das Herz des buddhistischen Weges ist die meditative Praxis. Uns selbst verstehen und mit anderen zurechtkommen, das wird uns letztlich nur gelingen, wenn wir Achtsamkeit und Gewahrsein in uns entwickeln. Nach einem verbreiteten Vorurteil führt uns die spirituelle Reise von uns selbst weg in ein anderes, ein höheres und friedvolleres Dasein. Hier wird die Übung der Meditation als eine Art Droge angesehen, als ein Weg, auf dem wir uns aus der rauen Wirklichkeit wegstehlen. Trungpa Rinpoche jedoch hat überall in seinen Unterweisungen immer wieder betont, dass Meditation keine Flucht ist, sondern einfach das »Anfangen am Anfang«.

Um aber anfangen zu können auf dem Pfad, müssen wir bereit sein, uns selbst ganz direkt zu begegnen, frei von Wunschvorstellungen und Selbstverurteilungen. Die Praxis der Meditation führt uns stets zurück zu dem, was ist, und da bleibt kein Raum für das, was sein könnte – immer wieder zurück auf »Start«. Im Zentrum der sehr persönlichen Reise der meditativen Schulung steht also die Bereitschaft, einfach die zu sein, die wir sind. Es ist kein Weg der Manipulation, sondern ein Weg des Annehmens.

Im Grunde sind zwar alle allein auf dieser Reise, doch erst durch die Begegnung von Schüler und Lehrer wird der spirituelle Pfad wahrhaft lebendig. In der buddhistischen Tradition ist die Beziehung zwischen Lehrer und Schüler von entscheidender Bedeutung. Ergebenheit ist der Schlüssel, der die ganze Kraft dieser Tradition erschließt. Doch Vorsicht, wir müssen hier sehr genau unterscheiden zwischen echter Hingabe und Ergebenheit und naiver, blinder Gläubigkeit.

Stadien des Pfades

Nach dem tibetischen System hat die Reise einer Schülerin und eines Schülers drei Hauptstadien: *Hinayāna, Mahāyāna* und *Vajrayāna.* (Hier beschreiben diese Begriffe also Entwicklungsphasen der persönlichen Schulung, während sie sonst im allgemeinen für die historischen Entwicklungsstadien des Buddhismus gebraucht werden.) Das Hinayāna ist das Anfangsstadium, in dem man das eigene mentale und emotionale Innenleben erkundet und durch die Übung der Meditation allmählich den Geist zur Ruhe bringt. Das innere Ringen lässt nach, und man fängt an, sich mit sich selbst anzufreunden. Im zweiten Stadium, dem Mahāyāna, wendet sich diese Freundlichkeit dann nach und nach auch nach außen. Man begegnet der phänomenalen Welt mit dankbarer Wertschätzung und gewinnt ein Verständnis von der Tiefe des Leidens aller Wesen. Daraus erwächst eine Haltung des tätigen Mitgefühls und der Antrieb, zum Wohl anderer zu wirken.* Das dritte Stadium, Vajrayāna, ist das der Schonungslosigkeit: Man gibt sich furchtlos und ohne sich zu schonen in jede Situation, die sich

---

* Das »tätige Mitgefühl« des Bodhisattva ist eines der zentralen Themen des Mahāyāna. Bei der Bodhisattva-Aktivität zum Wohle aller Lebewesen geht es nicht nur darum, mit ihnen zu »fühlen«, sondern darauf hinzuwirken, sie aus den Leiden des Kreislaufs der Existenzen (*Samsāra*) zu befreien. »Erbarmen«, das vom Althochdeutschen »ab-armen«, d.h. »von Not befreien«, herkommt, wäre deshalb eine angemessene Übersetzung für das buddhistische Konzept, das meist als »*compassion*« ins Englische übersetzt wird – auch wenn der Begriff »Erbarmen« manchen deutschen Buddhisten aus Antipathie gegen Wörter mit »christlichen« Assoziationen nicht gefällt (s. auch Seite 34 *f*). (Anm. d. Übers.)

einstellen mag; man ist bereit, sich rückhaltlos der durch Visualisationspraxis und tantrisches Ritual wachgerufenen Weisheit und Kraft des eigenen Geistes anzuvertrauen.

Wir sprechen hier zwar von drei Stadien, doch diese Stadien müssen wohlausgewogen zusammenwirken, wenn die Reise erfolgreich verlaufen soll. Jedes nächsthöhere Stadium erweitert und vermehrt das vorangehende und lässt das dort an Einsicht Gewonnene in einem größeren Zusammenhang wiederaufleben. Jedes ergänzt und bereichert also die Übrigen.

Miteinander leben

Die Einsichten, die wir durch die formelle Meditationspraxis gewinnen, lassen sich auf die vielfältigen Umstände unseres Alltagslebens anwenden. Der Alltag wird also nicht abgelehnt oder als bloße Ablenkung von unserer »spirituellen« Schulung betrachtet. Vielmehr gelangen wir durch die Verknüpfung der spirituellen Schulung mit dem gewöhnlichen Leben zu der Einsicht, dass unsere Erfahrung in allen ihren Aspekten wertvoll, ja heilig ist.

In der alten Tradition des tibetischen Buddhismus auf die klassische Weise geschult, hatte Trungpa Rinpoche doch zugleich ein tiefes Interesse an allen Abläufen in der modernen Gesellschaft und an den gesellschaftlichen Implikationen der buddhistischen Lehre. Deshalb widmete er Themen aus diesem Bereich – etwa dem Bildungs- und Gesundheitswesen, dem Umgang mit Kindern, der Natur von Beziehungen und den Vorgängen in der Geschäftswelt – in seinen Vorträgen und Seminaren immer wieder breiten Raum.

Mit dieser Sammlung von Essays verbindet sich die Hoffnung, dass die Leserin und der Leser durch sie einen Eindruck von Reichtum und Vielfalt der Lehren Trungpa Rinpoches bekommt und ihre Bedeutung für das tägliche Leben erkennt.

Judith L. Lief, 1991

Anmerkungen zur deutschen Neuauflage

Wir freuen uns dieses Buch, nachdem es so viele Jahre vergriffen war, wieder einem interessierten Leserkreis zur Verfügung stellen zu können. Bei der Durchsicht der Originalübersetzung haben wir nur wenig Änderungen vorgenommen. »Erbarmen«, als Übersetzung für Karuna, hat sich, obwohl es in seiner Wortbedeutung durchaus geeignet scheint, nicht weiter als Terminus durchgesetzt. Deshalb haben wir es meist durch »tätiges Mitgefühl« ersetzt. Eine geschlechterneutrale Sprache haben wir nur ansatzweise eingeführt, um den Lesefluss nicht allzu sehr zu stören. Wir bitten um Verständnis!

Thomas Maier bin ich für die Korrektur und Durchsicht des eingescannten Textes zu Dank verpflichtet. Ebenso danke ich dem Übersetzer Jochen Lehner sowie Shambhala Publ. für die Erlaubnis, dieses Buch wieder herausgeben zu dürfen.

Ein von Chögyam Trungpa schon frühzeitig beschriebenes Problem ist der spirituelle Materialismus. Diesen zu durchschauen und zu authentischer und nicht-intellektueller unmittelbarer Praxis zu finden, markiert den Beginn auf dem spirituellen Weg. Wir würden uns freuen, wenn dieses kleine Juwel Studierende des Dharma zu Resultate bringender Übung und wirklichem Verständnis inspirieren kann.

Tsultrim Tarchin, Vollmond & Mondfinsternis, 21. Januar 2019

Erster Teil

Die persönliche Reise

1

Was ist das Herz des Buddha?*

»Im Grunde, meine Damen und Herren, ist das hier die eigentliche frohe Botschaft, wenn der Ausdruck erlaubt ist: Wir sind von Natur aus Buddha, und wir sind von Natur aus gut. Ohne Ausnahme – und ohne erst analytische Studien betreiben zu müssen – haben wir ganz von selbst Buddha in uns. Das nennt man Buddha-Natur oder auch Bodhicitta, das Herz des Buddha.«

Im Buddhismus gibt es drei Gruppen von Schulungsmethoden, die wir als *Shīla, Samādhi* und *Prajñā* bezeichnen. Shīla ist Disziplin und Lebensführung, eine bestimmte meditative Art des Verhaltens. Samādhi ist die Übung von Achtsamkeit und Gewahrsein: den eigenen Geisteszustand ohne jede Ablenkung in seiner Gesamtheit erfahren. Und Prajñā, das unterscheidende Gewahrsein, ist jener Zustand der Klarheit, in dem man verschiedene Geisteszustände deutlich zu unterscheiden

* Auf der Grundlage eines Vortrages »Die Täuschung des Ego bezwingen«, Cape Breton, 1981

vermag; man ist hier nicht mehr aufgewühlt oder niedergeschlagen durch bestimmte Geistesverfassungen. Diese drei Schulungsformen bringen uns zur nächsten Stufe, auf der wir die Selbsttäuschung des Ichbewusstseins transzendieren – das ist die Erfahrung der Ichlosigkeit.

Solange wir an unser Ich glauben, leben wir in einem Bewusstseinszustand, in dem wir von der Welt der Phänomene entweder angezogen oder abgestoßen sind. Was wir sehen möchten, hängt hier von unserer Mentalität ab, von dem, was wir für wünschenswert halten, um unsere »Ich-bin-heit«, unsere »Ichheit« zu wahren. Wir sprechen hier vom Transzendieren dieser Ichheit, und das nennen wir Ichlosigkeit. Ichlosigkeit heißt nicht, dass sie sich vollständig in Nichts auflösen. In der westlichen Literatur – ich meine insbesondere die christliche Literatur der frühen viktorianischen Zeit, aber auch bestimmte Oberschulkurse über Buddhismus – wird dem Buddhismus häufig vorgehalten, er behaupte dies. Es heißt dort, der Buddhismus glaube an das Nichts, und das ist ganz gewiss nicht der Fall.

Ichlosigkeit bedeutet eher das Aufhören der Ichbesessenheit – Freiheit von Egomanie. Egomanie hat die verschiedensten groben und subtilen Formen. Unter einem Egomanen stellt man sich normalerweise einen erkennbar Wahnsinnigen vor, aber wenn wir die Sache ganz genau betrachten und studieren, werden wir sehen, dass es subtile Formen der Egomanie gibt. Die Diktatoren der Welt zum Beispiel könnte man als Egomanen betrachten, denn ihr ganzes Verhalten ist deutlich erkennbar von Ichbesessenheit geprägt. Aber auch bei ganz gewöhnlichen Menschen, uns selbst eingeschlossen, ist das nicht wesentlich anders. Wir möchten die Welt besitzen, wir möchten die Sicherheit unseres Ich gewahrt wissen, und deshalb tun wir so, als sei alles, was diesem Ziel dient, völlig in Ordnung – das ist *unser* Ego-Wahn.

Durch Shīla, Samādhi und Prajñā – Disziplin, Meditation und unterscheidendes Gewahrsein – gelangen wir zur Freiheit von Egomanie, vom Ich-Wahn. Über dieses Durchschauen unseres Ich-Wahns hinaus jedoch bringen wir unser schon immer bestehendes größeres Sein, das wir mit dem Sanskritwort *Bodhicitta* bezeichnen, in die Welt oder erwecken es.

Bodhi ist mit *Buddha* verwandt und bedeutet wörtlich »wach«. *Buddha* ist ein Nomen, *bodhi* ein Eigenschaftswort, das man für Erwachte oder Erwachende gebraucht. Das Sanskritwort *Citta* bedeutet »Herz«, gelegentlich auch »Wesen/Essenz«. Bodhicitta ist also das Wesen des Buddha, das Wesen der Erwachten.

Wir können das Wesen der Erwachten nur erwecken, wenn wir uns zunächst der meditativen Schulung unterziehen: Der *Shamatha*-Disziplin der Achtsamkeit und der *Vipashyanā*-Disziplin des Gewahrseins. Darüber hinaus ist es notwendig den drei Disziplinen von Shīla, Samādhi und Prajñā gerecht zu werden, also zu wissen, was wir zu tun und zu lassen haben.

Wenn wir uns in Shīla, Samādhi und Prajñā üben, werden wir allmählich des Buddha in uns gewahr. Es ist aber nicht so, dass diese Prinzipien ein buddha-ähnliches Gewahrsein erst *erzeugten* – wir haben dieses Buddha-Wesen vielmehr schon in uns. Aber durch Shīla, Samādhi und Prajñā *realisieren* wir schließlich, wer und was wir letztlich sind.

Nach der buddhistischen Tradition erlangen wir niemals *neues* Wissen, und nie gelangen fremde Elemente in unsere geistige Verfassung. Es ist vielmehr eine Frage des Aufwachens und des Abwerfens unserer Schlafdecken. Wir haben alle diese Herrlichkeiten schon in uns, wir müssen sie nur aufdecken.

Wenn wir uns selbst eine fremde und äußerliche Gutheit einpflanzen müssten, würde sie uns doch fremd bleiben, sie würde uns nie wahrhaft gehören. Und weil sie nicht Teil unseres Selbst wäre, würde sie sich irgendwann wieder verflüchtigen. Es kann gar nicht ausbleiben, dass unsere grundlegende Natur dieses fremde Transplantat irgendwann abstößt. (Mag sein, dass diese Logik für Herztransplantationen nicht gilt. Heute heißt es ja, dass man mit einem fremden Herzen durchaus überleben kann.)

Wir sprechen hier aber vom Erwecken dessen, was wir noch nicht erweckt haben. Es ist, als wären wir Gefangene gewesen und hätten unser menschliches Vermögen nicht wirklich ausüben können; unser Handlungsspielraum war durch die Umstände beschnitten. Bodhicitta im eigenen Herzen entstehen lassen, Buddha im eigenen Herzen entstehen lassen, das vergrößert unsere Freiheit. Das bedeutet *Freiheit* im Buddhismus, sonst nichts. Wenn wir also von Freiheit sprechen, dann meinen wir nicht den Sturz der Regierung oder ähnliches; wir meinen die Freiheit von den Beschneidungen unserer Fähigkeiten.

Es ist, als wären wir Wunderkinder mit allen möglichen genialen Begabungen, würden aber von der Gesellschaft in Schach gehalten, der nichts wichtiger ist, als gewöhnliche Menschen aus uns zu machen. Es ist so, als wäre es unseren Eltern peinlich, wenn sich auch nur ein Schimmer des Genialen bei uns zeigte. Dergleichen muss sofort unterbunden werden: »So was sagt man nicht. Benimm dich doch wie ein normaler Mensch.«

So etwas geschieht tatsächlich mit uns, aber ich möchte keineswegs den Eltern allein die Schuld geben: Wir selbst tun uns das auch an. Wenn wir etwas Ungewöhnliches sehen, haben wir Angst, das auch zu sagen; wir haben Angst, uns zu äußern und offen und direkt zu solchen Dingen in Beziehung zu treten. Also halten wir uns selbst – unser Potential und unsere Fähigkeiten – unter Verschluss; wir beugen uns den Konventionen. Im Buddhismus jedoch werden wir von dieser Art Konventionalität befreit.

Diese Konventionalität ist das, was man im Buddhismus als Glauben an Gewohnheitsmuster bezeichnet. Konventionen *sind* Gewohnheitsmuster, und die Urheber aller Gewohnheitsmuster sind Unwissenheit und Verlangen. Unwissenheit und Verlangen vertragen sich nicht mit der Shīla-Disziplin; sie vertragen sich nicht mit der Samādhi-Achtsamkeit, weil sie uns nicht erlauben, im Zustand geistiger Sammlung zu bleiben; und sie vertragen sich nicht mit Prajñā, weil sie Abstumpfung, aber nicht Schärfe der Unterscheidung bewirken.

Im Grunde, meine Damen und Herren, ist das hier die eigentliche frohe Botschaft, wenn der Ausdruck erlaubt ist: Wir sind von Natur aus Buddha, und wir sind von Natur aus gut. Ohne Ausnahme – und ohne erst analytische Studien betreiben zu müssen – haben wir ganz von selbst Buddha in uns. Das nennt man Buddha-Natur oder auch Bodhicitta, das Herz des Buddha.

Wir könnten uns nun fragen: Von welcher Art ist das Herz des Buddha? Mag es auch manchmal eine Currywurst, oder ist es einfach ein frommes Herz, nur von religiösen Dingen bewegt? Ist dieses Herz, christlich gedacht, das allerheiligste Herz?

Nein, das Herz des Buddha ist nicht unbedingt ein frommes Herz, aber es ist auf jeden Fall ein offenes Herz. Diesem Herzen liegt es, die Welt der Erscheinungen zu erkunden, und es ist offen für Beziehungen zu anderen. Dieses Herz ist von ungeheurer Kraft und großem Selbstvertrauen, und deshalb nennt man es »furchtlos«. Es ist auch höchst wissbegierig, und diese Wissbegier ist auf dieser Stufe gleichbedeutend mit Prajñā. Es ist bereit, sich zu weiten, und es sieht in alle Richtungen. Und dieses Herz birgt gewisse Grundeigenschaften, die wir als unsere grundlegenden »Gene« – unsere Buddha-Gene – bezeichnen könnten. Wir alle besitzen diese Buddha-Gene. Der Geist soll Gene haben – klingt das nicht sonderbar? Aber wie sich zeigt, ist es wirklich so.

Diese Buddha-Gene haben zwei unverwechselbare Kennzeichen. Erstens vermögen sie die »Wirklichkeit« der phänomenalen Welt zu durchschauen und haben keine Angst vor ihr. Wir mögen uns vor Hindernisse und Schwierigkeiten aller Art gestellt sehen, aber diese Gene schrecken nicht vor der Auseinandersetzung mit ihnen zurück.

Zweitens enthalten diese Gene auch Sanftheit: Sie sind so liebevoll, viel mehr als einfach nur freundlich. Sie sind über alle Maßen gütig und liebevoll und können sich selbst projizieren, sogar auf Menschen, die nichts mit ihnen zu tun haben wollen.

Die Buddha-Gene sind auch voller Humor und Fröhlichkeit; man spricht hier von der »großen Freude«. Wenn sie erfahren können, dass solche Gene auch in ihnen sind, werden sie heiter und humorvoll sein und gern lachen.

Es gibt zwei Arten von Humor. Die eine Art kommt daher, dass man die Welt nicht ernst nimmt; man reißt allerlei Witze über die Probleme anderer. Die andere entspringt einem grundlegenden Gefühl der Freude. Nichts wird hier herabgewürdigt, alles immer nur zu seinem wahren Wert erhoben. Uns geht es hier um diese zweite Art von Humor.

Wir kennen alle möglichen Schulungsweisen, um die erleuchteten Gene zu wecken. Die wichtigste besteht darin, das Andere oder die Anderen an die Stelle des eigenen Ich zu setzen. Wir identifizieren uns ganz und gar mit den Schmerzen anderer und projizieren – verschenken – dafür alles, was uns an Gutem zu Gebote steht. So wird unser zähes und schwerfälliges Festhalten an uns selbst allmählich entblößt, so dass wir es durchschauen können.

Lassen sie uns das Gesagte jetzt kurz gemeinsam erörtern.

Schüler/Schülerin: Rinpoche, mir ist das zweite Kennzeichen der Buddha-Gene noch nicht ganz klar. Ist dieses Gütige und Liebevolle ständig gegenwärtig oder nur in bestimmten Augenblicken?

Trungpa Rinpoche: Das ist eine interessante Frage. Darf ich eine Gegenfrage stellen? Hat ein Feuer, wenn es nur glimmt, das Potential, aufzuflammen? Was würden sie sagen?

S: Das hängt, denke ich, von den Umständen ab.

TR: Was könnten das für Umstände sein?

S: Na ja, ob man in einer Garage voller Abgase ist oder auf freiem Feld …

TR: Sicher, sicher. Aber seiner Natur nach, in sich selbst, hat es da das Potential dazu?

S: Ja, es könnte aufflammen.

TR: Es könnte aufflammen und ihre Garage in die Luft jagen, nicht? Genau davon spreche ich. In sich selbst ist das Buddha-Gen dazu in der Lage, es liegt in seiner Natur.

Schüler/Schülerin: Rinpoche, was ist der Unterschied zwischen meditativem Tun und der Meditation im Sitzen? Wenn ich in meinem Atelier an einer Skulptur arbeite, kommt es mir so vor, als flö-

gen die Einsichten mir nur so zu. Das erscheint mir ebenso wichtig wie das formelle Sitzen. Ist daran etwas falsch?

Trungpa Rinpoche: Ja, das ist auch eine interessante Sache. Eben war vom Feuer die Rede. Irgendwer muss erst einmal Feuer machen; dann flammt es auf. Sie haben nun vielleicht das Gefühl, dass sie die Meditation im Sitzen nicht brauchen. Sie denken vielleicht, dass sie diese Erfahrung bereits gemacht haben, und ich will das nicht anzweifeln. Das ist vielleicht bei vielen Menschen so. Dennoch brauchen wir aber irgendeine Art von Feld-Schulung. Wir müssen wissen, wie man zur Wirklichkeit in Beziehung tritt, und wir müssen auch wissen, wie man Disziplin entwickelt. Wenn sie sitzen und Shamatha-Vipashyanā-Meditation üben, wird lange Zeit vermutlich erst einmal gar nichts passieren. Und es steht ja auch gar nicht die Absicht dahinter, dass irgend etwas passieren soll. Wir sind einfach nur still.

Sie schlossen den Brief, den sie mir geschickt haben, mit dem Wort »paix« ab, Friede. Wahrer Friede ist Nichthandeln; Nichthandeln ist die Quelle des Handelns. Wir müssen lernen, ein Fels zu sein, um auch ein Baum oder eine Blume, um Wind, Blitz oder Taifun sein zu können. Wir müssen still sein; dann gehen wir darüber hinaus. Deshalb ist die Übung im Sitzen sehr wichtig.

Wir schulen uns ja nicht in der Absicht, die Welt zu zerstören oder zu unterwerfen. Wir versuchen zur Welt in Beziehung zu treten, wie wir ja auch eine Beziehung zur Geburt unseres ersten Kindes haben und schließlich auch zu unserem eigenen Orgasmus, der sich, hoffe ich, ereignet, wenn sie Liebe machen. Alles Tun, alles Geschehen, ist irgendwie mit dieser Stille verbunden. Das ist keine leere Stille und keine Totenstille – sie ist ohne alles Zutun voller Energie.

Das also ist der Unterschied zwischen dem Zustand nach der Meditation und der eigentlichen Meditation. Meditation bereitet uns auf das Handeln vor, und manchmal bereitet uns das Handeln auf das Nichthandeln vor. Das ist wie Ein- und Ausatmen: Wenn sie ausatmen, ist das Handeln; um aber ausatmen zu können, müssen sie erst einatmen. So geht es immer weiter. Es ist also wichtig, eine strenge Disziplin des Still- und Festseins zu haben. Darin bilden sich Energie und Weisheit. Meditation und der Zustand nach der Meditation sind gleich wichtig in unserem Leben – wie einatmen und ausatmen.

S: Merci beaucoup.

Schüler/Schülerin: Rinpoche, können Sie noch etwas über Vipashyanā-Meditation sagen? Sie sprachen eben davon, aber ich weiß eigentlich nicht recht, was es überhaupt ist.

Trungpa Rinpoche: Vipashyanā ist ein Sanskritwort und bedeutet wörtlich »klar sehen«. Im Tibetischen haben wir dafür das Wort *Lhakthong*. *Lhak* bedeutet »höher«, und *thong* bedeutet »sehen«. Wir sprechen also vom klaren Sehen, vom höheren Sehen.

Vipashyanā beginnt, wenn wir durch Shamatha genügend Genauigkeit und Achtsamkeit entwickelt haben, um immer wach und präsent zu sein. Bei der Shamatha-Übung wird alles Gehörte, Gerochene, Empfundene, werden die Gedanken und alles Übrige einfach betrachtet, aber mit solcher Genauigkeit, dass sie schließlich nichts anderes als die Stille sind. Sie erzeugen dann keinerlei weitere Blasen oder Sinterprodukte.

Sie mögen sagen: »Ach, ich dachte gerade daran, wie mein Vater mir dies und jenes verboten hat.« In der Shamatha-

Übung werden, beim Auftauchen eines solchen Gedankens, ihr Vater und ihre Vorstellung von ihm, wie er »Nein, tu das nicht« sagt, in Jetzt und Jetzt und Jetzt unterteilt, und das geschieht ständig. Alles wird auf diese Weise präzise und feinstens zerlegt. Das ist Shamatha.

Im allgemeinen hat das Gedächtnis großes Gewicht in allem, was sie erfahren. Wenn sie in einer Meditationshalle sitzen und aus der Küche Essensgeruch hereindringt, werden sie sich fragen, was da heute wohl gekocht wird. Oder Gesäß und Rücken tun ihnen weh, und sie würden zu gern die Stellung ändern. Shamatha bedeutet nun, dass sie all das einfach anschauen, Jetzt und Jetzt und Jetzt. Sie zerlegen es, aber nicht gewaltsam, sondern indem sie einfach hinschauen – Jetzt und Jetzt und Jetzt.

Durch Shamatha werden sie fähig, jedes Ding einzeln anzuschauen als das, was es jetzt gerade ist, ohne es zur Vergangenheit in Beziehung zu setzen und ohne darüber nachzudenken, wohin diese Erfahrungen wohl führen und was sie mit ihnen machen werden. Alles ist ohne Vor- und Nachgeschichte, einfach nur Jetzt. Sie denken vielleicht an Zwiebelsuppe und wie schön das wäre, jetzt irgendwo Zwiebelsuppe essen zu gehen, aber das ist eben nur ein Gedanke, und sie zerschnippeln ihre Gedanken – Jetzt und Jetzt und Jetzt.

Daraus erwächst Vipashyanā. Auf der Vipashyanā-Ebene atomisiert man nach wie vor aufgrund der Shamatha-Schulung seine Gedanken, aber gleichzeitig führt man sie fort. Die Welt bietet sich uns nach wie vor als ein Panorama dar, aber zugleich haben die Dinge einfach nicht mehr den Zusammenhang, den sie mal besaßen. Die Dinge sind aus einfachen Wirklichkeitsstückchen gemacht. Wenn sie über längere Zeit, eine halbe Stunde lang, Zwiebeln riechen, wird auch dieser Geruch in Geruchs-Momente zerlegt: Sie riechen sie, sie riechen sie nicht; sie riechen sie, sie riechen sie nicht. Gäbe es diese Lücken nicht, dann gäbe es gar kein Riechen.

Die Erfahrungen sind auf der Ich-Ebene nicht kontinuierlich. Wir denken, dass sie alle zusammenhängend sind, miteinander verbunden sind, aber so passiert das nicht wirklich. Alles ist aus [einzelnen] Punkten gemacht. Wenn Erfahrungen in kleine Stücke geschnitten werden, könnte sich daraus eine gewisse Erkenntnis der [dahinterliegenden] Einheit des Wahrgenommenen ergeben. Das ist Vipashyana.

Sie fühlen sich jetzt gut, wenn sie etwa einen Stein berühren, denn sie spüren, dass er keine Kontinuität hat, sondern der Stein des Augenblicks ist. Wenn sie ihren Fächer halten, ist es der Fächer des Augenblicks; wenn sie blinzeln, ist es das Blinzeln des Augenblicks; wenn sie Freunden begegnen, sind es Freunde des Augenblicks: Nichts wird mehr erwartet, nichts verlangt. Alles wird klar gesehen.

Klar sehen – das ist die Definition von Vipashyanā, Ergebnis der Shamatha-Übung. Die Dinge nehmen jetzt etwas unwahrscheinlich Plastisches und Farbiges an, wie eine Disney World, wenn sie so wollen. Sie erkennen jetzt, *dass die Dinge* gar nicht so dicht gefügt und kontinuierlich sind. Aber eben weil sie es nicht sind, gewinnen sie eine unglaubliche Farbenpracht. Je deutlicher sie die Diskontinuität wahrnehmen, desto lebendiger und farbiger werden ihnen die Dinge. Auch hier wieder diese Lücke oder Pause: Um Farbe sehen zu können, müssen sie pausieren, und dann sehen sie wieder Farbe. Sie sehen, sie pausieren, und dann sehen sie wieder dieses klare Leuchten. Das ist die Präzision, mit der man die phänomenale Welt wahrnehmen muss.

Schüler/Schülerin: Rinpoche, Sie haben eben auf eine andere Frage gesagt, man solle in unmittelbarer Beziehung zu seinem eigenen Orgasmus stehen. Was meine eigene Erfahrung angeht, bin ich mir nicht ganz klar, ob Lust überhaupt lustvoll ist. Da ich Aggression und Leidenschaft noch nicht überwunden habe, wie kann ich dann überhaupt eine Beziehung zu den Dingen haben, wenn Lust nicht lustvoll und Schmerz nicht besonders schmerzhaft ist, ich aber darin gefangen bin?

Trungpa Rinpoche: Hier kommt es darauf an zu sehen, dass es so etwas wie »Lust schlechthin« nicht gibt. Anders gesagt, verschiedene Menschen erfahren sogenannte Lust ganz verschieden, je nach Bewusstseinsstand und je nachdem, woher sie kommen und wie sie nach der Lust-Erfahrung weitermachen werden. Lust ist kein festgelegtes Ding.

Manche Leute werden sehr ärgerlich, wenn sie ein Restaurant, in dem sie mal mit großem Behagen gespeist haben, wieder aufsuchen und das Essen jetzt mies und die Bedienung gar nicht gut ist. Dann beschweren sie sich beim Geschäftsführer. Man bekommt einfach *nicht immer* das, was man erwartet. Ich bin nicht der Trungpa, den sie vor ein paar Tagen gesehen haben. Ich bin ein frischer, neuer Trungpa – eben jetzt! Und so wird es immer sein mit mir. Ich werde heute Abend tot und verschwunden sein, aber auch eben jetzt, in diesem Augenblick, sterbe ich und werde geboren. Wenn ich also das nächste Mal einen Vortrag halte, werde ich ein ganz Anderer sein.

Sie können sich nicht auf irgendeinen bestimmten Bezugspunkt verlassen. Das hat einerseits etwas Frisches an sich und fühlt sich gut an, aber es kann auch traurig sein, wenn man ständig am Vergangenen festhalten möchte. Aber das versteht man erst, wenn man vertraut ist mit der inneren Haltung von

Shamatha und Vipashyanā. Und die Shamatha/Vipashyanā-Schulung geht weiter, sogar bis zur Ebene des Vajrayāna.

Wenn sie etwas ganz Phantastisches sehen, wird es in kleine Stücke geschnitten. Das erlaubt ihnen zu atmen, weil es eine kleine Pause zwischen den Stücken gibt; dadurch fangen sie an, diese Stücke mit wahrer Wertschätzung zu sehen. Ich glaube, ich kann es nicht noch plastischer sagen. Sie müssen es wirklich tun. Wenn sie sehen, werden sie glauben.

S: Vielen Dank.

TR: Sehr gern geschehen.

Schüler/Schülerin: Rinpoche, vorhin sprachen Sie darüber, wie wir uns selbst unter Verschluss halten und wie doch das Herz seiner Natur nach wissbegierig und erfahrungsbegierig ist. Nun gibt es aber im Buddhismus eine Ethik – bestimmte Weisen, wie die Dinge getan werden müssen oder nicht getan werden dürfen.

In meiner eigenen Erfahrung ist es nun so: Wenn ich wissbegierig bin, den Zug zu etwas Neuem hin spüre, fällt mir manchmal plötzlich die buddhistische Ethik ein, und ich benutze sie als Bezugspunkt für die Frage, ob ich mich richtig verhalte. Manchmal allerdings frage ich mich, ob ich nicht lieber einfach der Wissbegier nachgeben sollte anstatt mich allzu sehr an die Schriften zu halten. Meine Frage also: Wie kann man wissen, wann man sich besser unter Verschluss hält und wann man lieber drauflosgehen sollte?

Trungpa Rinpoche: Das liegt ganz bei ihnen. Anders gesagt, sie müssen in der Schulung weit genug sein oder zumindest ein Verständnis von der Augenblicklichkeit ihres Geistes haben. Ihr Geist ist nicht kontinuierlich, und *dadurch* können sie die Welt wahrnehmen, wie sie ist. Dann können sie losgehen und sie weiter erkunden.

Es gibt hierzu kein bestimmtes Dogma; es gibt nicht einmal eine besondere Richtlinie – außer eben: aufrechte Haltung und dem Buddha nacheifern. Das können sie tun. Niemand wird sie vermessen nennen.

S: Ich soll also einfach weiterüben.

TR: Einfach weiterüben, ja.

2

Intellekt und Intuition*

»Der Übergang vom Wissen zur Weisheit ist nicht so, dass man erst Wissen ansammelt und dann urplötzlich weise wird. Weisheit ist so definiert, dass man alles intuitiv schon weiß; sie ist unabhängig vom Ansammeln von Information. Offenbar wissen wir aber nicht, wie man diesen Sprung vom Intellekt zur Weisheit macht. Es scheint eine sehr große Kluft zwischen ihnen zu bestehen, und wir wissen nicht recht, wie man damit umgeht, wie man ein Gelehrter und ein Yogi wird. Offenbar brauchen wir da einen Vermittler. Dieser Vermittler heißt Mitgefühl, einfühlsame Güte: Durch Mitgefühl wird Wissen in Weisheit verwandelt.«

Was den spirituellen Pfad angeht, scheint es zwei unterschiedliche Ansätze zu geben – den intellektuellen und den intuitiven. In der intellektuellen Tradition wird spirituelle Entwicklung als Schärfung des Intellekts angesehen, vor allem durch das Studium der Theologie. In der intuitiven

---

* Eröffnungsrede, Vajradhatu Seminar, Teton Village, Wyoming, 1973

oder mystischen Tradition dagegen ist spirituelle Entwicklung gleichbedeutend mit der Vertiefung von Gewahrsein und Hingabe durch kontemplative Praktiken wie etwa Meditation. Weder der intellektuelle noch der intuitive Ansatz ist jedoch für sich genommen vollständig, und vor allem bilden sie keinen Gegensatz. Sie sind vielmehr zwei Strömungen, die erst zusammen den spirituellen Pfad bilden.

Betrachten wir die beiden Traditionen etwas näher. Im Westen hat die intellektuelle Tradition lange Zeit die führende Rolle gespielt. Und in manchen buddhistischen Ländern hat die scholastische Gelehrsamkeit derart überhand genommen, dass die buddhistischen Gelehrten die meditative Tradition ganz aus dem Auge verloren. Buddhisten, die großen Wert auf die intellektuelle Seite der Lehre legen, sehen es häufig als gefährlich an, mit der Meditation zu beginnen, bevor man die Theorie beherrscht. Also stellen sie das Studium an den Anfang des spirituellen Pfades und werden sehr gelehrt. Wenn sie dann aber alles intellektuell erfasst haben und die Theorien des Buddhismus beherrschen, meinen sie, sie brauchten nun gar nicht mehr zu meditieren, weil sie alle Fragen schon gelöst haben. Vertreter dieser Richtung betrachten den Buddha als den gelehrtesten aller Gelehrten und Erleuchtung als totales Informiertsein.

Die Vertreter der intuitiven Tradition dagegen betrachten Studium und Analyse als Hindernisse für die spirituelle Entwicklung. Sie erkennen deutlich, dass bloße Kenntnisse, die nicht in persönlicher Erfahrung wurzeln, ziemlich gegenstandslos sind, und so gelangen sie häufig zu einer grundsätzlichen Ablehnung des intellektuellen Ansatzes. Die Meditationsübung, sagen sie, ist der einzige Zugang zur Einsicht. Um Erleuchtung zu erlangen, braucht man nach dieser Ansicht überhaupt keine Kenntnisse. Der Buddha wird hier als der vollendete Meditationsmeister betrachtet, und der Erleuchtung ist man dann nahe, wenn man einfach in Schönheit sitzen kann.

Jede dieser beiden Einstellungen gegenüber dem Spirituellen ist unvollständig, weil sie nur einen Aspekt der Erfahrung berücksichtigt. Es gibt aber auch kontemplative Traditionen des Buddhismus, zum Beispiel den tibetischen Weg und den Zen-Weg, die sehr viel Wert auf die Meditation legen, aber das Studium keineswegs ausschließen. Hier gilt, dass die Schärfung der Intelligenz nicht nur vereinbar ist mit der meditativen Schulung, sondern diese sogar ergänzt und fördern kann. Zuerst bedarf man einer gewissen Grundlage der meditativen Übung; dann kann man anfangen, sich mit den intellektuellen Aspekten der Tradition auseinanderzusetzen. So kann das Studium eine Ergänzung der Erfahrung werden und bleibt nicht bloße Ansammlung beziehungsloser Information. Anstatt ein dumpfer Sitzer oder ein in den Wolken schwebender Intellektueller zu werden, kann der Schüler sich zu einem intelligenten Yogi entwickeln – Gelehrter und Praktizierender zugleich.

Erleuchtung geht über die Begrenztheit sowohl der kontemplativen als auch der intellektuellen Traditionen hinaus. Erleuchtung beschreibt die Ganzheit des Menschen und ist das, was die buddhistische Einstellung zur Spiritualität eigentlich ausmacht. Sie bahnt sich in einem Zustand an, den wir als tiefe Versunkenheit beschreiben könnten. Damit ist jedoch keine Trance gemeint, in der der Kontakt zur Welt völlig abreißt. Vielmehr ist diese Versunkenheit ein Gefühl von Totalität und Offenheit, die weder Anfang noch Ende zu haben scheinen. Diesen Zustand nennt man »vajragleicher Samādhi«. Die Bedeutung von *Vajra* ist die einer psychischen Unzerstörbarkeit. Da dieser geistige gesunde Zustand lücken- und fehlerlos ist, vollkommen in sich mit seinen eigenen Fähigkeiten geeint, kann er nicht zerstört werden. Und *Samādhi* verweist auf die Stille der Intelligenz, die in sich selbst ruht und für sich selbst besteht, anstatt herumzustöbern und aus allem irgendwelche Schlüsse zu ziehen. Der vajragleiche Samādhi ist ein dreifacher Prozess aus *Prajñā*, der höchsten Form des Intellekts, *Karunā*, der höchsten Form des Mitgefühls, und *Jñāna*, der höchsten Form der Weisheit.

Prajñā, der Intellekt, ist zutiefst intuitiv, aber zugleich auch von intellektueller Präzision. Wenn wir Menschen und Situationen in der rechten Aufmerksamkeit begegnen, wirkt Prajñā so, dass sie uns ganz von selbst Antworten geben und das richtige Verstehen ermöglichen. Wir brauchen also nicht zu analysieren, wir brauchen unsere Intelligenz nicht noch eigens zu schulen. Diese Intelligenz scheint überall und doch punktgenau zu sein – scharf, präzis und direkt, aber nicht wie ein Meißel, der nur sprengen kann, oder wie eine Heftzwecke, die nur »festnagelt«.

Das zweite Element des Samādhi-Prozesses ist Karunā, »tätiges« oder »erleuchtetes Mitgefühl«. Meist wird dieses Wort allerdings einfach als »Mitgefühl« oder gar als »Mitleid« übersetzt und diese Wörter haben in unserer Sprache Assoziationen, die mit Karunā nichts zu tun haben. Machen wir uns also klar, was mit »erleuchtetem Mitgefühl*« gemeint ist.

---

* Um das »erleuchtete« oder »tätige Mitgefühl« von einem gewöhnlichen Verständnis von »Mitfühlen« zu unterscheiden und falsche Konnotationen zu vermeiden, haben wir im weiteren dafür meist »tätiges Mitgefühl« (im amerikanischen: »compassion«) verwendet. (Anm. d. Hrsg.)

Unter einem mitfühlenden Menschen verstehen wir normalerweise jemanden, der gütig, sanft und verständnisvoll ist und dem nie der Kragen platzt. Solch ein Mensch ist stets bereit, uns alle Fehler zu verzeihen und uns zu trösten. So schätzenswert solch eine gütige und wohlwollende Seele auch ist, tätiges oder erleuchtetes Mitgefühl geht tiefer.

In der buddhistischen Tradition wird oft gesagt, dass wahres Mitgefühl wie ein Fisch sei und Prajñā wie das Wasser. Intellekt und Mitgefühl sind abhängig voneinander, aber zugleich haben sie auch beide ihr eigenes Leben und Wirken. Tätiges Mitgefühl ist einerseits ein Zustand völliger Ruhe, aber es gehören auch Intelligenz und wahre Lebendigkeit dazu. Ohne Intelligenz und Geschicklichkeit kann Mitgefühl zu stümperhafter Wohltätigkeit verkommen. Nehmen wir etwa an, jemand sei furchtbar hungrig, und wir gäben ihm zu essen. Jetzt ist er erst einmal satt. Aber der Hunger kommt wieder. Tag für Tag. Und wenn wir diesem Menschen immer wieder zu essen geben, wird er früher oder später anfangen, sich darauf zu verlassen. In dem Augenblick haben wir ihn zu einem rückgratlosen Schwächling gemacht, der gar nicht mehr Ausschau hält nach Möglichkeiten, sich aus eigener Kraft zu ernähren. Und das ist in Wirklichkeit gefühlloses Mitgefühl oder Mitgefühl ohne geschickte Mittel. Wir nennen es »Idiotenbarmherzigkeit«.

Die Kennzeichen von wahrem Mitgefühl sind Gelassenheit und Klugheit und der umsichtige Einsatz aller Mittel. Man stürmt hier nicht einfach in blindem Übereifer los, sondern betrachtet die Lage vollkommen ruhig und nüchtern. In dieser Nüchternheit erkennt man klar die Prioritäten: Was muss sofort geschehen, und was kann noch warten. Diese Art von Mitgefühl könnte man intelligente Liebe oder intelligente

Zuneigung nennen. Wir wissen, wie wir unserer Zuneigung so Ausdruck geben können, dass sie den Menschen nicht untergräbt und unselbständig macht, sondern ihm hilft, sich zu entwickeln. Das ist eher ein Tanz als eine Umarmung. Und die Musik dazu ist Prajñā, der Intellekt. Der Tanz des Mitgefühls zur Musik von Prajñā findet statt vor dem alles umschließenden Hintergrund von Jñāna, der Weisheit.

Schauen wir uns die Verknüpfung dieser drei Aspekte der Erleuchtung – Wissen, Mitgefühl und Weisheit – etwas näher an. Wir beginnen mit Prajñā, dem Wissen: Wir müssen wissen, wo wir sind, wir müssen unsere Umwelt erkunden, unseren besonderen Ort in Raum und Zeit. Wissen kommt also zuerst, und Weisheit folgt später. Wenn wir erst einmal wissen, wo wir sind, können wir weise werden, denn wir haben dann nicht mehr um unsere Orientierung zu ringen. Auch »Positionskämpfe« entfallen dann. Weisheit hat also mit Gewaltlosigkeit zu tun: Wenn wir weise sind, brauchen wir um nichts mehr zu kämpfen.

Der Übergang vom Wissen zur Weisheit ist nicht so, dass man erst Wissen ansammelt und dann urplötzlich weise wird. Weisheit ist so definiert, dass man alles intuitiv schon weiß; sie ist unabhängig vom Ansammeln von Information. Offenbar wissen wir aber nicht, wie man diesen Sprung vom Intellekt zur Weisheit macht. Es scheint eine sehr große Kluft zwischen ihnen zu bestehen, und wir wissen nicht recht, wie man damit umgeht, wie man ein Gelehrter *und* ein Yogi wird. Offenbar brauchen wir da einen Vermittler. Dieser Vermittler heißt Mitgefühl, einfühlsame Güte: Durch Mitgefühl wird Wissen in Weisheit verwandelt.

Wir fangen vielleicht damit an, dass wir allerlei Informationen sammeln, um große Gelehrte oder wandelnde Bücher zu werden. Das Anhäufen von Kenntnissen und die Ausbildung der Logik gehören durchaus zum Prajñā-Prozess. Auf dieser Ebene können wir unsere Erfahrung logisch, ja mathematisch behandeln. Aber wie machen wir diese Informationssammlungen zu einem Teil unserer selbst?

Wenn wir Prajñā, das Wissen, psychologisch und spirituell zu seiner ganzen Fülle entwickeln, fühlen wir vielleicht ein Gefühl der Freundlichkeit, Wärme und Güte in uns wachsen, und nicht nur für uns selbst, sondern auch für die Welt. Das ist aber kein Herausstreichen unseres Ego – uns selbst auf die Schulter klopfen für all die akademischen Titel, die wir gesammelt haben. Nein, diese Freundlichkeit ist eine Art Fasziniertsein von unseren gesammelten Ideen und Kenntnissen; die Welt ist uns faszinierend geworden, und wir möchten zu gern wissen, was es mit all dem auf sich hat. So heißt es zum Beispiel von großen Naturwissenschaftlern wie Einstein häufig, sie seien ziemlich eigen, wenn nicht exzentrisch geworden. Irgendwann transzendieren sie offenbar die herkömmliche Logik und gehen dann ihren ganz eigenen Weg. Ganz versunken in ihr ureigenes Wissen, ihre Prajñā, bricht sich etwas ganz Weiches in ihnen Bahn, und das macht ihre »Exzentrik« aus. Das scheint die Domäne von Karunā, der wahren Freundlichkeit, zu sein, die einen Raum entstehen lässt, in dem man hin und her wandern kann zwischen Weisheit und Wissen. In diesem Bewusstseinszustand besteht keine Kluft mehr zwischen Intellekt und Intuition. Stattdessen entwickelt sich in ihrem Spannungsfeld ein Drittes, und das nennen wir erleuchtetes Mitgefühl.

Je mehr die Kraft des tätigen Mitgefühls zunimmt, desto größer wird unsere Wertschätzung für alles, was wir entdeckt haben. Wir fassen eine tiefe Zuneigung zu dem Wissen, das wir erworben haben. Wir haben gesehen, wie die Dinge funktionieren, und jetzt gewinnt all das etwas sehr Persönliches. Wir möchten es gern mit jedermann teilen. Es hat etwas von einem rauschenden Fest. Wir müssen unsere Ideen nicht beweisen, und wir brauchen uns nicht angegriffen zu fühlen. Es macht uns einfach froh, an diesem Wissen teilzuhaben, und diese Freude, Auslöser für den Übergang vom Wissen zur Weisheit, ist Mitgefühl oder bedingungslose Liebe.

Es scheint für uns ein weiter Weg zu sein bis zu dem Punkt, von dem an wir nicht mehr von äußeren Bestätigungen und Ermutigungen oder überhaupt von äußeren Bezugspunkten abhängig sind: bis zum Punkt der Weisheit also. Diese Weisheit ist außerordentlich findig und schöpferisch: Anstatt alle Details eines bestimmten Gebiets erforschen zu müssen, nehmen wir einfach intuitiv und sehr genau das Ganze wahr. Deshalb wird der Buddha der Allwissende genannt. Nicht weil er ein großer Gelehrter war, der alle Bücher gelesen hatte und über alle Kenntnisse verfügte, sondern weil er ein untrügliches Gespür für alles besaß. Auf der Ebene der Weisheit sind alle Pläne der Welt, alle Kopfgeburten des Universums durchschaut; Zahlen, Daten, Fakten spielen hier keine gar so große Rolle mehr.

Als Einzelne auf dem spirituellen Pfad gewinnen wir immer wieder und immer häufiger kurze Einblicke in diesen erleuchteten Zustand. Verdeutlichen wir es an einem etwas negativ klingenden Beispiel: Wenn sich bei uns schleichend eine tödliche Krankheit entwickelt, spüren wir anfangs vielleicht nur einmal im Monat etwas davon. Doch mit der Zeit werden die Anfälle häufiger, vielleicht einmal die Woche, dann jeden Tag oder mehrmals täglich. Schließlich lässt die Krankheit uns gar nicht mehr los, sie ringt uns nieder, und wir sterben. So vollzieht sich auch der Tod des Ego, das Erwachen zur Erleuchtung. Wir brauchen uns nicht ständig zu bemühen, die Erleuchtung zu erzeugen – sie geschieht einfach. Sie fällt uns zu, während unser Leben seinen Gang geht.

3

Die vier Grundlagen der Achtsamkeit*

»Bei der Meditation befassen wir uns mit dieser Sache, [dem Ich], anstatt das Problem von außen anzugehen. Wir befassen uns mit dem Projektor statt mit der Projektion. Wir wenden uns nach innen, anstatt Lösungen für die äußeren Probleme A, B und C zu suchen. Wir befassen uns mit dem Schöpfer der Dualität und nicht mit seiner Schöpfung. Das ist: am Anfang anfangen.«

FÜR EINEN, DER DEM BUDDHA-DHARMA, den Lehren des Buddha, folgt, kommt es sehr darauf an, sich in der Meditation *zu üben.* Es kommt darauf an, die schlichte Tatsache ganz klar zu sehen, dass die Ursache aller Verblendung im eigenen Bewusstsein liegt und dass man durch Transzendierung der Verblendung zum erleuchteten Zustand gelangt. Und das kann allein durch die Praxis der Meditation gelingen. Der Buddha

* Ausführungen zur Meditationspraxis, Vajradhatu Seminar, 1973

selbst erlebte das, indem er sich seinem eigenen Geist widmete; und was er dabei lernte, wurde bis zu uns hin übermittelt.

Achtsamkeit ist eine allen buddhistischen Traditionen gemeinsame Art, den spirituellen Weg zu gehen. Doch bevor wir uns damit näher befassen, müssen wir uns erst einigermaßen klarmachen, was eigentlich mit Spiritualität gemeint ist. Manche sagen, Spiritualität sei der Zugang zu einer besseren Art von Glück, einem transzendenten Glück. Andere sehen in der Spiritualität eine Möglichkeit, Macht über andere zu gewinnen – eine wohlwollend ausgeübte Macht natürlich. Wieder andere meinen, es gehe darum, magische Kräfte zu entwickeln, um unsere ach so schlechte Welt in eine gute zu verwandeln, die Welt durch Wunder zu läutern. Alle diese Gesichtspunkte haben nichts mit dem buddhistischen Ansatz zu tun. Nach dem Buddha-Dharma bedeutet Spiritualität: in Verbindung treten mit der Arbeitsbasis des eigenen Daseins, und das ist unsere Geistesverfassung.

Es gibt in unserem Leben, unserem Sein, ein Grundproblem. Es besteht darin, dass wir ständig in einer Art Überlebenskampf stehen, ständig um unsere Position zu kämpfen haben. Wir haben irgendein festes Bild von uns selbst und versuchen erbittert daran festzuhalten. Dadurch sind wir gezwungen, diese fixe Vorstellung zu verteidigen. Schon gibt es Krieg, Verwirrung, Leidenschaft und Aggression – Konflikte aller Art. Nach buddhistischer Anschauung durchschlägt die Entwicklung echter Spiritualität diese Grundfixierung, dieses Klammern, diese Festung aus irgendwas, die man »Ich« nennt.

Dazu müssen wir zunächst herausfinden, was das Ich ist. Was hat es auf sich damit? Wer sind wir? Wir müssen Einblick gewinnen in unsere bestehende Geistesverfassung. Und wir müssen wissen, was wir praktisch dazu unternehmen können.

Wir geben uns hier nicht mit einer metaphysischen, das heißt abstrakten Erörterung über den Sinn des Lebens oder die Bedeutung der Spiritualität ab. Wir stellen uns die Frage unter dem Gesichtspunkt dessen, was wir *tun* können. Es muss doch etwas Einfaches geben, was wir tun können, um den spirituellen Pfad einzuschlagen.

Viele Menschen tun sich schwer, mit einer spirituellen Schulung anzufangen, weil sie ihre ganze Kraft in die Suche nach dem besten und leichtesten Zugang legen. Wir müssen vielleicht einfach aufhören, nach diesem besten und leichtesten Zugang zu suchen. Im Grunde haben wir nämlich gar keine Wahl: Welchen Zugang wir auch nehmen, überall müssen wir uns mit dem auseinandersetzen, was wir schon sind. Wir müssen uns anschauen, was und wer wir sind. Nach der buddhistischen Überlieferung ist der Geist sowohl die Ausgangsbasis für den Pfad als auch die Energie für den Pfad – unser eigener Geist, der unaufhörlich am Werk ist in uns.

Spiritualität geht also vom Geist aus. Im Buddhismus ist der Geist das, was empfindungsfähige Wesen von Steinen, Bäumen und Gewässern unterscheidet. Das, was unterscheidendes Gewahrsein hat, was Dualität empfindet und daher nach Dingen greift oder Dinge zurückweist, die es als äußerlich erfährt – dieses Dualitätsbewusstsein, das Mentale, das ist es, was wir hier Geist nennen. Er ist das, was das »Andere«, das »Etwas«, überhaupt erst schafft und dann Beziehungen herstellt zwischen sich und dem, was es als von sich verschieden erfährt. Das ist die Definition des Geistes. Genau das sagt auch die überlieferte tibetische Definition des Geistes: »Was an das Andere, die Projektion, denken kann, das ist der Geist.«

Mit »Geist« meinen wir also etwas ganz Bestimmtes. Nicht etwas Vages, das in unseren Köpfen und Herzen sein Unwesen treibt, etwas, das einfach ist, was es ist, weil die Dinge nun mal so sind, wie sie sind. Nein, der Geist ist etwas sehr Konkretes. Er enthält Wahrnehmung – Wahrnehmung, die sehr unkompliziert, sehr grundlegend, sehr präzise ist. Und der Geist gelangt dadurch zu seiner eigentlichen Natur, dass diese Wahrnehmung sich auf etwas anderes als das Ich richtet. Der Geist macht sogar die Wahrnehmung von etwas anderem zum Beweis für die Existenz des Ich. Das ist der mentale Trick, der eigentlich diesen Geist ausmacht. Tatsächlich sollte es ja anders herum sein: Da die Wahrnehmung vom eigenen Ich ausgeht, sollte der Schluss lauten: »Ich existiere, daher existiert das Andere.« Aber die Tatsachenverdrehung des Geistes geht so weit, dass er beim Anderen verweilt, um sich seiner eigenen Existenz zu versichern – ein sehr grundlegender Irrglaube. Tatsächlich ist die Existenz des Ich äußerst fragwürdig, und deshalb greift der Geist zu diesem Trick der Dualität.

Dieser Geist ist nun unsere Arbeitsbasis für die Meditation und die Entwicklung des Gewahrseins. Allerdings ist der Geist doch mehr als nur die Bestätigung des Ich durch den dualistischen Blick auf das Andere. Zum Geist gehört auch das, was wir Emotionen nennen, gleichsam die Glanzlichter unserer geistigen Zustände. Der Geist kann ohne Emotionen nicht sein. Tagträume und diskursives Denken sind nicht genug. Die allein wären zu langweilig. Der dualistische Trick würde sich abwetzen und fadenscheinig werden. Also erzeugen wir Wellen der Emotion, mal auf, mal ab: Leidenschaft, Aggression, Ignoranz, Stolz und was es sonst noch gibt. Anfangs müssen wir sie noch bewusst erzeugen, als ein Spiel, mit dem wir uns zu beweisen versuchen, dass wir existieren. Doch dann werden wir das Spiel nicht mehr los, es verfolgt uns; irgendwann ist es kein Spiel mehr, es zwingt uns, uns selbst stärker herauszufordern, als wir vorhatten. Das ist wie bei einem Jäger, der, um seine Schießkünste zu verbessern, auf den Gedanken verfällt, bei einem Hirsch, den er erlegen will, ein Bein nach dem andern zu treffen. Doch dann rennt der Hirsch einfach zu schnell, und es sieht so aus, als würde er ganz entkommen. Das wird nun zur totalen Herausforderung für den Jäger, der dem Hirsch so schnell er kann nachsetzt, um ihn nun ins Herz zu treffen und ganz zu töten. Der Jäger ist durch sein eigenes Spiel herausgefordert worden und fühlt sich durch sein eigenes Spiel geschlagen.

So sind die Emotionen. Sie sind nicht notwendig zum Überleben; sie sind ein Spiel, das wir selbst in Gang gesetzt haben und das uns irgendwann entglitten ist und jetzt gar keinen Spaß mehr macht. Unser Plan ist fehlgeschlagen, und jetzt sind wir schrecklich enttäuscht und absolut hilflos. Manche versuchen nun, ihre Beziehung zum »Anderen«, die ja Garant ihrer eigenen Existenz ist, durch die Erfindung eines Gottes oder durch andere hehre Projektionen – etwa Erlöser, Gurus oder Mahatmas – zu festigen. Alle möglichen Projektionen beschwören wir herauf, und sie sind alle nichts anderes als unsere Leibgarde, unser Rollkommando, das uns helfen soll, unser Territorium zurückzuerobern. Dahinter steckt eine (natürlich unbewusste) Spekulation: Wenn wir solchen großen Wesen huldigen, werden sie als unsere Helfer auftreten, als die Garanten des Bodens unter unseren Füßen.

Da haben wir also eine bittersüße Welt geschaffen. Die Dinge sind ganz amüsant, andererseits aber auch gar nicht so amüsant. Manchmal wirken die Dinge wahnsinnig komisch, aber zugleich auch furchtbar traurig. Das Leben hat etwas von einem Spiel, dem wir nicht mehr entkommen. Der Geist mit seinem faulen Zauber hat das alles heraufbeschworen. Wir mögen über die Regierung, die Wirtschaft oder die Leitzinsen jammern, doch all das ist sekundär. Das Urproblem hinter all diesen Problemen besteht darin, dass wir uns selbst als Widerspiegelung des anderen betrachten und daher etwas zu verlieren haben und um dessen Bestand kämpfen müssen. Alle Probleme ergeben sich ganz von selbst eben daraus. Sie sind unsere eigenen Erzeugnisse – saubere Arbeit. Und das nennt man Geist.

Nach der buddhistischen Überlieferung gibt es acht Arten von Bewusstsein und zweiundfünfzig Typen von Vorstellungen und alle möglichen anderen Aspekte des Geistes – aber wir brauchen hier nicht in die Einzelheiten zu gehen. Alle diese Aspekte beruhen hauptsächlich auf dem grundlegenden dualistischen Ansatz. Es gibt die spirituellen Aspekte und die psychologischen Aspekte und viele andere. Alle sind untrennbar verflochten mit dem Bereich der Dualität, das heißt mit dem Ich.

Bei der Meditation befassen wir uns mit *dieser* Sache, [*dein Ich*], anstatt das Problem von außen anzugehen. Wir befassen uns mit dem Projektor statt mit der Projektion. Wir wenden uns nach innen, anstatt Lösungen für die äußeren Probleme A, B und C zu suchen. Wir befassen uns mit dem Schöpfer der Dualität und nicht mit seiner Schöpfung. Das ist: am Anfang anfangen.

Die buddhistische Überlieferung benennt drei Hauptaspekte dieses dualistischen Geistes; im Tibetischen werden sie *Sem, Rigpa* und *Yi* genannt. Der grundlegende Geist, das einfache Vermögen, Dualität herzustellen, das wir bereits dargestellt haben, ist Sem. Rigpa bedeutet wörtlich »Intelligenz« oder »Verstandesschärfe«. Im umgangssprachlichen Gebrauch bezeichnet man damit Menschen, die man für gescheit und scharfsinnig hält. Diese Rigpa-Schärfe ist eine Art Nebenfunktion, die sich aus dem grundlegenden Geist entwickelt, eine Art Advokatenmentalität, die eigentlich jeder entwickelt. Rigpa schaut sich ein Problem von verschiedenen Seiten an und spielt die Lösungsmöglichkeiten durch. Es betrachtet das Problem auf jede erdenkliche Weise, von innen her, von außen her.

Der dritte Aspekt, Yi, wird traditionell als das sechste Sinnesbewusstsein klassifiziert. Die ersten fünf Arten von Sinnesbewusstsein sind Sehen, Riechen, Schmecken, Hören und Berühren. Yi, das sechste Sinnesbewusstsein, ist mentale Sensibilität. Es steht in direkter Beziehung zum Herzen und ist eine Art Ausgleichsfaktor, so etwas wie eine Schalttafel für die anderen fünf Arten von Sinnesbewusstsein. Wenn sie etwas sehen und zugleich ein Geräusch hören, synchronisiert Yi, der sechste Sinn, diese beiden Eindrücke und macht aus ihnen Aspekte ein und desselben Geschehens. Yi leistet eine Art automatische Synchronisierung oder programmgesteuerte Harmonisierung der gesamten Sinneserfahrung. Sie können sehen, riechen, hören, schmecken, fühlen, alles auf einmal, und diese Eindrücke löschen sich nicht gegenseitig aus, sondern fügen sich zu einem Gesamtbild. Das ist die Wirkung von Yi.

Yi ist also eine Art Schaltzentrale, die aus allen Erfahrungsaspekten ein zusammenhängendes Ganzes macht. In gewissem Sinne ist es der wichtigste der drei genannten Geist-Aspekte. Es besitzt nicht die manipulatorische Intelligenz von Sem. Sem betrachtet unsere Beziehung zur Welt mit eher politischem oder strategischem Blick. Der sechste Sinn ist da etwas häuslicher; er versucht einfach die Koordiniertheit der Erfahrung zu wahren, so dass alle Information auch wirklich ankommt und keine Probleme dadurch entstehen, dass irgendwo die Kommunikationsstränge abreißen. Rigpa schließlich ist in dieser mentalen Verwaltung die Intelligenz, die Forschungsabteilung, die das Ganze im Auge behält. Rigpa überwacht die Beziehung zwischen dem Geist und den sechs Sinnen und versucht die Möglichkeiten auszumachen, wo etwas schiefgehen könnte oder schon schiefgegangen ist und wie man die Sache wieder in Ordnung bringen könnte. Diese Forschungsabteilung kann selbst nicht auf der Ebene der äußeren Beziehungen tätig werden; sie übt eher die Funktion eines politischen Beraters aus.

Für uns kommt es an dieser Stelle vor allem auf diese drei Prinzipien Sem, Rigpa und Yi an. In der Literatur werden noch viele andere Aspekte des Geistes beschrieben, aber für das, was wir hier erörtern, genügen diese drei.

Wir sollten das Gesagte nicht als eine Information auffassen, die wir einfach akzeptieren und glauben müssen. Die hier beschriebene Erfahrung kann jeder persönlich nachvollziehen. Jeder kann sich das selbst vergegenwärtigen. Ein bestimmter Teil unserer Erfahrung wird vom grundlegenden Geist organisiert, ein bestimmter Teil vom sechsten Sinn, ein bestimmter Teil von der Intelligenz. Um die Grundfunktionen der Achtsamkeit-Gewahrseins-Übung zu verstehen, glaube ich, ist es für uns sehr wichtig, diese Verflechtungen des Geistes wirklich zu erfassen.

Wir leben in einer gigantischen Welt des Geistes und sind doch noch so gut wie gar nicht zu ihr in Beziehung getreten. Diese ganze Welt – dieses Zelt hier und dieses Mikrophon, dieses Licht, dieses Gras, ja die Brille auf unserer Nase – ist vom Geist gemacht. Der Geist hat all das ausgedacht und verwirklicht. Jede Schraube, jede Mutter wurde von irgend jemandes Geist angebracht. Diese ganze Welt ist eine Geist-

Welt, ein Produkt des Geistes. Ich bin sicher, dass jeder hier das weiß. Aber es ist sicher gut, uns daran zu erinnern, damit wir nicht denken, Meditation sei etwas ganz anderes, Exklusives, wobei man diese Welt zu vergessen hat, um in etwas anderes einzutreten.

Wenn wir meditieren, haben wir es mit ebendem Geist zu tun, der unsere Brillen ersonnen und die Gläser in die Fassung gesetzt hat, mit dem Geist, der dieses Zelt aufgebaut hat. Dass wir hergekommen sind, ist das Werk unseres Geistes. Und bei jedem von uns manifestiert sich der Geist auf ganz eigene Weise, so dass andere uns identifizieren und beim Namen nennen können. Wir sind als Individuen zu identifizieren, weil wir verschiedene mentale Grundzüge haben, die auch in unseren körperlichen Zügen zum Ausdruck kommen. Auch unsere körperlichen Merkmale sind ein Teil unserer Mentalität. Es ist also eine lebendige Welt, eine Welt des Geistes. Wenn uns das klar wird, ist die Auseinandersetzung mit dem Geist keine abgehobene und mysteriöse Sache mehr. Es ist dann nicht mehr so, als befassten wir uns mit etwas, das irgendwo anders und verborgen ist. Der Geist ist hier, genau hier. Der Geist lungert überall in der Welt herum, ein offenes Geheimnis.

Die Methode nun, nach der wir direkt zum Geist in Beziehung treten können, vom Buddha gelehrt und seit zweitausendfünfhundert Jahren in Gebrauch, ist die Übung der Achtsamkeit. Sie hat vier Aspekte, die man traditionell als die Vier Grundlagen der Achtsamkeit bezeichnet.

Achthaben auf den Körper

Das Achthaben auf den Körper, die erste Grundlage der Achtsamkeit, hat etwas mit der Notwendigkeit eines Seinsgefühls zu tun, eines Gefühls von Grundlage.

Zunächst einmal ist gar nicht so ohne weiteres klar, was wir unter »Körper« verstehen. Wir sitzen auf Stühlen oder auf dem Boden, wir essen, wir schlafen, wir tragen Kleider. Aber der Körper, auf den wir uns dabei beziehen, ist ein bisschen fragwürdig. Der Tradition zufolge ist der Körper, den wir zu haben meinen, ein psychosomatischer Körper: er besteht weitgehend aus Projektionen und Vorstellungen. Dieser psychosomatische Körper ist etwas ganz anderes als die Körpererfahrung eines Erleuchteten, die wir KÖRPER-Körper nennen könnten. Diese Körpererfahrung ist frei von jeder Begrifflichkeit. Sie ist ganz schlicht, ganz direkt. Es besteht eine ganz unmittelbare Beziehung zur Erde. Wir dagegen haben eigentlich keine Beziehung zur Erde. Wir haben eine gewisse Beziehung zum Körper, aber die ist ziemlich wacklig und unstet. Wir schwanken hin und her zwischen dem Körper und etwas anderem – Phantasien, Ideen. Das scheint unsere Ausgangssituation zu sein.

Der psychosomatische Körper wird zwar von Projektionen gebildet, aber in seiner Projiziertheit kann er ganz schön massiv sein. Wir haben Erwartungen, was die Existenz dieses Körpers angeht, deswegen müssen wir ihn auftanken, unterhalten, waschen. Durch diesen psychosomatischen Körper können wir ein Gefühl von Sein erleben. Zum Beispiel: Während sie diesem Vortrag lauschen, sitzen sie auf der Erde und spüren das auch. Ihr Gesäß ruht auf der Erde, und so können sie die Beine ausstrecken und sich ein bisschen zurücklehnen, so dass der Körper entspannt bleiben kann. All das beeinflusst ihr Seinsgefühl. Sie fühlen sich recht gelöst, anders etwa, als wenn sie stehen müssten – auf den Füßen, auf dem Kopf oder auf den Händen. Die Haltung, die sie jetzt gerade einnehmen, ist eigentlich ganz angenehm; sie ist sogar genial, man kann sich kaum eine Bessere denken zum entspannten Zuhören: so können sie auf etwas anderes als die Ansprüche ihres Körpers hören.

Sie sitzen also, und nichts spricht dagegen, noch länger so zu sitzen. Wäre der Boden feucht, dann sähe das schon anders aus. Sie würden dann vermutlich die Hockstellung bevorzugen, die Haltung eines Vogels auf einem Ast. Und das wäre etwas ganz anderes. Wenn sie sehr von etwas in Anspruch genommen sind, das gerade passiert, oder wenn sie Bammel vor einer bevorstehenden Begegnung haben – etwa bei einem Einstellungsgespräch –, dann sitzen sie eigentlich gar nicht auf dem Stuhl, sondern hocken auf der Kante. Sie hocken, wenn etwas sie so sehr in Anspruch nimmt, dass sie weniger ihren Körper als vielmehr ihre Spannung und Nervosität empfinden. Das beinhaltet ein ganz anderes Körper- und Seinsgefühl, als wenn sie einfach sitzen wie eben jetzt.

Sie sitzen also jetzt auf der Erde, und sie sind so eingerichtet in diesem Sitzen, dass sie nun ihr Aufnahmegerät bedienen oder Notizen machen können, ohne das Gefühl zu haben, dass sie zweierlei zugleich tun. Sie sitzen so, dass sie dem Sitzen keine Aufmerksamkeit mehr widmen müssen, und jetzt können sie sich anderen Wahrnehmungen zuwenden – hören, schauen und so weiter.

Aber dass sie hier auf der Erde sitzen, ist eigentlich weniger eine Sache des Körpers als solchem, sondern eher eine

Sache ihres psychosomatischen Körpers. So, wie sie hier sitzen – alle in eine Richtung gewandt, unter einem Zeltdach, angezogen von dem Licht, das auf die Bühne gerichtet ist –, gewinnen sie von all dem einen bestimmten Eindruck; es erzeugt eine bestimmte Art des Teilnehmens, und die ist in ihrem psychosomatischen Körper begründet. Es ist auch eine Spur vom Sitzen an sich in ihnen, aber größtenteils wird das Sitzen von Geist und Vorstellung bewerkstelligt. Ihr Geist gestaltet die Sache in Zusammenarbeit mit ihrem Körper. Ihr Geist sitzt da auf der Erde. Ihr Geist macht Notizen. Ihr Geist trägt eine Brille. Ihr Geist hat eine bestimmte Frisur und trägt bestimmte Kleidungsstücke. Jeder erschafft eine Welt gemäß der Körpersituation, aber weitgehend ohne wirklichen Kontakt zum Körper. Das ist der psychosomatische Prozess.

Das Achthaben auf den Körper bringt nun dieses allgegenwärtige Nachbilden des Körpers durch den Geist in die Meditationsübung ein. Diese Übung hat also zu berücksichtigen, dass der Geist ständig bestrebt ist, sich dem Körperlichen nachzubilden. Deshalb wird seit der Zeit des Buddha die Meditation im Sitzen empfohlen und geübt, und es hat sich gezeigt, dass das die beste Art ist, mit der Sache umzugehen. Die Grundtechnik bei der Meditation im Sitzen ist die Sammlung auf den Atem. Man identifiziert sich mit dem Atem, vor allem beim Ausatmen. Das Einatmen ist einfach eine Lücke, ein Zwischenraum. Beim Einatmen wartet man einfach. Sie atmen aus, lösen sich auf, dann ein Zwischenraum. Ausatmen … auflösen … Zwischenraum. Auf diese Weise kann ständig ein Sich-Öffnen, eine Weitung geschehen.

Achtsamkeit spielt dabei eine sehr bedeutende Rolle. Achtsamkeit bedeutet hier: Wenn sie sitzen und meditieren, dann sitzen sie wirklich. Sie sitzen tatsächlich, was den psychosomatischen Körper angeht. Sie spüren den Boden, den Körper, den Atem, die Temperatur. Sie bemühen sich nicht eigens, alles zu beobachten und zu verfolgen. Sie formalisieren das Sitzen und sein Umfeld nicht eigens, um eine Art Sonderaktivität daraus zu machen. Sie sitzen einfach. Und dann beginnen sie so etwas wie »Erdung« zu empfinden, ein sattes, ruhendes Aufliegen. Das ist nicht die Frucht irgendeiner Absicht, sondern eher die Kraft ihres tatsächlichen Dortseins. Sie sind einfach dort und bilden ihr Dortsein nicht mehr mental nach. Sie sitzen. Und sitzen. Und atmen. Und sitzen und atmen. Manchmal denken sie, aber es sind dann Gedanken, die irgendwie auch »sitzen«. Ihr psychosomatischer Körper sitzt, und so haben ihre Gedanken eine platte Unterseite: sie sitzen.

Das Achthaben auf den Körper erzeugt Erdverbundenheit. Es entsteht eine Offenheit, die eine Basis, ein Fundament hat. Das Achthaben auf den Körper erzeugt ein sich weitendes Gewahrsein, ein Gefühl, fest gegründet zu sein und daher Öffnung zulassen zu können.

Sich auf diese Achtsamkeit einzulassen erfordert eine Menge Vertrauen. Der Neuling wird dabei vermutlich nicht einfach bleiben können, sondern das Gefühl haben, er müsse etwas verändern. Eine Frau erzählte mir mal kurz nach einer Meditationsklausur, wie sie da gesessen und ihren Körper empfunden und sich so fest geerdet gefühlt hatte. Aber dann war ihr gleich der Gedanke gekommen, dass sie etwas anderes tun müsste. An dem Punkt sei ihr genau das richtige Buch »praktisch zugeflogen«, und sie habe zu lesen begonnen. Da hat man dann natürlich kein festes Fundament mehr. Unserem Geist wachsen dann kleine Flügelchen. In unserem Achthaben auf den Körper sollten wir aber einfach Mensch sein und bleiben und nicht eine Fliege oder ein ätherisches Wesen zu werden versuchen. Wir versuchen einfach, ein Mensch zu bleiben, ein ganz gewöhnlicher Mensch.

Gefestigt, geerdet zu sein, das ist der Ausgangspunkt dazu. Wenn sie sitzen, sitzen sie wirklich. Sogar ihre vorbeiziehenden Gedanken fangen dann an, auf ihrem Hintern zu sitzen. Es gibt keine bestimmten Probleme. Sie haben eine Empfindung von Stabilität und Erdung und zugleich ein Gefühl von Sein.

Ohne diese erste Grundlage der Achtsamkeit kann ihre weitere Meditation ziemlich larifari werden – hierhin und dahin neigend, dieses und jenes ausprobierend. Sie trippeln dann vielleicht endlos auf Zehenspitzen über die Oberfläche des Universums hin und finden eigentlich nirgendwo festen Halt für ihre Füße. Sie könnten ein ewiger »Weiterzieher« werden. Mit dieser ersten Technik schaffen sie also eine gewisse grundlegende Stabilität. Im Achthaben auf den Körper liegt das Gefühl, ein Stück Heimaterde gefunden zu haben.

Achthaben auf das Leben

Wir müssen in der Anwendung der Achtsamkeit genau sein. Wenn wir uns an unsere Meditationsübung klammern, erzeugen wir Stagnation und Stillstand. Deshalb müssen wir bei der Anwendung der Achtsamkeitstechniken diesen tiefsitzenden Hang zum Festhalten, zum Überleben, im Auge behalten. Dazu kommen wir nun bei der zweiten Grundlage der Achtsamkeit, dem Achthaben auf das Leben oder Überleben. Bei der Meditation äußert sich dieser Hang als das Festhalten am meditativen Zustand. Wir erfahren den meditativen Zustand, und er ist einen Augenblick lang fast greifbar, aber im selben

Augenblick löst er sich auch schon wieder auf. Die Grundtechnik der zweiten Grundlage der Achtsamkeit könnte man als »kurzes Antippen« bezeichnen: Sie sind da, präsent, achtsam, und dann lassen sie los.

Es ist ein verbreitetes Missverständnis, dass man den meditativen Zustand einfangen und dann pflegen und päppeln muss. Das ist ganz entschieden der falsche Ansatz. Wenn sie ihren Geist durch Meditation zu domestizieren versuchen, wenn sie seiner durch das Festhalten am meditativen Zustand Herr werden wollen, wird ihnen nur alle Frische und Spontaneität verlorengehen, und sie machen in Wirklichkeit Rückschritte. Wenn sie ihn ohne Unterbrechung durchhalten wollen, holen sie sich nur Quälgeister ins Haus. Die täglichen Verrichtungen im Haus werden der reinste Hindernislauf. Sie werden immer irgendwie verärgert sein, und die Meditationsübung bringt sie nur durcheinander. Sie werden eine Hassliebe zu ihrer Übung entwickeln, und die Sache sieht zwar in der Vorstellung ganz gut aus, aber diese starre Vorstellung stellt einfach peinigende Ansprüche an sie.

Die Technik des Achthabens auf das Leben beruht also auf dem kurzen Antippen. Sie sammeln ihre Aufmerksamkeit auf den Gegenstand des Gewahrseins, aber im gleichen Augenblick reißen sie sich los vom Besitz dieses Gewahrseins und gehen weiter. Dazu gehört einiges Vertrauen – das Vertrauen, dass sie ihren Geist nicht gar so fest im Besitz haben müssen sondern sich jederzeit spontan auf seine Prozesse einlassen können.

Das Achthaben auf das Leben hat aber nicht nur diese Beziehung zum Festhalten am meditativen Zustand, sondern auch, und das ist noch wichtiger, zu dieser ganz ursprünglichen, primitiven Überlebensangst, die ununterbrochen, Minute für Minute, Sekunde für Sekunde, in uns wirkt. Sie atmen, um zu überleben; sie leben, um zu überleben. Das Gefühl ist ständig gegenwärtig, dass sie Vorkehrungen gegen den Tod zu treffen haben. Für die praktischen Zwecke der zweiten Grundlage nun betrachten wir diese Überlebensmentalität nicht, wie es in der abstrakten philosophischen Gesamtschau des Buddhismus geschieht, als negativ, als das Anklammern des Ich, sondern drehen die Logik um. Für die zweite Grundlage wird der Überlebenskampf als Trittstein in der meditativen Schulung angesehen. So oft sie spüren, dass der Überlebensinstinkt sich einschaltet, können sie das sofort in ein Gefühl des Seins verwandeln – das Gefühl, dass sie bereits überlebt haben. Dann wird Achtsamkeit einfach die grundlegende Erkenntnis des Existierens. Allerdings nicht so wie etwa in dem Satz: »Gott sei Dank, ich habe überlebt.« Sondern objektiver, ohne Wertung: »Ich bin lebendig, ich bin hier. Na gut.«

Es kommt auch vor, dass wir uns der Meditation in einem Gefühl von Reinheit und strenger Einfachheit widmen. Irgendwas sagt uns, dass wir das Richtige tun, und wir kommen uns ganz schön brav dabei vor. Und wir tun nicht nur das Richtige, sondern lassen dabei auch noch die hässliche Welt hinter uns. Wir werden rein; wir entsagen der Welt und werden wie die Yogis von einst. Wir leben und meditieren zwar nicht in einer richtigen Höhle, aber wir können ja die Zimmerecke, die wir für die Meditation hergerichtet haben, als Höhle betrachten. Wir können die Augen schließen und das Gefühl haben, dass wir in einer Höhle in den Bergen meditieren. Solche Phantasien geben uns ein ziemlich gutes Gefühl. Es stimmt alles; es hat so was Sauberes und Sicheres.

Diese starke Neigung zeugt von dem Bestreben, die Meditation von unseren tatsächlichen Lebensumständen zu isolieren. Wir bauen alle möglichen sekundären Vorstellungen und Bilder darum auf. Es befriedigt uns, die Meditation als ernst und streng und über das Leben erhaben zu betrachten. Aber das Achthaben auf das Leben lenkt uns genau in die entgegengesetzte Richtung. Achthaben auf das Leben, das besagt zum Beispiel: Wenn wir in einem Zimmer meditieren, meditieren wir halt in einem Zimmer und bilden uns nicht ein, es sei eine Höhle. Wenn sie atmen, atmen sie einfach und reden sich nicht ein, sie seien ein regungsloser Fels. Sie halten die Augen geöffnet und lassen sich einfach sein, wo sie sind. Dieser Ansatz lässt keinen Raum für Einbildungen. Sie bleiben einfach bei dem, was nun mal ist. Ihr Meditationsplatz ist von Wohlstandsgütern umgeben? Seien sie einfach mitten drin. Ihr Meditationsplatz befindet sich in einfacher Umgebung? Seien sie einfach mitten drin. Sie geben sich einfach nicht damit ab, von irgend etwas weg und zu etwas anderem hin zu kommen. Sie stimmen sich einfach und direkt auf ihren Lebensablauf ein. Diese Übung ist die Essenz des Hier und Jetzt.

So bleibt Meditation nicht einfach Übung, sondern wird ein echter Bestandteil des Lebens. Sie wird untrennbar von dem Lebensinstinkt, der unser ganzes Dasein begleitet. Gewahrsein, Meditation, Achtsamkeit liegen sogar in diesem Lebensinstinkt. Er richtet uns ständig auf das aus, was geschieht. Die Lebenskraft selbst also, die uns am Leben erhält und sich ständig in unserem Bewusstseinsstrom manifestiert, wird die Übung der Achtsamkeit. Solche Achtsamkeit bringt Klarheit, Augenmaß und Intelligenz mit sich. Weil wir uns einfach auf das einlassen, was tatsächlich gerade geschieht (anstatt darüber hinaus zu projizieren), wird unsere Erfahrung in einen anderen Rahmen gestellt: aus großer psychosomatischer Konfusion in den wirklichen Körper.

Da Achtsamkeit ein Teil unseres Bewusstseinsstroms ist, kann man die Meditation nicht als etwas Zusätzliches, eigentlich nicht zum Leben Gehöriges betrachten, einer Phantasievorstellung von Yogis nachempfunden, die nichts als Meditation im Sinn haben. Unter dem Gesichtspunkt des Achthabens auf das Leben ist Meditation die gesamte Erfahrung jedes Lebewesens, das den Überlebensinstinkt hat. Deshalb taugt es nichts, die Meditation – das Entwickeln der Achtsamkeit – als Grüppchenaktivität oder ein besonderes, exzentrisches Unterfangen anzusehen. Sie ist ein ganzheitlicher Ansatz, der alle Erfahrungen einbezieht: das Sich-Einlassen auf das Leben.

Wir lassen uns nicht ein, *um* weiterzuleben. Wir sehen Achtsamkeit nicht als eine *weitere* Ausprägung des Überlebensinstinkts. Wir sehen uns einfach das Überlebensgefühl an, wie es bereits in uns ist. Sie sind hier; sie leben; so sei es – das ist Achtsamkeit. Ihr Herz schlägt, und sie atmen. Alle möglichen Dinge geschehen gleichzeitig in ihnen. Lassen sie *das* Gegenstand ihrer Achtsamkeit sein, lassen sie jeden Schlag ihres Herzens, jeden Atemzug ihre Achtsamkeit sein. Sie müssen nicht auf besondere Weise atmen; ihr Atmen *ist* ein Ausdruck der Achtsamkeit. Wenn sie so an die Meditation herangehen, wird sie sehr persönlich und sehr direkt.

Mit dieser Einstellung und dieser Beziehung zur Meditationsübung gewinnt man sehr viel Stärke, sehr viel Energie und Kraft. Dazu müssen wir aber in der richtigen Beziehung zu unserer gegenwärtigen Situation stehen. Sonst sind wir getrennt von der Energie des Augenblicks, und die Situation gibt uns keine Kraft. Durch richtig ausgerichtete Achtsamkeit gewinnen wir dagegen nicht nur Kraft, sondern auch ein Gefühl von Würde und Freude. Das liegt einfach daran, dass wir etwas tun, was im gleichen Augenblick seine Anwendung hat.

Und wir tun es ohne Absicht, ohne Nebengedanken. Es ist ganz direkt und ganz treffend.

Aber ich betone noch einmal: Haben sie einmal die Erfahrung von der Unmittelbarkeit des Lebens, dann klammern sie sich nicht daran. Einfach antippen und weiter. Tippen sie die Unmittelbarkeit des gelebten Lebens an, und gehen sie weiter. »Gehen« heißt aber nicht, dass wir der Erfahrung den Rücken kehren und uns gegen sie verschließen sollen; es heißt vielmehr: einfach in ihr sein, ohne zu analysieren, ohne Druck dahinter zu setzen. Am Leben festhalten oder sich einzureden versuchen, dass es so und so ist, das hat mehr von Tod als von Leben an sich. Dieses Gefühl von Tod ist in uns, und nur deshalb möchten wir uns unserer Lebendigkeit versichern. Wir hätten darüber gern eine Police. Wenn wir aber fühlen, dass wir lebendig *sind*, dann genügt das. Wir brauchen uns nicht zu vergewissern, dass wir wirklich atmen, dass wir sichtbar sind. Wir müssen nicht erst nachsehen, ob wir auch wirklich einen Schatten werfen. Einfach nur leben, das ist genug. Wir bleiben nicht stehen, um das zu überprüfen. Leben wird sehr klar und bestimmt, sehr lebendig, sehr präzise.

Achtsamkeit heißt hier also nicht, dass wir uns selbst irgendwohin schubsen oder bemüht an etwas festhalten. Wir lassen uns vielmehr einfach in der Gegenwärtigkeit dessen sein, was in unserem Leben geschieht – und lassen los.

Achthaben auf das Bemühen

Die dritte Grundlage der Achtsamkeit ist das Achthaben auf das Bemühen. Der Begriff »Bemühen« ist hier etwas problematisch. Er scheint im Widerspruch zu stehen zu dem Daseinsgefühl, das aus dem Achthaben auf den Körper erwächst. Und in der »Antipp«-Technik des Achthabens auf das Leben ist offenbar überhaupt kein Platz für irgendein Forcieren. Jegliche gewollte, mühselige Anstrengung gefährdet die offene Präzision der Achtsamkeit eher. Dennoch können wir nicht erwarten, dass die Achtsamkeit sich ohne ein gewisses Bemühen ganz von selbst bildet. Bemühen ist notwendig. Der buddhistische Begriff des *rechten Bemühens* hat allerdings nichts von dem, was wir vielleicht mit diesem Wort verbinden.

Unser gewöhnliches Bemühen ist ausschließlich auf Resultate gerichtet: Wir ringen darum, etwas voranzutreiben, und dahinter steht eine Zielvorstellung. Solches Bemühen gewinnt seine ganz eigene Dynamik und wird gleichsam von sich selbst mitgerissen. Eine andere Art des konventionellen Bemühens geht von bestimmten Sinnvorgaben aus: Man hat das starke Gefühl, eine Pflicht erfüllen zu müssen, aber eigentlich ist in der Arbeit nichts von Inspiration und Erfüllung. Man plackt sich einfach langsam, aber sicher dahin, beißt sich durch seine Aufgaben durch wie ein Holzwurm durch einen Balken, ein Wurm nagt sich einfach durch das durch, was ihm vor die Beißerchen kommt; der Fraßgang, durch den sein Bauch passt, ist ihm aller Raum.

In solchem Bemühen ist nichts von Offenheit und Präzision. Das traditionelle buddhistische Bild für das rechte Bemühen ist der Gang des Elefanten oder der Schildkröte. Sicher, unaufhaltsam und würdevoll schreitet der Elefant einher. Wie der Wurm ist er nicht leicht aus der Ruhe zu bringen, aber anders als der Wurm überblickt er das Gelände, in dem er sich bewegt. Auch er ist ernst und langsam, aber das Vermögen, mehr als die unmittelbare Umgebung wahrzunehmen, gibt seinen Bewegungen etwas von Verspieltheit und Intelligenz.

Wenn man sich bei der Meditation von dem Wunsch, seinen Schmerz zu vergessen, beflügeln lässt und ständig »weiterkommen« und etwas »erreichen« will, so ist das ein ganz unreifer Ansatz. Zuviel feierliches Pflichtbewusstsein andererseits erzeugt nur Leblosigkeit und Engstirnigkeit – die ganze Atmosphäre bekommt etwas Stagnierendes und Abgestandenes. Das rechte Bemühen, wie es der Buddha lehrte, ist ernsthaft, aber nicht *zu* ernsthaft. Es macht sich den natürlichen Instinktstrom zunutze, um den schweifenden Geist immer wieder zum Achthaben auf den Atem zurückzubringen.

Besonders wichtig ist bei diesem Zurückbringen, dass wir hier nicht bewusst stufenweise vorzugehen brauchen: erst Vorbereitung, dann die Aufmerksamkeit ausrichten und schließlich die Aufmerksamkeit immer wieder zum Atem zurückzerren wie ein ungezogenes Kind, das man ständig von irgendwelchen Schandtaten abhalten muss. Es hat nichts damit zu tun, den Geist unter Zwang zu irgendeinem Gegenstand zurückzuholen; wir haben ihn nur aus der Traumwelt in die Wirklichkeit zurückzuholen. Wir atmen. Wir sitzen. Und wir sollten es ganz, völlig, ungeteilt tun.

Es gibt hier eine Technik, eine Art Trick, sehr wirkungsvoll und hilfreich nicht nur für die Meditation im Sitzen, sondern auch für den Alltag, die Meditation des Tuns. Zum Zurückkommen verhilft uns etwas, das wir »abstrakter Beobachter« nennen könnten. Dieser Beobachter ist nichts weiter als schlichtes Ichbewusstsein, ohne Ziel oder Absicht. Wenn uns etwas begegnet, ist im ersten Moment nichts weiter da als ein reines, »abstraktes« Gefühl von Dualität, von Getrenntheit. Auf dieser Grundlage setzen dann Bewertungen ein – wir wählen, entscheiden, üben unseren Willen aus. Der abstrakte

Beobachter ist nun einfach dieses Grundgefühl von Getrenntsein, das bare Gefühl von Vorhandensein, bevor irgend etwas Sekundäres sich bildet.

Anstatt nun dieses Ichbewusstsein als dualistisch zu verdammen, machen wir uns diesen Grundzug unserer psychischen Anlage zunutze und nehmen ihn als Basis für unser Achthaben auf das Bemühen. Die Erfahrung besteht dann einfach darin, dass wir urplötzlich für einen Moment die Gegenwart des Beobachters gewahren. In dem Augenblick denken wir nicht: »Ich muss zu meinem Atem zurück«, oder »Ich muss zusehen, dass ich von diesem Gedanken wegkomme«. Wir brauchen gar keine bewusste und logische mentale Bewegung, die uns den Sinn des Übens im Sitzen erneut einschärft. Da ist nur plötzlich ein undifferenziertes Gefühl von einem Geschehen, einem Umschlagen – und wir sind wieder in der Achtsamkeit. Das geschieht abrupt, übergangslos, ohne die Anwendung von Namen oder Begriffen irgendwelcher Art, durch einen Umschlagprozess, den wir kaum auch nur wahrnehmen. Das ist der Kern unserer Übung des Achthabens auf das Bemühen.

Gewöhnliches Bemühen wird unter anderem deshalb so schnell öd und schal, weil Absicht stets ein inneres Sprechen nach sich zieht. Zum Beispiel: »Ich muss los, um Soundso zu helfen, es ist schon halb zwei«, oder »Gut, dass ich das hier mache; gut, dass ich diese Pflicht erfülle«. Pflichtgefühle jeder Art werden *immer* verbalisiert, wenn wir das auch nicht unbedingt merken, weil unser begriffliches Denken so unwahrscheinlich schnell ist. Aber wir empfinden die Inhalte unserer Verbalisation ganz deutlich. Durch dieses Verbalisieren wird unser Bemühen an einen festgelegten Bezugsrahmen geheftet, und das macht es so unendlich ermüdend. Ganz anders das abstrakte Bemühen, von dem wir hier reden: Es blitzt urplötzlich auf, so schnell und so kurz, dass sich keine Namen und Ideen daran heften können. Einfach ein Ruck, ein plötzlicher Kurswechsel ohne Zielvorgabe. Der Rest unseres Bemühens ist einfach wie der Gang eines Elefanten – langsam, Schritt für Schritt, der Umgebung gewahr.

Sie können dieses abstrakte Ichbewusstsein »Sprung« nennen, wenn sie möchten, oder »Ruck« oder »plötzliche Mahnung«; sie könnten es auch »Erstaunen« nennen. Manchmal wird es auch als Panik empfunden, grundlose Panik, einfach durch den plötzlichen Richtungswechsel – etwas kommt da über uns und ändert einfach unseren Kurs. Wenn wir – und zwar ohne Mühe im Bemühen – mit diesem plötzlichen Ruck arbeiten, dann ist es irgendwann nicht mehr *unser* Bemühen, sondern trägt sich selbst. Es steht sozusagen auf eigenen Füßen und braucht nicht mehr eigens in Gang gesetzt zu werden. Wäre letzteres der Fall, dann müsste das Bemühen bewusst hergestellt werden, und das würde dem, was Meditation eigentlich ist, völlig widersprechen. Wenn sie diesen Augenblick der plötzlichen Achtsamkeit einmal erlebt haben, dann geht es nicht darum, ihn aktiv zu verlängern. Halten sie nicht an ihm fest; versuchen sie nicht, ihn heranzuzüchten. Versuchen sie nicht, den Botschafter als Gast zu halten; versuchen sie nicht, den Mahner zu päppeln. Gehen sie zur Meditation zurück. Lassen sie sich auf die Botschaft ein.

Diese Art von Bemühen ist außerordentlich wichtig. Dieses plötzliche Aufblitzen ist der Schlüssel zu aller buddhistischer Meditation, von der grundlegenden Ebene der Achtsamkeit bis zu den höchsten Ebenen des Tantra. Solches Achthaben auf das Bemühen kann man durchaus als den wichtigsten Aspekt der Achtsamkeitsübung betrachten. Das Achthaben auf den Körper schafft gleichsam das Umfeld; es bringt die Meditation in das psychosomatische Gefüge unseres Lebens ein. Das Achthaben auf das Leben macht die Meditationsübung persönlich und hautnah. Das Achthaben auf das Bemühen macht die Meditation anwendbar: es bringt die Grundlagen der Achtsamkeit ein in den Pfad, die spirituelle Reise. Es ist wie ein Rad, das die Verbindung zwischen dem Fahrzeug und der Straße herstellt. Das Achthaben auf das Bemühen setzt die Übung um in Bewegung, lässt sie vorwärtsgehen.

Das Problem besteht nun darin, dass wir das Achthaben auf das Bemühen nicht bewusst herstellen können und es andererseits nicht genügt, einfach zu hoffen, dass dieses Aufblitzen von selbst kommt, um uns Mahnung und Anstoß zu geben. Wir können von »dieser Sache« nicht einfach erwarten, dass sie uns von sich aus passiert. Wir brauchen eine Art Wachhaltesystem, wir müssen eine Atmosphäre schaffen, die Achtsamkeit begünstigt. Das Bemühen ist auf dieser Ebene auch wichtig, und zwar in dem Sinne, dass wir uns in keiner Weise irgendwelchen unterhaltsamen Ablenkungen überlassen. Da ist etwas, das wir aufgeben müssen, nämlich unsere Halbherzigkeit. Solange wir davor zurückschrecken, unsere Übung wirklich ernstzunehmen, ist es uns praktisch unmöglich, auch nur in die Nähe dieses mühelosen Bemühens *im Augenblick* zu kommen. Deshalb sind Achtung gegenüber der Übung, ein Gefühl der Dankbarkeit und die Bereitschaft, sich wirklich einzusetzen, so extrem wichtig.

Haben wir uns aber einmal dazu durchgerungen, die Dinge so zu nehmen, wie sie tatsächlich sind, dann haben wir den Weg freigemacht für das Aufblitzen, das uns erinnert: *das, das, das.* »Das was?« ist gegenstandslos geworden. Einfach *das,* und das löst einen ganz neuen Bewusstseinszustand aus und führt uns automatisch zurück zum Achthaben auf den Atem oder einfach zum Gefühl des Hierseins.

Wir setzen alles daran, nicht auf Ablenkungen zu verfallen. Dennoch können wir das vielfach sehr langweilige Sitzen in Meditation in gewissem Sinne genießen. Vielleicht empfinden wir sogar dankbare Genugtuung angesichts der Tatsache, dass uns kein üppiges Angebot an Ablenkung und Unterhaltung zur Verfügung steht. Denn da wir Langeweile und Überdruss schon einbezogen haben, gibt es nichts mehr, wovor wir weglaufen müssten, und wir fühlen uns vollkommen geborgen.

Dieses Grundgefühl von Dankbarkeit ist auch wichtig für den Hintergrund, der das urplötzliche spontane Auftreten des Mahners erleichtert. Das ist ungefähr so, wie wenn man sich verliebt. Wenn wir uns in jemanden verliebt haben, sind wir vollkommen offen für diesen Menschen, und dann geschieht *es*, dass dieser Mensch uns urplötzlich, wie ein Aufblitzen, vollkommen gegenwärtig ist; nicht als ein Name, nicht als ein Jemand mit bestimmten Zügen – das sind nachträgliche Gedanken. Einen Augenblick lang begegnet uns der geliebte Mensch als *das,* nur *das,* sonst nichts. Zuerst ist da nur dieser Blitz von *das,* danach mögen wir das Erlebte in uns bewegen, es ausgestalten, uns Tagträumen darüber hingeben. Doch all das geschieht später. Davor, und nicht von dieser Art, ist nichts als ein Blitz.

Offenheit führt immer zu dieser Art von Dingen. Die Tradition gebraucht hierfür das Bild des Jägers. Ein Jäger muss nicht an Hirsch oder Bergziege oder Bär oder irgendein bestimmtes Tier denken; wonach er Ausschau hält, ist *das.* Wenn er so pirscht und einen Laut hört oder irgend etwas kaum Benennbares spürt, denkt er nicht darüber nach, was für einem Tier er wohl begegnen wird; es regt sich nur ein Gefühl von *das* in ihm. Jeder, der so vollkommen engagiert ist – sei es als Jäger, als Liebhaber oder als Meditierender –, ist von jener Offenheit, die dieses urplötzliche Aufblitzen ermöglicht. Es ist eine fast magische Empfindung von Dasheit, ohne Namen, ohne Begriff, ohne Idee. Das ist der Augenblick des Bemühens, des konzentrierten Bemühens, und Gewahrsein folgt später. Nach der Loslösung von dieser plötzlichen Erfahrung setzt sehr langsam das Gewahrsein ein und findet zurück in die irdische Wirklichkeit des einfachen Hierseins.

Achthaben auf den Geist

Achtsamkeit wird häufig auch als Wachsamkeit bezeichnet. Das soll aber nicht den Eindruck erwecken, man habe hier ein scharfes Auge auf etwas. Achtsamkeit heißt wachsam *sein,* nicht irgendein *Ding* beobachten. Das erfordert intelligente Wachheit und nicht ein mechanisches Beobachten dessen, was vorgeht. Gerade in dieser vierten Grundlage, dem Achthaben auf den Geist, zeigt sich das Wirken einer erwachten Intelligenz. Die Intelligenz der vierten Grundlage ist ein genaues Gespür für das rechte Maß. Man kann die Fenster und Türen eines Zimmers genau so weit öffnen, dass das Zimmergefühl erhalten bleibt und man doch die Frische von außen bekommt. Das Achthaben auf den Geist bringt ebendiese Art von intelligenter Balance mit sich.

Ohne den Geist und seine Konflikte könnten wir nicht meditieren oder eine Balance finden – oder überhaupt irgendwas finden. Deshalb werden Konflikte, die im Geist ihren Ursprung haben, als notwendiger Bestandteil des Achtsamkeitsprozesses betrachtet. Allerdings dürfen diese Konflikte nicht überhandnehmen, so dass wir dann nicht mehr zum Achthaben auf den Atem zurückfinden. Eine Balance muss gewahrt bleiben. Eine gewisse Disziplin ist notwendig, damit wir uns einerseits nicht ganz und gar in Tagträume verlieren, andererseits aber auch nicht zu starr an unserer Aufmerksamkeit festhalten und uns dadurch alle Frische und Offenheit verbauen. Diese Balance ist ein Zustand von Wachsamkeit, Achtsamkeit.

Menschen ungleicher Temperamente gehen unterschiedlich an die Meditation heran. Manche sind sich selbst gegenüber extrem orthodox, ja sogar diktatorisch. Andere wieder nehmen die Sache ein bisschen zu locker; sie treiben sich sozusagen herum in der Meditationshaltung und lassen passieren, was halt passiert. Wieder andere pendeln hin und her zwischen diesen beiden Extremen und wissen nicht recht, was sie nun tun sollen. Wie wir an die Sitzsituation herangehen, hängt von unseren Stimmungen und natürlich von unserem Typus ab. Immer sollte aber ein gewisser Sinn für Maß und Sorgfalt und ebenso eine gewisse Freiheit vorhanden sein.

Auf den Geist achthaben heißt, dass man bei seinem Geist ist. Wenn sie sitzen und meditieren, sind sie da: Sie sind bei ihrem Körper, sie sind bei ihrem Gefühl von Leben und Überleben, bei ihrem Bemühen und auf die gleiche Weise auch bei ihrem Geist. Sie sind da. Das Achthaben auf den Geist geht mit einem Gefühl von Präsenz einher, einem Gefühl von Richtigkeit und Stimmigkeit ihres Dortseins. Sie sind da, deshalb können sie sich nicht verfehlen. Wenn sie nicht da sind, können sie sich verfehlen. Wenn sie allerdings merken, dass sie nicht da sind, dann sind sie natürlich doch da, und das bringt sie genau dahin zurück, wo sie sind – zurück auf »Start«.

Das Ganze ist eigentlich sehr einfach, aber um diese Einfachheit zu erklären, braucht man leider einen Haufen Vokabeln und Grammatik. Im Grunde ist es jedoch ganz simpel. Es betrifft sie und ihre Welt, sonst nichts. Es betrifft nicht die Erleuchtung, und es betrifft nicht das metaphysische Begreifen. Diese simple Sache betrifft nicht einmal die nächste Minute oder die eben vergangene. Sie betrifft einzig und allein diesen sehr kleinen Bereich, in dem wir jetzt gerade sind.

Das heißt aber, dass wir eine sehr schmale Operationsbasis haben. Wir halten uns für so groß, so bedeutend, so abendfüllend. Wir betrachten uns als Leute mit Geschichte und mit Zukunft, ganz zu schweigen von unserer ach so wichtigen Gegenwart. Aber wenn wir uns genau betrachten in diesem Augenblick, dann sehen wir, dass wir einfach Sandkörner sind – einfach eine Handvoll Leutchen, die eigentlich nichts weiter haben als diesen kleinen Punkt der *Jetztheit*.

Wir können im Grunde gar nicht anders existieren als Punkt für Punkt, und eben das bringen wir mit dem Achthaben auf den Geist auch in unsere *Erfahrung* ein. Wir sind hier, und unser Verhältnis zu uns selbst hat als Basis nichts weiter als *das. Das* hat keineswegs viele Dimensionen oder Perspektiven; es ist ein ganz einfaches Ding. Direkt verbunden zu sein mit diesem kleinen Punkt der Jetztheit, das ist das rechte Verständnis von nüchterner Strenge und Einfachheit. Und wenn wir auf dieser Basis arbeiten, können wir sehen lernen, was es mit der Sache wirklich auf sich hat, was Jetztheit wirklich bedeutet.

Die Erfahrung der Jetztheit ist wie alle Erfahrung sehr persönlich. Persönlich allerdings nicht im Sinne von argwöhnisch gehütetem Besitz, sondern einfach dadurch, dass es eben *ihre* Erfahrung ist. Sie mögen vielleicht den Wunsch haben, sie mit anderen zu teilen, aber wenn sie es versuchen, wird daraus allenfalls deren Erfahrung und nicht das, was sie sich gewünscht hatten: *eine* Gesamterfahrung. So etwas bringen sie niemals zuwege. Die Menschen erfahren die Wirklichkeit verschieden, und man kann diese Erfahrungen nicht zusammenwerfen. Eroberer und Diktatoren aller Art haben versucht, anderen ihre Erfahrung aufzupfropfen, alle Geister ihrem eigenen gleichzuschalten. Aber das ist unmöglich. Jeder, der je versucht hat, sämtliche erdenklichen Zutaten zu einer einzigen Pizza zu verbacken, ist gescheitert. Sie haben also zu akzeptieren, dass ihre Erfahrung persönlich ist. Die persönliche Erfahrung der Jetztheit ist wirklich vorhanden, und es ist nicht daran zu rütteln – man kann sie ja nicht einmal wegwerfen!

Bei der Meditation im Sitzen, natürlich auch bei der Gewahrseinsübung im Alltag, sind sie nicht darauf aus, alle möglichen Probleme zu lösen. Sie haben es mit einer sehr eng begrenzten Situation zu tun. Sie ist derart begrenzt, dass sie nicht einmal für Klaustrophobie Platz bietet. Wenn die Erfahrung der Jetztheit nicht da ist, ist sie nicht da. Sie haben sie verpasst. Wenn sie da ist, ist sie da. Das ist der winzige Spielraum des Achthabens auf den Geist, diese einfache, totale »Aktualität« und völlige Direktheit. Der *Modus operandi* des Geistes ist die Einzelheit: Eins, und eins – immer nur eins auf einmal. Die Übung des Achthabens auf den Geist besteht darin, ganz und gar bei dieser Einzelbild-Wahrnehmung zu bleiben. Sie gewinnen ein vollständiges Bild, in dem nichts fehlt: jetzt geschieht dies, jetzt geschieht dies, jetzt geschieht dies. Daraus gibt es kein Entkommen. Und selbst wenn sie entkommen möchten, ist das auch eine Einzelbild-Regung, die sie mit barer Achtsamkeit aufnehmen könnten. Und genauso verhält es sich auch mit ihren sexuellen Phantasien oder Aggressionsphantasien.

Die Dinge geschehen immer nur eins auf einmal, eine direkte, einfache Bewegung des Geistes. Deswegen wird für die Technik des Achthabens auf den Geist immer schon empfohlen, sich jede Einzelbild-Wahrnehmung des Geistes direkt zu vergegenwärtigen: »Eben jetzt denke ich, dass ich ein Geräusch höre.« – »Eben jetzt denke ich, dass ich etwas rieche.« – »Eben jetzt denke ich, dass mir heiß ist.« – »Eben jetzt denke ich, dass mir kalt ist.« Jedes Mal in vollkommen ungeteilter, allumfassender Übereinstimmung mit der Erfahrung – sehr präzise, sehr direkt, eine einzige Bewegung des Geistes. Die Dinge geschehen immer auf diese direkte Weise.

Aber oft halten wir uns für ganz besonders schlau und meinen, wir könnten uns an dieser direkten Natur der Dinge vorbeimogeln. Wir glauben, wir könnten uns irgendeiner Sache von der Hintertür oder vom Dachboden her nähern und so diese nicht auswählende Einfachheit umgehen. Wir glauben, dass wir uns so als besonders intelligent und findig zeigen können. So was von gerissen sind wir. Aber irgendwie funktioniert es nicht. Wenn wir meinen, dass wir uns durch die Hintertür an etwas anschleichen, übersehen wir, dass da im Moment nur dieses Anschleichen ist und das Etwas, an das wir uns anzuschleichen meinen, nur als Vorstellung, also gar nicht existiert. In diesem Augenblick existiert *für* uns nur diese Hintertürheit. Diese Einzelbild-Hintertürheit ist die Gesamtheit dessen, was tatsächlich ist. Wir *sind* die Hintertür. Und wenn wir uns vom Dachboden aus nähern, dann sind wir – sie, ich, jeder – allesamt da oben. Das Ganze ist da oben, und solange wir da oben sind, ist unten rein gar nichts, über das wir uns hermachen und das wir kontrollieren könnten. Es gibt überhaupt nirgendwo irgend etwas anderes. Es ist halt eine Einzelbild-Sache, und über diese Einzelbild-Wirklichkeit hinaus gibt es *nichts.* Natürlich können wir uns etwas einbilden oder vorstellen. Aber was auch immer wir uns über unsere augenblickliche Wirklichkeit hinaus vorstellen oder zu wissen meinen, ist nichts als der Traum eines Schlafenden. Es gibt nur dieses Einzelbild: alles geschieht nur einmal. Es gibt nur *das.* Und deshalb hat das Achthaben auf den Geist einen Sinn.

An die Meditationsübung muss man also unter einer sehr einfachen, sehr grundlegenden Voraussetzung herangehen. Nur so hat sie offenbar überhaupt einen Bezug zu unserer Erfahrung dessen, was wir tatsächlich sind. Nur so fallen wir nicht in die Illusion, dass wir hundert Leute zugleich sein können. Sobald wir aus der Einfachheit herausfallen, kommen die Sorgen um uns selbst: »Während ich dies hier tue, wird das und das passieren. Was soll ich tun?« Mit dem bloßen Gedanken, dass irgend etwas über *das* hinaus geschieht, verwickeln wir uns in Hoffnungen und Ängste über alle möglichen Dinge, die nicht jetzt und hier tatsächlich geschehen. Und so funktioniert es einfach nicht. Wenn wir *das* tun, tun wir das. Wenn etwas anderes geschieht, tun wir etwas anderes. Man kann sich leicht *vorstellen,* dass zwei Dinge zugleich geschehen; unser mentales Hin-und-her-Wechseln zwischen den beiden kann sehr schnell sein. Aber selbst dann tun wir immer nur eins auf einmal.

Beim Achthaben auf den Geist geht es auch darum, dieses hektische Hin-und-her-Springen zu verlangsamen. Wir müssen uns klarmachen, dass wir keine Geistesakrobaten sind. Gar so unwahrscheinlich trainiert ist unser mentaler Apparat nun auch wieder nicht. Und selbst ein außerordentlich geschulter Geist könnte nicht gar so viele Dinge auf einmal handhaben – nicht einmal zwei. Aber zum Glück sind die Dinge sehr einfach und direkt, und so können wir unser Gewahrsein und unsere Achtsamkeit immer auf jeweils *ein* Ding sammeln. Diese »Einpunktigkeit«, diese schiere Aufmerksamkeit, scheint das Grundlegende zu sein.

Und wenn wir das ganz zu Ende denken, müssen wir wohl sagen, dass selbst schiere Aufmerksamkeit auf das, was wir gerade tun, unmöglich ist. Sonst müssten wir ja zwei Persönlichkeiten sein: eine, die nichts als aufmerksam ist, und eine zweite, die etwas tut. Wirkliche schiere Aufmerksamkeit ist ganz und gar und ungeteilt *da* sein. Es ist nicht so, dass wir schiere Aufmerksamkeit *auf* das richten, was wir tun; unser Tun ist nicht *Gegenstand* unserer Achtsamkeit. Das ist unmöglich. Achtsamkeit ist das Tun *und* die Erfahrung in ihrer Gleichzeitigkeit. Es ist ganz natürlich, dass wir am Anfang, bevor wir in die wirkliche Achtsamkeit eintreten, eine etwas dualistische Haltung haben – wir sind bereit, achtsam zu sein, uns zu ergeben, uns zu disziplinieren. Aber wenn wir dann wirklich eingestiegen sind, tun wir es einfach. Wie in dem berühmten Zen-Wort: »Beim Essen, essen; beim Schlafen, schlafen.« Einfach nur *das,* nichts dahinter, nicht einmal Achtsamkeit.

Sobald wir ein »Dahinter« empfinden, spalten wir uns auch schon. Das ruft natürlich unsere Widerstände auf den Plan, und schon fühlen wir uns von hundert anderen Dingen attackiert und geplagt. Achtsamkeit durch gezielte Selbstbetrachtung – da ist zu viel Beobachter dabei. Da haben wir die Einzelbild-Einfachheit schon verloren.

Wie wäre es jetzt mit einer kleinen Diskussion?

Schüler/Schülerin: Ich verstehe nicht, wie Sem funktioniert.

Trungpa Rinpoche: Sem ist der grundlegende Geist. Das Wort »Geist« ist leider ein Substantiv, und es wäre gut, ein

Wort zu haben, das den Prozesscharakter von Sem besser verdeutlicht. Sem ist ein aktiver Prozess, weil er als grundlegendes Dualitätsbewusstsein nicht ohne ein Objekt sein kann. Der Geist und seine Objekte sind *ein* Prozess. Der Geist funktioniert nur in der Orientierung auf einen Bezugspunkt. Anders gesagt: Im Dunkeln sehen sie nichts. Das Sehvermögen besteht eben darin, etwas zu sehen, was nicht Dunkelheit ist – irgendein Objekt im Licht. In der gleichen Weise braucht auch jeder geistige Prozess einen Bezugspunkt, der den Prozess überdauert. Das geschieht eben jetzt, ja immer und überall.

Schüler/Schülerin: Ob Sie wohl noch etwas mehr über diesen Geist-Prozess sagen könnten, der die Welt erschafft? Meinen Sie »erschaffen« in dem Sinn, dass die Welt nicht existieren würde ohne unser Achthaben auf die Welt? Mir scheint, dass Sie noch etwas anderes meinen.

Trungpa Rinpoche: Also, der Geist ist ganz einfache Wahrnehmung; er lebt einzig und allein vom »Anderen«. Ohne es verhungert er.

S: Heißt das, der Geist existiert nur aufgrund der Dinge, die außerhalb seiner selbst sind?

TR: Ganz recht. Aber es ist eben auch möglich, dass der Geist in dieser Richtung zu weit geht. Er kann nicht leben, ohne sich einen Bezugspunkt zu projizieren; aber wenn die Projektionen überhand nehmen, kann er gleichfalls nicht existieren. Dadurch verliert er nämlich seinen Bezugspunkt. Er muss also eine gewisse Balance wahren. Er hat also zunächst nichts weiter im Sinn, als sein Überleben zu sichern. Er schaut sich nach einem Partner, einem Freund um – er erschafft eine Welt. Aber dann kommt er ins Gedränge – zu viele Verbindungen, zu viel Welt – und möchte sich seine eigenen Projektionen vom Leib halten. Er schafft sich irgendwo eine kleine Nische, die er mit Zähnen und Klauen verteidigt, um darin überleben zu können.

Manchmal schafft er das nicht; dann wird er psychotisch, vollkommen wahnsinnig. Man ist »völlig von Sinnen«, »verliert den Verstand«, wie man so sagt; und dann geht gar nichts mehr, nicht einmal auf der Ebene gewöhnlicher Logik. Solch eine Psychose kann auf zweierlei Weise zustande kommen: Sie sind entweder völlig überschwemmt von ihrer projizierten Welt, oder ihr Geist hat überhaupt nichts, womit er hantieren kann, keinen Bezugspunkt. Der Geist kann also nur in der Neurose seiner Relationen, nicht aber in der Psychose existieren. Wenn er die psychotische Ebene erreicht, hört er auf, als Geist zu fungieren. Er wird dann etwas anderes, etwas Giftiges.

Schüler/Schülerin: Wenn das so ist, worin besteht dann der Einfluss der Meditation auf die Beziehung zwischen dem Geist und der Welt, mit der er sich herumschlägt?

Trungpa Rinpoche: Mit der Meditationsübung versucht man sich vor der Psychose zu bewahren.

S: Aber man lässt dabei letztlich die Welt, den neurotischen Zustand, bestehen, nicht wahr?

TR: Auch das nicht unbedingt. Es gibt einen alternativen Geist, der die neurotische Welt nicht braucht. Da kommt nun der Erleuchtungsgedanke ins Spiel. Der erleuchtete Geist kann immer weiter gehen, über Fragen und Bezugsgrößen hinaus. Er muss nicht schritthalten mit dieser Welt. Es gibt einen Punkt, von dem an er sich nicht mehr wetzen muss an dieser neurotischen Welt. Es gibt eine andere Ebene der Erfahrung, die immer noch einen Bezugspunkt hat, aber das ist ein Bezugspunkt, der keine Ansprüche stellt, der keine weiteren Bezugspunkte braucht. Das nennt man Nichtdualität. Damit ist nicht gemeint, dass sie sich in die Welt auflösen oder die Welt sie wird. Es ist weniger eine Sache der Einheit als vielmehr der Nullheit.

Schüler/Schülerin: Rinpoche, wie verhält sich das, was Sie über den Geist gesagt haben, zum Ich und zu den Strategien der Ich-Bewahrung?

Trungpa Rinpoche: Der Geist, soweit wir ihn bisher erörtert haben, *ist* das Ich. Das Ich kann nur im Kreise seiner Bezugspunkte überleben, nicht für sich allein. Aber ich möchte die Sache ganz einfach halten und den direkten Bezug zur Meditationsübung herstellen. Wenn wir sagen, die Meditationsübung sei die Auseinandersetzung mit dem Ich, dann klingt das viel zu gewaltig. Aber wenn wir direkt mit dem Geist umgehen, dann ist das eine nachvollziehbare, reale Sache für uns. Wenn sie morgens aufwachen, orientieren sie sich – draußen ist es hell, und sie sind aufgewacht. Solche einfachen Dinge machen das Ich aus. Das Ich lebt von Bezugspunkten. Sem ist also Ich, ja.

Schüler/Schülerin: Sie sagten, dass der Geist nur zu äußeren Dingen in Beziehung tritt. Wie ist es dann aber mit reiner Verstandestätigkeit oder Imagination, wo der Geist ja gleichsam seine eigenen Objekte herstellt?

Trungpa Rinpoche: Das *ist* äußerlich.

S: Aber es könnte doch sein, dass außen gar nichts ist. Nehmen wir an, man sitzt in einer dunklen Zelle und bildet sich ein, man hört eine Sinfonie – sie existiert nur im Geist.

TR: Sicher. Und das ist außen. Genau das ist es ja, nicht wahr? Vielleicht sprechen sie jetzt gar nicht mit mir. Vielleicht sind sie in einem dunklen Zimmer und sprechen mit ihrer Phantasie von mir. Der äußere, visuelle Aspekt ist kein so entscheidender Faktor. Jedes mentale Objekt, jeder mentale Inhalt ist ein äußeres Ding.

Schüler/Schülerin: Was die Atemtechnik angeht, gibt es da einen bestimmten Grund, weshalb wir uns mit dem Ausatmen und nicht mit dem Einatmen identifizieren?

Trungpa Rinpoche: Das hat mit Offenheit zu tun. Sie müssen irgendwie eine Lücke schaffen, eine Zone, in der weniger Spannung herrscht. Wenn sie ausatmen, können sie sich darauf verlassen, dass sie wieder einatmen, also entsteht hier ein gewisser Freiraum, in dem nichts beobachtet werden muss.

Außerdem ist mit dem Ausatmen ein gewisses Heraustreten aus ihrer Zentrumsbezogenheit verbunden. Das Ausatmen ist sozusagen eine Gegenbewegung zur Zentrierung auf den Körper und alles, was psychosomatisch in ihm gebunden ist. Im Ausatmen gehen sie nach außen und geben etwas.

Schüler/Schülerin: Sie sprachen von Ideen mit »flacher Unterseite« und sagten, dass durch diese flache Unterseite eine Art Raum entsteht – anders als bei Gedanken, denen »Flügelchen« wachsen, fliegende Gedanken sozusagen. Woher kommt die Panik, die uns – wie in Ihrem Beispiel – zu Büchern greifen oder vor dem Gefühl der »Erdung« davonlaufen lässt?

Trungpa Rinpoche: Eine Menge Angst entsteht dann, wenn die Dinge zu klar definiert sind. Alles wird so unerträglich scharf und direkt und präzise, und sie möchten es viel lieber deuten, als es einfach zur Kenntnis zu nehmen. Das ist so, wie wenn sie jemandem ganz schlicht und direkt etwas sagen und der dann antwortet: »Sie sagen also mit anderen Worten …«, und dann kommt seine Version. Anstatt ganz unmittelbar auf das Gesagte einzugehen, gibt er ihm lieber erst mal seinen eigenen Drall. Dahinter steckt wohl eine gewisse Scheu, ein Zurückschrecken vor der unverblümten Wirklichkeit, der »Gefügtheit«, der »Dingheit«, die in unserer Welt existiert und dem sich niemand stellen will. Sich dem zu stellen, ist die höchste Form von Vernunft und erleuchteter Vision. Das ist wohl auch der eigentliche Hintergrund für gewisse Schilderungen im *Tibetischen Totenbuch,* wo ein sehr helles Licht beschrieben wird, das auf sie zukommt und vor dem sie zurückscheuen; es erschreckt sie. Dann kommt ein gedämpftes, verführerisches Licht aus einem der sechs Bereiche des neurotischen Daseins, und von dem fühlen sie sich nun angezogen. Sie ziehen den Schatten dem Wirklichen vor. Dieses Problem gibt es überall. Manchmal ist die Wirklichkeit so ungemildert direkt, so unfassbar, so überwältigend, dass wir meinen, ihr standzuhalten wäre wie das Platznehmen auf einer Rasierklinge.

Schüler/Schülerin: Sie sprachen von der Erfahrung des Körpers. Es gibt eine Menge Techniken und Praktiken für dieses Spüren des Körpers, wo man die Aufmerksamkeit auf Empfindungen oder Spannungen im Körper richtet, auf das, was sich gerade bietet. Ich frage mich nun, ob eine Verbindung besteht zwischen solchen Praktiken und dem Üben mit dem Atem, wie Sie es beschrieben haben. Sind diese Techniken etwas ganz anderes oder können sie das Üben mit dem Atem verstärken?

Trungpa Rinpoche: Ihr Atem *ist* ihr Körper, was diesen Ansatz angeht. Es gibt alle möglichen Empfindungen, die die Erfahrung des Atems begleiten: Schmerz, Juckreiz, angenehme

Gefühle und so weiter. Sie erfahren all das zusammen mit dem Atem. Der Atem ist das Thema, die anderen Dinge laufen mit. Bei der Atemtechnik kommt es also darauf an, einfach sehr genau zu sein bei dem, *was* man erfährt. Sie lassen einfach alle aufkommenden Empfindungen mitsamt ihrem Atem in ihr Gewahrsein, ohne sich aber einzureden, dass sie ihren Körper erfahren. Solche Erfahrungen sind nicht die Erfahrungen ihres Körpers. Wie denn? Und letztlich sind nicht einmal sie selbst in der Lage, ihren Körper zu erfahren. Solche Erfahrungen sind nichts als Gedanken: »Ich denke, dass ich Schmerzen habe.« Es ist der Gedanke von Schmerz, der Gedanke von Juckreiz und so weiter.

S: Heißt das, die Atemtechnik ist ein vernünftigerer Ansatz, als sich vorzunehmen: »Jetzt werde ich meinen Körper fühlen«, und dann ein Projekt daraus zu machen?

TR: Die Atemtechnik ist sehr buchstäblich, sehr direkt. Sie widmet sich ganz direkt und ausschließlich dem, was wirklich der Fall ist, anstatt irgendein Resultat herbeiführen zu wollen.

Schüler/Schülerin: Sie sprachen davon, dass wir eine psychosomatische Vorstellung vom Körper haben, wenn wir hier sitzen und Notizen machen oder uns entspannt dem Vortragenden zuwenden. Für mein Verständnis hat »psychosomatisch« etwas mit Einbildung zu tun oder allgemein mit unserem Bewusstsein – mit der Art und Weise, wie der Geist den Körper beeinflusst. Wenn wir von jemandem sagen, dass er eine psychosomatische Krankheit hat, dann meinen wir diesen Einfluss von Geist oder Psyche auf den Körper. Aber welche Beziehung hat das zu dem Umstand, dass wir hier sitzen und entspannt zuhören? Inwiefern ist das psychosomatisch?

Trungpa Rinpoche: Mit allem, was wir überhaupt tun, ist es ja so, dass wir es nicht einfach nur tun; der Geist, unser mentaler Apparat, redet bei allem mit. Und der eigentliche Körper, der Körper als solcher, wird von der Umtriebigkeit des Geistes unter Druck gesetzt. Gewiss, es könnte sein, dass sie tatsächlich einfach nur hier sitzen, nichts dahinter, ganz unpsychosomatisch. Aber die Tatsache, *dass sie* hier sitzen, auch wenn sie jetzt *nur* sitzen, ist das Werk psychosomatischer Kräfte. Wenn ihnen aufgrund eines überwältigenden Ekels – ein psychosomatischer Vorgang – derart schlecht wird, dass sie sich übergeben müssen, dann erbrechen sie natürlich nicht psychosomatischen Stoff, sondern einfach Mageninhalt, aber der ganze Ablauf ist doch psychosomatisch. Und in dieser Lage sind wir so gut wie immer. Unter diesem Gesichtspunkt ist im Grunde unsere ganze Welt psychosomatisch. Der ganze Lebensprozess setzt sich aus psychosomatischen Macken zusammen. Der Wunsch , die Lehre zu hören, kommt daher, dass wir auf unsere Macken aufmerksam geworden sind. Und da wir auf unsere Macken aufmerksam geworden sind, möchten wir gern diesen weiteren Macken auf uns nehmen, um die schon bestehenden Macken zu bereinigen.

S: Anstatt die Sache im direkten Zugriff zu lösen?

TR: Naja, dazu kommt es nie, solange man nicht wenigstens einen winzigen Einblick in die Welt der Erleuchtung hat. Bis dahin bleiben wir in allem auf Hinweise angewiesen.

S: Ist dann jede Krankheit und überhaupt alles, was uns irgendwie betrifft, psychosomatisch?

TR: Nicht nur Krankheit ist psychosomatisch. Schon ihre Gesundheit ist psychosomatisch – Krankheit ist eigentlich etwas Zusätzliches, wie ein Pilzausschlag auf der Haut.

Schüler/Schülerin: Rinpoche, Sie sprachen von »Antippen und Weitergehen«: Sie sprachen auch von Sexual- und Aggressionsphantasien. Bis zu welchem Punkt lässt man solchen oder anderen Phantasien ihren Lauf, bevor man sie loslässt und weitergeht?

Trungpa Rinpoche: Wenn sie anfängt, ist das schon »Antippen«. Lassen sie sie, wie sie ist. Dann geht sie. Es gibt da einen Umschlagspunkt. Zuerst wird die Phantasie erzeugt, dann erreicht *sie* ihre Reife, dann hat sie ihren Höhepunkt hinter sich, und dann verfliegt sie allmählich oder versucht sich in etwas anderes zu verwandeln.

S: Manchmal verzweigt eine Phantasie sich zu einem ganzen emotionalen Schauspiel, das immer komplexer wird.

TR: Ja, man peitscht ein totes Pferd. Sie lassen sie einfach kommen; sie lassen sie ihre Energie verpulvern; und sie lassen sie los. Sie müssen sie schmecken, dann loslassen. Haben sie einmal den Geschmack, dann empfiehlt es sich nicht, noch weiter an ihr zu manipulieren.

S: In dem, was Sie Antippen und Weitergehen nennen, scheint die Meditation, das Üben im Sitzen, das Antippen zu sein. Sagen Sie damit, dass es auch Zeiten gibt, in denen diese Art der Achtsamkeit unangebracht ist? Dass wir im Alltag einfach von der Achtsamkeit loslassen sollen?

TR: Ich glaube, hier gibt es ein Missverständnis. Antippen und Weitergehen sind immer zusammen. Ungefähr so; Wo eine Eins ist, da ist auch eine Null. Die Zahlenreihe, mit eins beginnend, impliziert null. Zahlen hätten überhaupt keinen Sinn, wenn es nicht so etwas wie null gäbe. Und Antippen hat keine Bedeutung ohne Weitergehen. Sie gehören zusammen, sind zugleich. Dieses Zugleich ist die Achtsamkeit, im Alltag außerhalb der formellen Meditation nicht anders als bei der Übung im Sitzen.

Schüler/Schülerin: Sie sprachen davon, dass die Klarheit und Schärfe des unmittelbar Gegenwärtigen einem das Gefühl geben kann, auf einer Rasierklinge zu sitzen. Widerspricht das nicht der Aussage, dass die Achtsamkeit im Leben ein Gefühl der Freude mit sich bringt?

Trungpa Rinpoche: Nein, es ist eigentlich die gleiche Erfahrung. Wo eine Todesdrohung besteht, da ist auch das Lebensgefühl stärker. Das ist, wie wenn man eine Pille nimmt, weil man Angst hat zu sterben. Die Pille steht zwar mit der Todesdrohung in Verbindung, aber man nimmt sie in der Haltung, dass sie einem das Leben retten wird. Sich dem Augenblick in seiner ganzen Klarheit zu stellen, das ist wie das Schlucken der Pille: Todesfurcht und Lebensliebe zugleich.

Schüler/Schülerin: Wie teilt sich das Achthaben auf das Leben dem ethischen Verhalten, dem ethischen Handeln mit?

Trungpa Rinpoche: In der samsarischen Welt werden die Dinge ohne Achtsamkeit getan; das ist unser täglich Brot. Deshalb ist alles, was wir tun, immer ein bisschen aus dem Gleis; es passt nicht, es sitzt nicht, irgendwas ist schief an dem Ganzen. Wir mögen ganz vernünftige, brave Leutchen sein, aber hinter der Fassade stimmt etwas nicht. Eine Art Grundneurose ist da ständig im Gange bei uns, und sie bereitet anderen wie uns selbst nichts als Ärger und Kummer. Es entstehen Verletzungen, und dann kommen Reaktionen, die noch mehr Ärger und Kummer erzeugen. Das nennen wir »die neurotische Welt«, Samsāra. Niemandem geht es wirklich gut dabei, und sogar die äußerlich guten Zeiten haben ein bisschen was Bemühtes. Man spürt es, und diese unterschwellige Frustration führt dazu, dass man noch mehr sinnlosen Aufwand treibt, um »gut drauf« zu sein.

Das Achthaben auf das Leben ist ein ganz anderer Ansatz; hier wird das Leben als Kostbarkeit genommen, einfach durch die Achtsamkeit. Alle Dinge gelten *für sich* etwas und sind nicht einfach nur Aspekte des neurotischen Teufelskreises. Alles gehört zusammen, nichts steht vereinzelt und isoliert da. Unser Geisteszustand verliert seine Zerrissenheit, und erst dadurch haben wir überhaupt die Chance zu sehen, wie wir leben müssen. Man lernt, das Muster der Welt zu lesen. Das ist nur ein Anfang, keineswegs schon die letzte Stufe. Wir beginnen zu sehen, wie man die Welt liest.

Schüler/Schülerin: Ich kann mir einfach nicht vorstellen, wie die Erfahrung ohne alle möglichen Vorstellungen und Projektionen aussehen würde. Ich kann nicht einmal ansatzweise nachvollziehen, wie es sich anfühlen mag, wenn man die Welt und alles, was sich in ihr bietet, einfach so nimmt, wie es ist.

Trungpa Rinpoche: Möchten sie es gern herausfinden?

S: Allerdings.

TR: Tja, das ist sehr schwer. Und warum ist es so schwer? Weil sie es schon tun. Das ist wie die Suche nach einem weggelaufenem Pferd. Um es zu suchen, müssen sie ihr weggelaufenes Pferd reiten. Andererseits, vielleicht reiten sie schon auf ihrem weggelaufenem Pferd und suchen es immer noch. So ungefähr ist das. Eins von diesen Paradoxen.

Schauen sie, so etwas wie letzte oder höchste Wirklichkeit gibt es ja eigentlich gar nicht. Gäbe es etwas, das man so nennen könnte, dann wäre es schon aus dem Grund etwas anderes. Das ist das Problem. Und so sind sie wieder mal auf dem »Start«-Feld. Und hier kann man offenbar gar nichts anderes machen als einfach üben. Und das genügt auch.

Schüler/Schülerin: Bei diesem urplötzlichen Augenblick des Erwachens, zu dem es beim Achthaben auf das Bemühen kommen kann, verstehe ich immer noch nicht so recht, woher und wohin man eigentlich zurückkommt.

Trungpa Rinpoche: Wenn es zu diesem Aufblitzen kommt, brauchen sie sich nicht darum zu kümmern, woher sie kommen. Deshalb habe ich gesagt: »Versuchen sie nicht, den Botschafter als Gast zu halten.« Und sie brauchen auch nicht zu ergründen, wohin sie gehen. Nach diesem Blitz ist ihr Gewahrsein wie eine Schneeflocke, die sich eben aus den Wolken löst. Sie sinkt irgendwo zu Boden. Sie haben da ohnehin nichts zu wählen, nichts zu entscheiden.

Schüler/Schülerin: Manchmal bekommt das Achthaben auf das Ausatmen etwas Gewolltes. Es scheint dann, als würde es zu sehr von oben, vom Beobachter, getan – Atem und Achtsamkeit haben dann nicht mehr dieses Zugleich.

Trungpa Rinpoche: Hier geht es wieder um das Antippen und Weitergehen. Sie tippen das Ausatmen an und lassen dann sogar von diesem Gewahrsein los. Wenn sie die ganze Zeit in der schieren Aufmerksamkeit bleiben wollen, verkrampfen sie sich nur und quälen sich dahin. Sie tippen also an mit dem Atem und lassen los mit dem Atem. So bleibt ein Gefühl von Frische bestehen, von Luftaustausch. Das ist wie ein Pulsieren oder wie wenn sie bei einem Musikstück die Taktschläge verfolgen. Wenn sie bei einem Taktschlag bleiben, verpassen sie einen anderen. Aber wenn sie alles nur antippen und loslassen, hören sie den Rhythmus und schließlich das Ganze dieses Musikstücks. Oder wie beim Essen: Sie schmecken das, was sie essen, nicht unentwegt, sondern immer wieder mal. Und so ist das mit jeder Erfahrung. Wir umschweben gleichsam unsere Interessen, tippen nur immer wieder mal an. Dieses Antippen und Loslassen bei der Achtsamkeit lehnt sich also an die Funktionsweise an, die unser Geist ohnehin hat. Lassen sie sich einfach darauf ein, und es gibt überhaupt keine Probleme.

Schüler/Schülerin: Ich kann so ungefähr verstehen, inwiefern das Achthaben auf den Geist eine Einzelbild-Sache ist. Aber wenn das Bemühen ins Spiel kommt, scheint das Zugleich oder die Spontaneität verlorenzugehen.

Trungpa Rinpoche: Das Bemühen kommt immer wieder mal ins Spiel – am Anfang, unterwegs und am Ende. Sie halten jetzt zum Beispiel dieses Mikrophon noch, weil es ihnen darum ging, diese Frage zu stellen. Jetzt, während sie mir zuhören, haben sie vergessen, dass sie das Mikrophon halten, aber dieses ursprüngliche Bemühen wirkt irgendwie noch nach. Sie lassen das Mikrophon nicht fallen. Es ist also mit unserem Bemühen ein ständiges Hin und Her, anstatt dass es ständig aufrecht gehalten werden muss. Sie müssen nicht ständig darum ringen. Tun sie es, dann ist das kein Üben, keine Meditation – die ganze Sache wird eine einzige Strapaze. Beweglichkeit, Wechsel, das schafft den Raum für die Meditation. Wenn sie hundert Prozent mühevoll sind, vermasseln sie alles. Man ist dann nur noch ein verspannter Muskelkloß. Das geschieht in allen Lebenslagen ständig. Es ist ungefähr wie Teig kneten. Wenn sie zu fest kneten, drücken sie durch bis zur Tischplatte und haben keinen Teig mehr unter den Händen. Irgendwann spüren sie dann, wie fest man kneten muss, um *mit* dem Teig zu arbeiten; eine gewisse Intelligenz kommt ins Spiel, und es entsteht ein Kompromiss. Das Bemühen allein, ohne diesen Kompromiss, ist tödlich.

Schüler/Schülerin: Wenn ich mich nicht ganz energisch zusammenreiße, ist meine ganze Meditation kaum mehr als Träumerei. Es kommt kaum vor, dass ich eine direkte Beziehung zu meinem Atem habe. Ich sitze entweder träumend da oder breche mir einen ab, um die Verbindung zum Atem zu halten.

Trungpa Rinpoche: Na dann: Sitzen sie halt.

S: Was soll ich tun, wenn ich sitze?

TR: Sitzen.

S: Sonst nichts? Und das Üben mit dem Atem?

TR: Sitzen sie. Sitzen sie einfach drauflos. Tun sie's einfach.

4

Ergebenheit*

»Die Ergebenheitsbeziehung zwischen Schüler und Meister wird ein lebendiges Bild der Beziehung, die der Schüler zum Leben insgesamt hat. Im Laufe der Zeit arbeitet sich diese Beziehung durch viele Schichten der unechten Kommunikation hindurch, durch immer subtilere Täuschungsmanöver des Ich. Für den Schüler kann das zu einer vollkommen klaren und unverstellten Beziehung zu seiner Welt führen.«

Ergebenheit im landläufigen Sinne hat mit Vertrauen zu tun. Das Objekt der Ergebenheit, sei es Mensch oder Idee, wird als vertrauenswürdig und verlässlich empfunden, solider und realer als man selbst. Im Vergleich empfindet der Ergebene sich als ein bisschen unsicher, nicht verlässlich oder vollständig genug. Er meint, dass ihm etwas fehlt, und das ist der Grund seiner Ergebenheit. Auf seinen eigenen Füßen fühlt er sich ungenügend, und so sucht er anderswo Rat und

* Basierend auf »Die wahre Bedeutung von Ergebenheit«, Barnet, Vermont, 1973

Geborgenheit. Eine Ergebenheit dieser Art können wir allen möglichen Ideen, aber auch unseren Eltern, unseren Schullehrern, unseren spirituellen Lehrern, unserem Bankmanager, unserer Frau oder unserem Mann entgegen bringen – jedem, der »das Lebensziel«, wie man so sagt, erreicht hat, und das kann irgendwer sein, der eine Menge Erfahrung oder Information gesammelt hat.

Ganz allgemein scheint der Charakter der Ergebenheit davon abzuhängen, wie wir das, was wir an Vertrauen und Vernunft in uns selbst haben, zu etwas anderem in Beziehung setzen, das außerhalb ist. In der buddhistischen Tradition spielt die Ergebenheit gegenüber unserem Lehrer oder Meister eine außerordentlich wichtige Rolle. Sie kann zwar wie die herkömmliche Ergebenheit anfangs von einem Unzulänglichkeitsgefühl getragen sein – von dem Wunsch, sich vor dieser Unzulänglichkeit zu drücken, anstatt sich ihr zu stellen und sich ihrer anzunehmen –, aber sie geht dann doch weit darüber hinaus. Die Ergebenheitsbeziehung zwischen Schüler und Meister wird ein lebendiges Bild der Beziehung, die der Schüler zum Leben insgesamt hat. Im Laufe der Zeit arbeitet sich diese Beziehung durch viele Schichten der unechten Kommunikation hindurch, durch immer subtilere Täuschungsmanöver des Ich. Für den Schüler kann das zu einer vollkommen klaren und unverstellten Beziehung zu seiner Welt führen. Und was den Schüler bei dieser langen, schwierigen und oft sehr schmerzhaften Entdeckungsreise bleiben lässt, ist eben diese Ergebenheit gegenüber dem Meister – die Überzeugung, dass er die Wahrheit dessen, was er lehrt, tatsächlich verkörpert. Durch alle Schichten dieser Entwicklung hindurch können wir an der Ergebenheit zwei Hauptaspekte ausmachen: Bewunderung und das Fehlen von Hochmut.

Bewunderung kann als Heldenverehrung auftreten. Wir schauen auf zu Menschen von großer Begabung und Würde. Wir machen Idole aus ihnen, die wir uns dann einverleiben, um so an ihrer Größe teilzuhaben. Aber wenn wir solche begabten Menschen und ihre vorzüglichen Schöpfungen sehen, können wir auch neidisch und deprimiert werden. Wir empfinden dann, dass wir zu dumm, zu unfähig sind, uns mit so überragendem Können zu messen. Vielleicht nehmen wir es jemandem sogar übel, dass er schön oder gewandt ist. Am Ende empfinden wir die Existenz und die Leistungen anderer als persönlichen Affront. Große Leistungen oder Kunstwerke können eine solche Bedrohung für uns sein, dass wir sie am liebsten zerstören und alle Museen niederbrennen würden. Zumindest aber würden wir gern diese Leute ein bisschen herunterputzen, die soviel begabter sind als wir. Das ist Heldenhass – nur eine andere Form von Heldenverehrung.

Die dritte Möglichkeit besteht darin, einfach einen riesigen Unterschied zwischen diesen großen und begabten Menschen und uns selbst zu sehen. Was sie geschaffen haben, begeistert uns, aber irgendwie haben sie nichts mit uns zu tun, weil sie so hoch über uns stehen. Diese Haltung erspart uns jeden peinlichen Vergleich. Mit dieser Haltung machen wir uns unangreifbar.

Allen drei Formen der Bewunderung – Anbetung, Hass und Distanziertheit – liegt die Annahme zugrunde, dass es Heroen und Nichtskönner gibt und wir zu letzteren zählen. Trennung ist hier das Wesentliche, und wir beharren auf dieser Trennung.

Auch in der Beziehung zu einem spirituellen Meister nimmt die Bewunderung meist eine dieser drei neurotischen Formen an. Bei der schmeichelnden Bewunderung möchten wir uns den Meister ganz und gar einverleiben, so dass er ein Teil von uns wird: Wir lassen die tatsächlichen Züge der Beziehung unter einer dicken Lage Honig verschwinden. Bei der distanzschaffenden Form der Bewunderung sind wir von Ehrfurcht geradezu überwältigt; hier haben wir zwar weiterhin Umgang mit dem Meister, aber wir halten ihn uns in einer so hochgelegenen Heiligennische, dass die Möglichkeit direkter Begegnung praktisch ausgeschlossen ist. Doch wie wir die Sache auch einfädeln, auf jeden Fall wissen wir unsere Ergebenheit strategisch so zu nutzen, dass der Guru nicht gefährlich werden kann.

Eine Kombination dieser beiden Ansätze zeigte sich Anfang der siebziger Jahre, als Gurus zu Popidolen und Glücksbringern aufgebaut wurden. Die jungen Leute hängten sich ihre Zimmer mit ihren spirituellen Superstars voll: Gurus aus Indien und Japan, Indianer, Eskimos, Tibeter – Pin-ups aller Art. So konnten sie sich selbst auf der Seite der Guten sehen, bei den großen Wesen und Ideen. Wenn man die Meister zu Ikonen macht, kann man seiner Bewunderung freien Lauf lassen, ohne mit unbequemen Äußerungen rechnen zu müssen.

Echte Bewunderung ist viel direkter als solche Strategien und deshalb auch viel gefährlicher. Echte Bewunderung hat Mut und Würde zum Hintergrund. Wenn wir jemanden auf echte Weise bewundern, sehen wir uns nicht in Konkurrenz zu diesem Menschen und versuchen nicht, ihn für uns einzunehmen, sondern sind nur darauf aus, die Weite seiner Schau nachzuvollziehen. Die Beziehung kann ein wahres Fest sein, weil wir uns ohne irgendein sekundäres Vorhaben auf sie einlassen. Dabei geht es für uns um nichts weiter als völlige Ergebenheit – einfach mitgehen, ohne irgendeine Gegenleistung für unsere Bewunderung zu erwarten.

Wahre Bewunderung hat Klarheit und Biss. Wie Bergluft im Winter – so kalt und klar, dass man meint, die Lunge friert einem ein. Zwischen den Atemzügen würden wir am liebsten in die Hütte laufen und uns eine Decke über den Kopf werfen, damit wir uns nicht erkälten. In der echten Bewunderung tun wir das nicht. Die Bergluft ist geradezu beängstigend klar, aber auch unglaublich belebend, und wir atmen einfach – ohne uns zu schützen und ohne etwas davon mitnehmen zu wollen. Wie die Berge sind wir einfach ein Teil dieser scharfen, prickelnden Frische: So sollte Bewunderung, so sollte echtes Teilnehmen sein.

Der zweite Aspekt der Ergebenheit ist das Fehlen von Hochmut. Hochmut kommt ins Spiel, wenn wir uns so leidenschaftlich auf unseren Meister werfen, dass wir Ergebenheitschauvinisten werden und den Rest der Welt nicht mehr richtig wahrnehmen. In Wirklichkeit gilt unsere Leidenschaft da nur unserem Hochmut. Wir frönen unserer »Ergebenheit« durch das Sammeln von Informationen, Techniken, Geschichten, kleinen Worten der Weisheit – von allem, was unsere chauvinistische Sicht bestätigt. Und dann kommt der Punkt, wo der Meister, der unserem ganzen Hochmut als Grundlage diente, selbst zur Bedrohung wird. Irgendwann wird er wohl anfangen, unserer »Ergebenheit« auf den Zahn zu fühlen, und dann finden wir uns in der absurden Lage, dass wir unsere ganze Munitionssammlung am liebsten gegen ihn verwenden würden.

Wo Ergebenheit ohne Hochmut ist, da kommt es nicht zu diesem gereizten Abwehren der Welt oder des Guru. Und es ist dringend notwendig, dass es nicht dazu kommt. Wenn Leute, die einen spirituellen Weg beschreiten möchten, um einen Meister »freien«, liefern sie häufig eine Art Bewerbung ab, die ihre Einsichten und spirituellen Referenzen verzeichnet. Das ist ebenso hochmütig wie hohl, völlig daneben. Es ist ganz in Ordnung, dem Guru unsere besonderen Fähigkeiten oder Neurosen darzubringen, gleichsam als Eröffnungsgeste. Aber unsere Schwächen als Stärken zu verkleiden wie in einem Lebenslauf, das geht zu weit. Ergebenheit ohne Hochmut verlangt, dass wir aufhören, uns an unsere persönliche Fallgeschichte zu klammern, dass wir nackt und ganz direkt auf den Lehrer und die Welt zugehen, ohne uns hinter einer Sammlung von Pluspunkten zu verstecken.

Der Buddhismus hat drei Entwicklungsstufen: Hinayāna, Mahāyāna und Vajrayāna oder Tantra. Am Anfang, auf der Hinayāna-Ebene, ist Ergebenheit etwas ganz Bestimmtes und sehr Direktes. Sie kommt hier zum Ausdruck in dem, was man Zufluchtnahme nennt. Man nimmt Zuflucht zum Buddha als dem Vorbild, zum Dharma, der Lehre, als einer Lebensweise, und schließlich zum Sangha, der Gemeinschaft derer, die den Dharma verwirklichen wollen.

Auf dieser Ebene ist unsere Ergebenheit beflügelt von dem Gefühl, dass wir hilflos im Strudel von Samsāra treiben – nichts als Schmerz, Ungenügen und Neurose. Und wir sind nicht nur in dieser Lage, sondern müssen auch noch feststellen, dass, so sehr wir auch versuchen, ihr zu entkommen, unsere angestrengten und allzu verzweifelten Versuche, die Sache nur noch hoffnungsloser machen. Die Tradition kennt dafür das Gleichnis des Elefanten, dem es in der tropischen Sonne zu heiß wird, so dass er sich zur Abkühlung in ein Schlammloch wirft, das er für eine Suhle hält. Aber es hat keinen festen Grund, und je mehr er sich suhlt, desto tiefer sinkt er. Anfangs ist es die reine Wohltat, aber wenn der Körper dann schon etwas tiefer eingesunken ist, wird ihm die Sache unheimlich.

Jetzt möchte er nur noch raus, verfällt in Panik, strampelt immer mehr – aber es ist zu spät.

Wie der Elefant möchten wir unserer verfahrenen Lage entkommen, aber je mehr wir strampeln, desto tiefer sinken wir. Wir fühlen uns vollkommen hilflos. Und manchmal enden wir in dem Gefühl, dass wir unser Leben vollkommen versaut haben. Was sollen wir nur tun, wenn wir einfach nicht bekommen, was wir möchten? Und noch schlimmer: Was sollen wir tun, wenn wir bekommen haben, was wir wollten? Vielleicht haben wir die Erfolge gehabt, die wir uns wünschten – und dann? Dann sind wir schließlich doch wieder auf dem »Start«-Feld. Unser großer unfehlbarer Plan lässt uns mit leeren Händen dastehen. Frustration und Verwirrung bleiben zurück und sind offenbar nicht abzuschütteln. Das ist die Lage, die uns schließlich eingibt, Zuflucht zu nehmen. Irgendwann erscheint es uns nicht mehr sinnvoll, den Kampf nur in uns selbst auszufechten, und uns kommt der Gedanke, dass wir Rettung vielleicht anderswo suchen müssen. Wenn wir beim Buddha Zuflucht suchen, uns ein Beispiel an ihm nehmen, identifizieren wir uns mit einem Menschen, dem es gelang, innerhalb eines Lebens Erleuchtung zu finden und sich selbst zu retten. Wenn es jemandem schon mal gelungen ist, vielleicht schaffen wir es dann auch.

Da wir in einer Notsituation sind, müssen wir als erstes lernen, von allen Bemühungen, uns selbst aus Samsāra herauszuziehen, abzulassen. Das Kämpfen mag uns ein gewisses Sicherheitsgefühl geben, weil wir ja zumindest etwas tun; aber der Kampf ist sinnlos und gegenstandslos geworden: er macht alles nur noch schlimmer. Den Kampf also müssen wir aufgeben, aber der Schmerz, den das Kämpfen mit sich brachte, bleibt uns. Wir müssen ihn nutzen. Anstatt ihn loswerden zu wollen, müssen wir ihn zu unserem Weg machen. Dann können wir sehr viel aus ihm lernen. Diese Beziehung zu unserem Schmerz ist die Zufluchtnahme zum Dharma.

Der Sangha wird von Menschen gebildet, die solch einen Weg gehen. Wir achten alle, die die Reise unternommen und sich selbst aus dem Schlamm gezogen haben, aber auch alle, die jetzt unsere Weggefährten sind. Das heißt aber nicht, dass wir uns bei anderen anlehnen, um uns der Einsamkeit nicht stellen zu müssen. Vielmehr erkennen wir durch die Zuflucht zum Sangha ausdrücklich unser Alleinsein an, und das kann wieder für andere ein wichtiger Anstoß sein.

Die Hinayāna-Ergebenheit hat nicht seelische Geborgenheit zum Ziel, sondern ist ganz einfach das, was in dieser Notsituation zu geschehen hat. Wenn wir bei einem Autounfall verletzt wurden, brauchen wir einen Rettungswagen, der uns ins Krankenhaus bringt. Und zwar schnell: Die Lage ist äußerst prekär, und wir haben nichts mehr, womit wir uns selbst helfen könnten. Diese Hinayāna-Ergebenheit beruht also auf dem Wunsch, aus der hoffnungslosen und chaotischen Lage befreit zu werden, in der wir offenbar festsitzen.

Es dürfte wohl klar sein, dass Menschen, die sich auf die Weise dem Dharma zuwenden, von ganz anderer Art sind als spirituelle Einkaufsbummler, die sich mal diesem, mal jenem zuwenden. Denn Menschen, die sich wirklich darauf einlassen, mit sich selbst ins reine zu kommen, haben keine Zeit zum Bummeln. Für sie geht es nur darum, eine echte »Behandlung« zu finden. Sie haben keine Zeit, wichtigen und interessanten Gedanken nachzuhängen: Sie sitzen fest. Sie brauchen dringend Hilfe, denn der Schmerz ist so groß.

Aufrichtigkeit dürfte wohl das Merkmal sein, das einen wirklich Hilfesuchenden von einem spirituellen Einkaufsbummler oder Guru-Sammler unterscheidet. Ein Guru-Sammler mag wohl auch empfinden, dass etwas nicht in Ordnung ist, aber er meint, man könne die Sache ruhig notdürftig flicken, bis man irgendwann genau den richtigen Service findet. Das unverbindliche Herumspielen mit spirituellen Lehren und Meistern ist die naive Version jenes Phantasieprojekts, das wir »spiritueller Materialismus« nennen – ein Projekt, das letztlich doch nur den Zielen des Ich dient und deshalb nur immer mehr Leiden erzeugt. Für spirituelle Einkaufsbummler sind die spirituellen Lehren kaum mehr als Unterhaltung. Ergebenheit oder auch nur echtes Engagement braucht man bei ihnen nicht zu suchen. Wenn sie mal in einen Laden kommen, wo der Verkäufer von großer Ausstrahlung und die Ware vorzüglich ist, dann kommt es natürlich vor, dass sie vorübergehend von einem überwältigenden Gefühl des Vertrauens mitgerissen werden. Aber die Verzweiflung ist bei ihnen einfach noch nicht groß genug. Sie haben sich ihre Verzweiflung verschwiegen oder sie mit Pflastern zugeklebt, und so knüpfen sie keine echte Beziehung zur Lehre. Aber ihr Flickwerk wird auseinanderfallen, und in diesem Chaos werden sie keine andere Wahl mehr haben, als mit ihrer Verzweiflung ins reine zu kommen. Das ist die Notfallsituation, in der sich die ersten Wurzeln echter Ergebenheit bilden. Die Verzweiflung liegt unabweisbar klar und offen zutage.

Wie geht es aber weiter, wenn unser Schmerz behandelt worden ist, wenn unsere Grundprobleme aufgefangen wurden und wir es uns leisten können, ein wenig aufzuatmen? Unsere ursprünglichen Symptome sind zwar beseitigt, aber irgendwie erscheint unsere medizinische Versorgung uns jetzt vielleicht doch nicht mehr so ganz ideal, und wir fangen an, uns nach einer besseren umzusehen. Erneut können wir es uns leisten, hier und da nach dem letzten Wort in Sachen Spiritualität herumzuhorchen, und unsere Ergebenheit ist schon so gut wie vergessen. Vielleicht regt sich jetzt sogar ein gewisser Unmut gegen unseren Meister – denn hat er sich nicht eigentlich in unseren Kram eingemischt und unsere Würde untergraben? Haben wir erst unsere Kraft – unsere Scheinheiligkeit – zurückgewonnen, vergessen wir nur zu leicht die Güte und Großzügigkeit des Retters, alles, was er mit seinen mitfühlenden Handlungen an uns vollbracht hat. Jetzt, da wir nicht mehr verbohrte Taugenichtse sind, die einen Retter suchen, nehmen wir es übel, in einer so jämmerlichen Lage gesehen worden zu sein. An diesem Punkt bedarf es einer horizontalen Beziehung, eines Freundes eher als eines Meisters. Aber wie bringen wir das zusammen: Retter und spiritueller Freund?

Auf der Hinayāna-Ebene entsprach unsere Verfassung der eines Patienten im Warteraum der Notaufnahme. Wenn der Arzt schließlich kommt, ist einfach keine Zeit für die üblichen Höflichkeiten. Aber später dann, wenn wir uns von der Operation erholen, kann es sein, dass der Arzt sich näher für uns interessiert, weil er im Verlauf der Behandlung sehr viel über uns erfahren hat. Und wie sich zeigt, mag er uns auch sehr. Doch dann erholen wir uns zusehends und empfinden sein Interesse vielleicht als störend. Wir mögen gar nicht gern an unsere Fallgeschichte erinnert werden.

Dann kann es natürlich schwer sein, eine echte Verbindung zu knüpfen, aber es ist absolut notwendig. Da ist es eben anders als in der Medizin, wo ein Arzt uns an einen anderen überweisen kann. Derjenige, der zur Notfallbehandlung herbeigeeilt war, muss uns auch weiterhin betreuen, bis zu einer echten, grundlegenden Gesundung. Hier ist es nun sehr wichtig, sich wahrhaft zu ergeben. Wir können kein größeres Geschenk machen, als uns zu öffnen und uns zu entblößen. Wir müssen dem Arzt unsere heimlichen Gebrechen zeigen. Der Arzt zeigt keinerlei Bestürzung, und seine Zuneigung bleibt bestehen, wie scheußlich unsere Gebrechen uns auch erscheinen mögen. Und so bleibt die Beziehung bestehen.

Die zweite Stufe der Ergebenheit, auf der Mahāyāna-Ebene, beginnt also damit, dass wir unseren Meister als spirituellen Freund erkennen, als *Kalyānamitra,* wie das Sanskritwort lautet. Der Guru wird ein Freund, und unser Umgang mit ihm wird ein Umgang unter Gleichen. Zugleich aber hat dieser besondere Freund eindeutig die Führung inne: Er kümmert sich um unsere Belange.

Auf der Mahāyāna-Ebene ruht Ergebenheit auf dem Gefühl, dass wir es doch immerhin wert sind, Belehrungen zu erhalten. Unsere Ahnungen und Einsichten, unsere Schmerzen und Neurosen machen uns zu einem guten Gefäß. Unsere Neurosen und Schmerzen werden nicht als schlecht und unsere Stärken nicht als gut betrachtet – sie sind nur das Material des Gefäßes. So entwickelt sich ein Grundvertrauen, ein Gefühl von Wohlwollen und Mitgefühl mit uns selbst, da offenbar alles, was wir sind, in die Beziehung zu unserem spirituellen Freund eingehen darf. Und die Ergebenheit gegenüber dem spirituellen Freund entspricht direkt dem in uns wachsenden Vertrauen: Ergebenheit ist hier nicht mehr nur auf ein äußeres Objekt gerichtet. Weder andere noch sich selbst anzugreifen, das ist ganz wesentlich für den Bodhisattva-Pfad, das Kernstück des Mahāyāna-Buddhismus.

Aggressivität äußert sich anderen gegenüber als Überheblichkeit und sich selbst gegenüber als Depression. Jedes Extrem in einer der beiden Richtungen macht uns zu einem für die Lehren des Buddhismus ungeeigneten Gefäß. Der hochmütige Schüler ist wie ein umgekipptes Gefäß – nimmt nichts auf, was von außerhalb kommt. Und der depressive Schüler ist wie ein löchriges Gefäß; da er überzeugt ist, dass sowieso nichts hilft, nimmt er nichts an. Nicht dass wir erst ideale Gefäße werden müssten, um eine Beziehung zu einem spirituellen Freund knüpfen zu können. Das wäre unmöglich. Aber wenn wir Augenblicke dieser Aggressionsfreiheit erleben – einfach ein positives Verhältnis zu uns selbst, ganz ohne Hochmut und Stolz –, dann wird es möglich, dass unser spiritueller Freund uns direkt erreicht.

Das erste Hindernis für die Ergebenheit ist hier die Negativität uns selbst gegenüber; wir urteilen zu hart über uns. Im allgemeinen reagieren wir auf Depressivität, auf das Gefühl unseres Unwerts, mit dem Versuch, uns völlig zu ändern, uns hundertprozentig zu bessern. Wir setzen eine Art totalitäres Regime in Kraft, das uns zu völlig fehlerlosen, perfekten Menschen machen soll. Und sooft dann unsere Mängel durchscheinen, meinen wir gleich, unser Fortschritt werde verzögert, unsere Vollkommenheit in Frage gestellt. Also beschneiden wir uns noch mehr: Wir erlegen uns die verschiedensten Arten von Disziplin auf, strafen Körper und Geist. Wir fügen uns durch strenge Regeln aller Art Schmerzen zu. Es kann so weit kommen, dass wir irgendeine Wunderheilung unserer Schwächen suchen, weil wir in klaren Augenblicken erkennen, dass wir einfach nicht mit uns zurechtkommen. Mit diesem totalitären Ansatz tappen wir mal wieder in die Fallgrube des spirituellen Materialismus, das heißt des Bemühens, uns selbst perfekt zu machen.

Das zweite Hindernis für die Ergebenheit ist eine weitere Spielart des Hochmuts. Der Schüler hat vielleicht schon ein wenig von den Lehren erfasst und ist ein bisschen zur Vernunft gekommen, und schon meint er, er kenne sich selbst am besten aus. Er baut zu sehr auf seinen selbstgebrauten Heiltrank, auf seine Do-it-yourself-Projekte: »Ich habe mich bis hierher entwickelt und eine Menge von dem erreicht, was ich erreichen wollte. Jetzt muss ich es mir wohl nicht mehr zumuten, jemanden als meinen spirituellen Freund zu betrachten. Ich kann die benötigten Bücher studieren und mir meine spirituelle Medizin selber brauen.«

Es trifft zu, dass man den Buddhismus in gewissem Sinne als Do-it-yourself-Prozess betrachten kann. Der Buddha selbst hat gesagt: »Arbeitet mit Eifer an eurer eigenen Befreiung.« Damit ist wohl klar, dass Befreiung oder Erlösung bis zu einem gewissen Grade unsere eigene Sache ist und es dafür eigentlich keine Hilfe von außen gibt. Dennoch, auch wenn kein Zauber und keine göttliche Macht uns retten kann, einen spirituellen Freund brauchen wir trotzdem. Solch ein Freund sagt uns vielleicht nichts anderes, als dass wir es nur selbst machen können, aber es muss jemand da sein, der uns ermutigt, es zu tun, der uns zeigt, dass es möglich ist. Unser Freund hat es getan, und seine Vorgänger in der spirituellen Linie haben es auch getan. Wir brauchen diese Sicherheit, dass der spirituelle Pfad kein gewaltiger Schwindel, sondern etwas Reales ist, und dass da wirklich jemand ist, der die Botschaft, das Wissen, die Techniken weitergeben kann. Und dieser Freund kann nur ein Mensch sein, keine abstrakte Gestalt, die unser Wunschdenken manipulieren könnte; er ist jemand, der das Menschsein mit uns teilt und mit uns auf dieser Ebene arbeitet. Er muss uns als Menschen sehr direkt und konkret sehen und verstehen können, damit die richtige Verbindung zustande kommen kann. Ohne das können wir keine echten Unterweisungen erhalten und haben keinen wirklichen Nutzen davon.

In der Beziehung zu unserem spirituellen Freund müssen wir nicht nur uns selbst vertrauen und uns als geeignete Gefäße betrachten, sondern da muss auch ein Gefühl von Hoffnungslosigkeit sein – allerdings nicht im Sinne von Verzweiflung: Wir haben einfach keine Lust mehr, immer neue Erwartungen vor uns aufzubauen. Für gewöhnlich leben wir ja in einer Welt der Erwartungen, die wir immer weiter ausschmücken. Hoffnungslosigkeit ist die Bereitschaft zu einem nackten Leben im Augenblick, ohne den Bezugspunkt unserer Erwartungen. Gute Erwartungen, schlechte Erwartungen, das ist, als glaubte man ans tägliche Zeitungshoroskop: Wir halten uns nur mit Erwartungen in Atem. Vielleicht steht Chaos bevor, vielleicht schöpferische Entwicklung, beides ist möglich; aber im Umgang mit einem spirituellen Freund schauen wir nicht voraus, wir sind vollkommen in Anspruch genommen vom gegenwärtigen Augenblick. Der spirituelle Freund existiert nicht als Zukunftstraum wie eine versprochene Ehe, die nur noch vollzogen werden muss. Der spirituelle Freund ist direkt vor uns, nur ein paar Zentimeter entfernt. Und was für ein Bild wir auch bieten mögen, er spiegelt es uns augenblicklich zurück. Deshalb sagen wir, dass dieser Freund die Führung innehat: Er kümmert sich um unsere Belange. Er hat keinerlei Scheu vor sich oder vor uns. Indem er einfach da ist, kümmert er sich in vollkommener Weise um unsere Belange.

Wir können den Pfad des Mahāyāna nicht ohne einen spirituellen Freund gehen – wirklich absolut nicht –, weil wir ohne ihn nicht vom weit offenen Pfad des Bodhisattva erfahren können. Der spirituelle Freund ist dieser Pfad und vermittelt ihn. Er macht es uns möglich, die Lehren und die Praxis als real zu erkennen, wo wir sie sonst allenfalls blind gläubig als Mythos akzeptieren könnten. Wir neigen dazu, nach Wundern, nach magischen Lösungen unserer Probleme Ausschau zu halten. Das liegt zum Teil daran, dass wir einfach nicht glauben, was man uns über die harten Fakten der Spiritualität gesagt hat; in Wahrheit betrachten wir die ganze Sache als Fabel oder nehmen sie zumindest nicht ernst. Wir haben es so satt, auf dieser Erde zu leben, am liebsten würden wir zum Mond oder zum Mars fliegen oder andere Sonnensysteme erkunden. Wir wollen nicht glauben, dass alles, was uns nottut, *hier* geschehen kann und muss – hier ist es so eng, so gar nicht aufregend und so verdreckt und vergiftet. Aber der spirituelle Freund bietet uns keinerlei magische Lösung, kein Entkommen aus unserem Überdruss. Sein Umgang mit uns ist sehr weltlich, sehr irdisch. Er bietet keine Wunder und keine Magie, aber wir sehen, dass er in einer Linie vieler Generationen von Meistern steht, die alle die vollkommene Offenheit erreicht haben. Durch das Beispiel, das er gibt, ist er eine wandelnde Bestätigung der Lehren.

In diesem Sinne ist der spirituelle Freund wie ein guter Bäcker in einer Linie von Bäckern. Und von den ersten Bäckern an wurden die Geheimnisse des Brotbackens von einer Generation an die nächste weitergegeben. Auch der heutige Bäcker backt gutes Brot. Der Laib, den er uns gibt, ist keine Antiquität, die durch die Generationen weitervererbt wurde. Dieser Laib ist frisch gebacken und noch heiß – so gut, so nahrhaft. Er zeigt uns, was Frische sein kann. Das Wissen, das durch die spirituelle Linie an uns weitergegeben wurde, gleicht darin diesem Brot. Wir können mit unserem spirituellen Freund unmittelbar in Verbindung treten und uns klarmachen, dass auch frühere Generationen von Meistern und Schülern solch eine frische und direkte Beziehung erfahren haben.

Was der spirituelle Freund uns zu vermitteln hat, ist echt und lebendig, und wir können uns wirklich ganz und gar auf ihn einlassen. Wenn wir ihm ganz schlicht und direkt begegnen und uns selbst weder kleiner noch größer machen, als wir sind, bildet sich echte Ergebenheit, die nichts mit blindem Glauben zu tun hat. Wir sind überzeugt, dass tatsächlich etwas geschieht, was das Leben ganz in Ordnung bringen könnte – aber wir erwarten überhaupt nichts Außergewöhnliches. Dadurch hat die Beziehung zu unserem spirituellen Freund etwas ganz Normales; sie ist Kommunikation auf der Ebene unseres alltäglichen Lebens.

Unsere Beziehung zu einem spirituellen Freund wird mit unserem Fortschreiten auf dem Pfad eher noch anspruchsvoller und kräftezehrender. Angesichts der Tiefe, zu der die Ergebenheit sich entwickeln muss, ist das Gefühl der Freundschaft nur ein Vorgeschmack. Was Ergebenheit eigentlich ist, zeigt sich erst auf der Vajrayāna-Ebene. Auf der Hinayāna-Ebene war unsere Ergebenheit durch Verzweiflung motiviert, auf der Mahāyāna-Ebene durch unser Alleinsein. Nur im Vajrayāna gibt es unbedingte Ergebenheit. Hier wird die Beziehung zwischen Schüler und Meister sehr gefährlich, entwickelt aber zugleich auch ihre höchste Kraft. Auf dieser Ebene könnte man von einer magischen Beziehung sprechen.

Wenn wir die dritte Stufe des buddhistischen Pfades erreichen, die Vajrayāna- oder Tantra-Stufe, wird ein der Ergebenheit entsprechendes Handeln immer wichtiger, insbesondere das, was man als Preisgeben oder Opfern bezeichnet. Dieses Preisgeben oder Ausliefern verlangt viel Kraft und echtes Bemühen. Bevor wir zur Erörterung des Vajrayāna kommen, müssen wir uns erst verdeutlichen, was Preisgeben bedeutet – und was nicht.

Wenn wir geben, geben wir normalerweise nicht einfach nur so. Wir geben beispielsweise, um etwas loszuwerden; aber dann werfen wir es im Grunde in den Mülleimer. Oder wir machen die zu bestimmten Gelegenheiten, etwa Weihnachten oder Geburtstage, vorgeschriebenen Geschenke. Manchmal geben wir, um jemandem unsere Wertschätzung auszudrücken, der uns seinerseits etwas gegeben hat, zum Beispiel Liebe, Kenntnisse, Unterstützung. Oder wir machen ein Geschenk, um jemanden auf unsere Seite zu ziehen. Offenbar geben wir aber nie ohne Absicht oder Plan. Wir geben nicht einfach nur so.

Sogar auf der Mahāyāna-Ebene ist mit dem Geben noch eine Absicht verbunden; Es wird als ein Akt des Loslassens gesehen, durch den wir lernen, gebefreudig zu sein, ohne etwas dafür zu erwarten. Erst auf der Vajrayāna-Ebene verschwinden sogar solche sekundären Ziele, so dass Geben in völliger Schlichtheit möglich wird. Solch absichtsloses Geben ist nicht gerade praktisch: Geschäftlich betrachtet ist es so, als würfe man das Geld – nein, nicht einmal zum Fenster hinaus, sondern ins Klo, und das ist von diesem Standpunkt aus gesehen der helle Wahnsinn. Bei dieser Art des Gebens stellen wir nicht unseren Reichtum oder die Tiefe unserer Schau unter Beweis, sondern geben einfach alles – Körper, Rede und Geist. Mit anderen Worten, wir geben den Geber, und so gibt es also nicht einmal mehr eine Gabe. Es ist einfach Loslassen, Preisgeben.

Normalerweise sehen wir ja gern zu, wie ein Beschenkter sich dankbar zeigt für das, was wir ihm schenken. Wenn wir aber unser ganzes Sein geben und jemand uns dafür dankt, haben wir es eben doch nicht ganz gegeben – wir bekommen es zurück. Wir freuen uns über eine solche Bestätigung. Wir möchten nicht einfach nur geben, ohne zu wissen, ob wir uns selbst dann noch haben oder nicht. Ein schrecklicher Gedanke. Wenn wir vollkommen rückhaltlos geben, können wir dabei nicht einmal zusehen, sind gar nicht an diesem Ritual beteiligt. Uns selbst zu verlieren, ist eine so grauenhafte Vorstellung, dass wir nicht einmal Zorn und Leidenschaft gern hergeben, weil selbst diese neurotischen Züge uns ein gewisses Sicherheitsgefühl geben. Sie mögen weh tun, aber sie sagen doch immerhin: »Ich existiere.«

Pures Geben, wird man vielleicht einwenden, ist einfach zu viel verlangt. Das stimmt. Und deshalb ist es so wichtig. Geben ohne jede Vorstellung, das schafft den Raum, in dem der erwachte Zustand erfahren werden kann. Und das kann nicht als geschäftliche Transaktion geschehen. Wir können den Dharma nicht besitzen und im Bankschließfach deponieren. Wenn wir dann die eigentlichen Lehren erhalten, ist niemand zu Hause, der etwas entgegennehmen könnte – niemand da, der einen Profit davon haben könnte. Die Lehren werden einfach ein Teil von uns, Teil unseres Seins. Der Dharma ist nicht zu besitzen, weder als Eigentum noch als Schmuck.

Die Strategie des Ego besteht auf dieser Ebene darin, Einweihungen und Lehrer zu sammeln und sich damit herauszuputzen: »Ich habe Millionen von Ordinationen und Initiationen erhalten. Ich bin völlig durchtränkt mit Segenskraft.« Das ist die dekadenteste Art der Beziehung zum Dharma, die platteste Form des spirituellen Materialismus. Lehrer und Lehre sind hier nur Mittel, mit denen das Ego seine heimlichen Selbsterhöhungswünsche verwirklichen möchte, und so fallen wir in immer tieferen Schlaf, anstatt uns für etwas zu öffnen. Wir werden erbärmliche mystische Egomanen.

Solche Versuche, das Geben als Mittel zu benutzen und aus den Lehren persönlichen Gewinn zu schlagen, müssen auf der Vajrayāna-Ebene vollständig aufgegeben werden. Hier ist kein Platz mehr für die bedingte Ergebenheit des Hinayāna und Mahāyāna. Hier ist totales Geben oder Preisgeben verlangt; ohne das kommt es zwischen Lehrer und Schüler nicht zu der Begegnung der Geister, die das ausmacht, was wir Übermittlung nennen.

Im Vajrayāna-Buddhismus gibt es »Katalysatoren« für diesen Vorgang des Preisgebens, nämlich die sogenannten vier vorbereitenden Übungen: hunderttausend Niederwerfungen, hunderttausend Wiederholungen der Zufluchtsformel, hunderttausend Rezitationen des Reinigungsmantra und hunderttausend symbolische Opferungen, in denen wir Körper, Rede und Geist und das ganze Universum dem Guru darbringen. Hier ist die Anmerkung wichtig, dass wir nicht gleich auf der Vajrayāna-Ebene beginnen können, ohne zuvor die Hinayāna- und Mahāyāna-Phase durchlaufen zu haben. Ohne diese Vorstufen sind die vorbereitenden Übungen eher wirkungslos, weil wir in ihnen nicht wirklich etwas aufgeben. Wir machen dann mehr oder weniger nur die Gebärden des Preisgebens, wir absolvieren unsere hunderttausend Niederwerfungen als ein Art Gymnastik und spielen mit unserem spirituellen Klimbim. Wenn wir also nicht am Anfang anfangen – bei der disziplinierten Meditationsübung des Hinayāna und der Weite und Offenheit des Mahāyāna –, wird es uns nicht möglich sein, die echte Kraftübertragung und Dharma-Übermittlung durch die Vajrayāna-Tradition zu empfangen.

Anfangs sahen wir in unserem Meister einen Retter; dann wurde er ein spiritueller Freund, der uns und sich in einen sehr intensiven Austausch verwickelte. Jetzt, im Vajrayāna, verlangt der Guru oder Vajra-Meister nun dieses noch tiefere Preisgeben von uns. Zuerst denken wir, wir hätten unser Geben und Vertrauen schon abgeleistet und besäßen gar nichts mehr, was wir noch preisgeben könnten. Wir haben unsere Gebühren entrichtet, denken wir, und sind es deshalb wert, die Vajrayāna-Lehren zu empfangen. Am Beginn des Pfades waren wir in sehr schlechter Verfassung, und so lieferten wir uns dem Arzt in der Notaufnahme aus. Später, in der Zeit der Genesung, begannen wir uns einsam zu fühlen und suchten Gefährten. Jetzt meinen wir, wir hätten alles Erforderliche getan: Wir haben alles über Bord geworfen und unser Ego preisgegeben. Aber da ist doch noch etwas, was preisgegeben werden muss, nämlich unser gesammelter Stolz auf all den Schmerz, den wir erduldet haben. Wir haben uns preisgegeben, aber bei diesem Preisgeben haben wir Pluspunkte gesammelt, und die werden jetzt zum Hindernis. Wir sind achtbare Preisgeber geworden, die ein gerüttelt Maß an Körper, Rede, Geist und Kraft gespendet haben. Und jetzt ist noch mehr verlangt: vollkommene Auslieferung, man könnte sagen vollkommene Demütigung. Und solche Ergebenheit oder Hingabe ist nur möglich mit der Hilfe eines echten Freundes.

Am Anfang der Vajrayāna-Stufe legt man das sogenannte *Samaya-Gelübde* ab. Ein Samaya-Gelübde ist ein Band, das wir zwischen uns selbst und unserem Meister knüpfen – ein Band, das uns mit unserem Meister und mit seiner Linie verbindet. Um dieses Band zu knüpfen, genügt es nicht, einfach hinzugehen und es zu tun. Wenn wir heiraten wollen, gibt es genügend Adressen, wo man sich praktisch im Vorbeigehen schnell mal trauen lassen kann – ohne die Familie einzubeziehen, ohne richtiges Hochzeitsfest.

Aber Sinn und Zweck der Eheschließung gehen in dieser Beiläufigkeit völlig unter. Beim Samaya-Gelübde kommt es zu einer richtigen Hochzeit zwischen einem selbst, dem Meister und der Linie. Deshalb ist es hier so wichtig, sich auszuliefern und zu öffnen. Es ist absolut notwendig, denn diese Ehe stellt hohe Anforderungen an uns.

Sobald der Schüler das Wasser des Samaya-Gelübdes trinkt, wird es zu *Amrita*, dem »Wasser des Lebens«, das im Herzen des Schülers bleibt und seine Überzeugung trägt. Aber diese Selbstpreisgabe kann auch tödliche Folgen haben. Wenn im Schüler noch Spuren von Zweifel, Unklarheit oder Falschheit sind, verwandelt das Wasser sich in geschmolzenes Eisen, vernichtet ihn und trägt ihn in die Vajra-Hölle. Mit dem Samaya nimmt man eine sehr schwere Verpflichtung auf sich. Es ist von ungeheurer Kraft und Wirksamkeit. Ich persönlich glaube, dass man das Vajrayāna nicht ohne alle Vorbereitung in einem Land verbreiten darf, dessen Bewohner nicht einmal ahnen, was für ein gefährlicher Schritt das ist. Man nutzt damit lediglich ihre Schwäche aus. Hunderttausende von Kandidaten für die Vajra-Hölle zusammenzutreiben kommt mir nicht sehr mitfühlend vor, auch wenn unterwegs allerlei geboten wird.

Wenn wir echte Tantra-Schüler und -Schülerinnen heranbilden wollen, müssen wir zuerst sehr deutliche Warnungen aussprechen. Diese Warnungen sind sehr notwendig. Es gibt da eine alte Geschichte über indische Kaufleute, die aufs Meer hinausfahren wollten, um Perlen zu suchen. Einer dieser Kaufleute, der ein großes Schiff besaß, fand eine Reihe von Leuten, die sich an dem wagemutigen Unternehmen beteiligen wollten. Das Schiff hatte vier Anker. Als die Abreise nahte, kappte der Kaufherr jeden Tag einen Anker und fragte warnend: »Seid ihr ganz sicher, dass ihr diesen Weg bis ans Ende gehen wollt?« Erst am vierten Tag ließ er Segel setzen. So ist es auch, wenn wir das Vajrayāna in Amerika oder Europa einführen wollen: Wir müssen immer wieder vor den Gefahren der tantrischen Praxis warnen. Wenn wir dann in See stechen und schöne Perlen finden, ist das natürlich eine ganz wunderbare Sache. Aber angenommen, es gelingt uns nicht; angenommen, die Mannschaft habe sich nur blind an den großen Geschäftsmann gehängt, dem das Schiff gehört – was dann? Das wäre eine Katastrophe, und deshalb muss ständig gewarnt werden.

Im Tantra ist ein Guru absolut unabdingbar. Er ist die Zentralgestalt aller Lehren. Ohne den Guru kann uns die Transmutation des Gelübde-Wassers in das Elixier des Lebens nicht gelingen. Für unsere Beziehung zum Guru brauchen wir unendlich viel Offenheit und Ergebenheit – Bereitschaft zu echter Preisgabe ohne jedes eigennützige Motiv wie etwa bei dem spirituellen Einkaufsbummler, der dem Verkäufer Honig ums Maul schmiert, weil er seine Waren haben will.

Dieses Preisgeben betrifft zunächst den Körper; wir geben das Gefühl preis, dass unser Körper ein behagliches Nest ist, das uns auf jeden Fall bleiben wird, auch wenn wir vielleicht verrückt werden. Wenn wir unseren Körper an den Guru ausliefern, geben wir unseren Hauptbezugspunkt preis. Der Körper wird zum Besitz der Linie, er gehört uns nicht mehr. Ich rede hier nicht von Hysterie, vom Verlust des Sinnesbewusstseins. Ich rede davon, dass wir unser Leben, das uns so lieb ist, mit der Preisgabe des Körpers einem anderen überantworten. Und dann ist da kein Leben mehr, das ich meins nennen und an das ich mich klammern könnte. Auf der zweiten Stufe des Tantra wird die Rede – damit ist die emotionale Ebene gemeint – ebenfalls preisgegeben. Unsere emotionale Sicherheit wird hier nicht mehr als notwendig oder belangvoll erachtet. Auch dieses Bedürfnis wird an den Guru und durch ihn der Lehre und der Linie ausgeliefert. Die dritte Stufe betrifft den

Geist, den Registriermechanismus in unserem Bewusstsein. Auch der Geist wird ausgeliefert, und damit gehen uns all die logisch-intellektuellen Spiele verloren, an denen wir so hängen.

Alles ist also schließlich preisgegeben: Körper, Rede und Geist. Das heißt aber nicht, dass wir Zombies oder Quallen werden. Solches Preisgeben ist ein kontinuierlicher Prozess, kein glatter Selbstmord, und die nicht mehr käufliche Intelligenz, die sich dabei bildet, bleibt während des gesamten Prozesses aktiv und wird immer freier. Man könnte diesen ganzen Prozess und die hohen Anforderungen, die der tantrische Weg an den Schüler stellt, als ungeheuerlich, ja geradezu kriminell bezeichnen. Im Hinblick auf die Herrschaft des Ich handelt es sich in der Tat um Landesverrat. Es ist das äußerste Mittel zur endgültigen Ausrottung dieses Dinges, an dem wir so verzweifelt festhalten. Es ist wirklich furchtbar, absolut tödlich. Aber wenn wir uns wirklich öffnen wollen, ist dieses Preisgeben einfach nötig.

An diesem Punkt, könnte man sagen, beten wir den Guru an, aber nicht als einen Dharma-Chauvinisten, dem wir uns ergeben müssen. Das ist ein vollkommen falscher Ansatz. Der Guru ist vielmehr Sprecher, Botschafter, Vollstrecker und Polizist der Offenheit – und er ist uns ein Spender von unvorstellbarem Reichtum. In gewisser Weise ist er aber auch wie eine *Fata Morgana* in der Wüste. Wenn wir uns halb verdurstet in der Wüste finden, glauben wir ein Gewässer zu sehen, aber da ist kein Wasser. So hält auch der Guru die Erfüllung unserer Wünsche zurück; er lässt uns schmachten und treibt uns immer tiefer in die Wüste der Ichlosigkeit.

Das wichtige ist dabei offenbar, wie sehr wir wirklich bereit sind, das peinliche und demütigende Ausmaß unseres

Chaos, unserer Verblendung, unserer Begierden und unseres Anhaftens einzugestehen und bloßzulegen. Wenn wir diese Fixierungen bereinigen wollen, müssen wir sie zuvor ganz klar sehen. Und je mehr wir sie akzeptieren, desto eher sind wir in der Lage, sie loszulassen. Und in genau diesem Maß kann der Guru uns als Sprecher und Botschafter der Erleuchtung begegnen.

Der Vajra-Meister ist wie ein Meister-Samurai, der einen Neuling unterweist. Er schult uns, er ermuntert uns, beherzt zu sein und etwas zu wagen. Er zeigt uns, wie man das Zögern durchbricht. Und für uns gibt es nichts anderes, als ihm ohne Hoffnung und Furcht in schlichtem, nacktem Vertrauen zu begegnen. Mag sein, dass wir solches Vertrauen nur augenblicksweise tatsächlich erfahren, aber wir müssen zumindest die rechte intellektuelle Einstellung gegenüber dem Vertrauen gewinnen. Auch wenn wir vielleicht nicht in der Lage sind, uns ganz zu öffnen – durch das intellektuelle Verstehen kommen wir zumindest zu der Bereitschaft, uns zu öffnen, und das ist sehr wichtig.

Der Intellekt spielt sogar eine große Rolle für dieses Sich-Öffnen. Was wir hier *Intellekt* nennen, ist nicht das, was wir normalerweise darunter verstehen: die Befähigung zu philosophischer Spekulation. Intellekt ist hier klares, genaues Sehen. Oft, wenn diese klare Schärfe für einen Augenblick vorhanden ist, möchten wir sie gern festhalten, aber sie verschwimmt dann wieder. Wir müssen mit diesen Augenblicken der klaren Schärfe arbeiten, denn sie lassen uns erkennen, wie notwendig Offenheit ist – aber wir dürfen dabei nicht versuchen, sie einzufangen oder festzuhalten. Wenn solch ein Augenblick der klaren Schärfe sich einstellt, sollten wir ihn eher verleugnen, als uns um seine Erhaltung oder Erneuerung zu bemühen. Irgendwann fangen wir dann an, Vertrauen zu uns selbst zu fassen: Dieser Intellekt gehört uns schon, ist kein fremdes Element, das wir uns erst einverleiben müssten. Er wird uns nicht von außen gegeben, sondern ist in uns selbst geweckt worden. Und er wird sich wieder spontan einstellen, ohne dass wir ihn herbei manipulieren müssten. Dieses Erwachen, dieser Augenblick des intellektuellen Begreifens, ist von großer Wichtigkeit.

In vielen Fällen bringt solch eine kurze Erfahrung von Offenheit und klarer Schärfe eine plötzliche Angst mit sich – man fühlt sich desorientiert, entblößt und verletzlich. Das zeigt nur, dass das Ich sein Territorium nicht mehr ganz so fest im Griff hat; es ist noch keine grundsätzliche Bedrohung. Bedrohung gibt es überhaupt nur im Hinblick auf das Ich. Wenn wir etwas zu verlieren haben, fühlen wir uns bedroht – und wir haben nichts anderes zu verlieren als unser Ich. Haben wir nichts zu verlieren, kann nichts uns bedrohen. Das Gefühl der Bedrohung ist ein wichtiger Trittstein, *der* Entwicklungsanstoß. Der Tantra-Schüler sollte in ständiger Panik sein, nur dann ist er in einer wirklich fruchtbaren Verfassung. Dieser Panikzustand hat zweierlei Nutzen: Er beseitigt die Selbstzufriedenheit und Blasiertheit des Schülers und schärft seine Klarheit.

Der tibetische Meister Pema Karpo und andere große Meister haben gesagt, die Tantra-Schulung sei wie der Ritt auf einem Rasiermesser. Wenn wir merken, dass wir auf einer solchen Messerschneide sitzen, wissen wir nicht, ob wir herunterzurutschen versuchen oder lieber mucksmäuschenstill sitzen bleiben sollen. Wüssten wir, wie man eine Rasierklinge runterrutscht, es wäre uns so leicht wie einem Kind auf dem Treppengeländer. Wenn wir um die Natur der Klinge wüssten, könnten wir es. Aber wenn wir die Natur der Klinge nicht kennen und uns nur beweisen wollen, finden wir uns vielleicht plötzlich halbiert. Wie ich schon sagte, sind Warnungen, die den Blick des Schülers für seine tatsächliche Lage schärfen, sehr wichtig. Und im Tantra gilt: je mehr Warnungen, desto besser für den Schüler. Wenn der Tantra-Meister nicht genügend Warnungen gibt, wird der Schüler ein schlechter Tantra-Schüler, weil er nicht auf der Schneide eines Rasiermessers reitet.

Viele sind fasziniert, wenn sie zum ersten Mal etwas über Vajrayāna hören. Es gibt so viele aufregende Geschichten und Möglichkeiten – sehr verlockend. Der tantrische Weg gilt als der kürzeste, und so denken manche Schüler vielleicht: Wozu dann noch Zeit mit anderen Dingen vergeuden? Ich möchte was sehen für mein Geld und so schnell wie möglich erleuchtet werden. Doch darin steckt nicht nur Ungeduld, sondern auch Feigheit: Sie wollen keine Unannehmlichkeiten und vor allem keinen Schmerz. Solche Schüler sind nicht bereit, sich zu öffnen und zu entblößen. Sie wollen sich nicht der langen Folge von Panikzuständen aussetzen, von denen wir sprachen. Tatsächlich ist die Panik die Mutter der Offenheit und des fragenden Forschens; sie ist es, die uns dazu bringt, unser Herz zu öffnen.

Auf eine plötzliche Panik reagieren wir normalerweise mit einem ruckartigen Luftholen, und das erzeugt eine ungeheure Frische. Genau darum geht es in der tantrischen Tradition. Und wenn wir gute Tantra-Schüler sind, öffnen wir uns jeden Augenblick neu: tausendmal am Tag, einhundertachtmal jede Stunde, packt uns die Panik. Wir bleiben in ständiger Offenheit; wir bleiben in ständiger Panik. Die tantrische Haltung gegenüber der Welt beinhaltet also, dass wir den Kontakt unaufhörlich erneuern, uns immer wieder öffnen, um unseren

Kosmos richtig und ganz wahrnehmen zu können. Das klingt großartig, sehr vielversprechend, aber es hat einen Haken. Wenn wir mal so weit sind, dass die Welt, diese nackte Welt ohne Filter und Schutzschilde, uns wirklich fasziniert, sind wir selbst auch nackt. Wir begegnen der Welt, ohne auch nur durch eine Haut geschützt zu sein. Die Erfahrung wird so unmittelbar und so persönlich, dass wir uns Brandwunden und Erfrierungen an ihr holen. Wir werden äußerst empfindlich und nervös. Es kann sein, dass wir mit zunehmender Panik immer heftiger reagieren. Das ist ganz anders als im Kino, wo man sich behaglich in die Polster drückt und die Fabelwelt bestaunt, die da vor einem abschnurrt. So funktioniert das nicht. Es funktioniert nur auf der Basis von Gegenseitigkeit: So weit, wie die Welt sich uns entblößt, müssen auch wir uns entblößen.

Deshalb ist Tantra sehr gefährlich. Es ist elektrisch. Und neben der Elektrizität der Welt und unserer eigenen ist da noch der Vajra-Meister, der uns die Möglichkeiten der wahren Welt nahebringt. Der Meister hat die gleiche Elektrizität; der Meister ist ebenfalls nackt. In der Hand hält er das Symbol des Donnerkeils, das man Vajra, auf tibetisch *Dorje* nennt. Mit diesem Vajra kann der Meister den Schock der Unmittelbarkeit erneuern, wenn unsere Verbindung zum Kosmos zu locker wird.

In diesem Sinne besitzt der Meister sehr viel Macht, aber nicht egomanische Macht *über* uns. Der Meister ist wie immer der Sprecher des Wirklichen, der uns mit unserer Welt bekannt macht. Der Vajra-Meister ist also an diesem Punkt von großer Macht und auch einiger Bedrohlichkeit. Aber er benutzt seine Macht nicht einfach, um uns Streiche zu spielen, wenn er Schwächen an uns entdeckt; jeder seiner Schritte hat Maß und

Ziel, in Übereinstimmung mit der Tradition. Er tastet uns ab, er riecht uns, er schaut uns an, er hört unser Herz ab. Diese Vorgänge nennt man *Abhisheka.*

»Abhisheka« ist ein Sanskritwort, das »Salbung« oder »Weihe« bedeutet. Wir werden in dem heiligen Wasser gebadet, das der Meister und das ihn umgebende Mandala erzeugen. Gemeinhin spricht man von »Initiation« oder »Einweihung«, doch das ist eigentlich eine schwache Übersetzung. Es ist hier etwas anderes gemeint als Einweihungs- oder Übergangsriten, durch die man etwa nach bestimmten Prüfungen in eine Stammesgesellschaft aufgenommen wird. Etwas *ganz* anderes ist gemeint. Unser Meister überträgt uns Kraft nach seinem Vermögen, und wir empfangen die Kraft nach unserem Vermögen. Deshalb ist der Ausdruck »Kraftübertragung« besser geeignet als »Einweihung«, denn es gibt hier keinen Stamm, in den wir eingeführt werden. Abhisheka heißt also nicht, dass man in irgendeinen geschlossenen Kreis aufgenommen wird; wir werden vielmehr in das Universum eingeführt. Wir können das Universum nicht zu einem großen Stamm oder großen Ich erklären. Es ist nur offener Raum. Der Meister überträgt uns Kraft, damit wir eintreten können in das große Universum.

Der Meister ist bei dieser Energieübertragung die einzige Verkörperung der Kraft. Ohne ihn können wir diese Kraft nicht in ihrem vollen Ausmaß erfahren. Und die einzig mögliche Art der Beziehung zu solch einem Meister ist Ergebenheit. Ergebenheit entwickelt sich durch verschiedene Stadien der Demaskierung, bis wir die Welt ganz direkt und schlicht so sehen wie sie ist, ohne unsere Einbildungen über sie zu breiten. Das nennt man grundlegende Vernunft oder besser grundlegende Gesundheit. Ergebenheit bringt uns »auf den Boden der Tatsachen« zurück, sie befähigt uns, durch die ständige Herausforderung, die unsere Beziehung zu unserem Meister darstellt, zu dieser grundlegenden Gesundheit des Geistes zu finden.

Wir müssen sehr einfach anfangen: Wir geben; wir öffnen und zeigen unser Ich; wir bieten dieses Ich unserem spirituellen Freund als Gabe dar. Wenn wir dazu nicht in der Lage sind, wird der Pfad für uns nie beginnen, weil es keine Grundlage gibt, weil niemand da ist, der ihn gehen könnte.

Zweiter Teil

Stadien des Pfades

5

Zufluchtnehmen*

»Ein Flüchtling werden, das ist das Eingeständnis, dass wir heimatlos und grundlos sind und es auf Heimat und Grund eigentlich auch gar nicht ankommt. Zufluchtnahme ist ein Ausdruck der Freiheit, denn als Flüchtlinge sind wir nicht mehr von Sicherheitsbedürfnissen gefesselt. Wir schweben in einem Niemandsland, wo nichts zu tun bleibt, als zu den Lehren und uns selbst Kontakt aufzunehmen.«

In der buddhistischen Tradition geht es bei der Zufluchtnahme darum, aus der Verblendung zu erwachen und sich der Wachheit zu verschreiben. Zufluchtnahme ist eine Sache des Sich-Verpflichtens, aber zugleich auch eine Sache der Offenheit und Freiheit. Durch das Zufluchtsgelübde verpflichten wir uns der Freiheit.

Wir neigen dazu, uns allerlei Faszinationen und Selbsttäuschungen hinzugeben, aber nichts erreicht uns eigentlich

* Aus verschiedenen Zufluchtszeremonien zusammengestellt, 1973–1978

wirklich je in der Tiefe. Alles in unserer Lebenserfahrung, ob es Spiritualität oder irgend etwas anderes betrifft, ist im Grunde nur unverbindliches Stöbern. Unser Leben besteht aus Schmerzproblemen, Lustproblemen, Anschauungsproblemen, Problemen mit allen möglichen Alternativen – und dadurch wird es sehr kompliziert. Wir fühlen uns diesem verpflichtet, wir fühlen uns jenem verpflichtet.

Unser Leben bietet uns Abermillionen Entscheidungsmöglichkeiten – insbesondere was unser Gefühl von Disziplin, unsere Ethik, unseren spirituellen Weg angeht. Die Menschen wissen in dieser chaotischen Welt wirklich nicht, was nun das Richtige ist. Es gibt alle möglichen Argumentationen, an alle möglichen Traditionen und Philosophien angelehnt. Wir können versuchen, sie alle miteinander zu kombinieren; manche vertragen sich recht gut miteinander, manche nicht. Das Grundproblem liegt aber darin, dass wir letztlich immer nur stöbern.

Nicht dass etwas nicht stimmte mit all den Traditionen; die Schwierigkeit liegt mehr in unserer eigenen persönlichen Zerrissenheit, die daraus erwächst, dass wir das Beste haben und der Beste sein wollen. Wenn wir Zuflucht nehmen, geben wir etwas auf von diesem Bemühen, uns als guter Bürger oder Held, als gute Bürgerin oder Heldin, einer Erfolgsstory zu sehen. Wir müssen vielleicht unsere Vergangenheit aufgeben; wir müssen vielleicht unsere Zukunftsvorstellungen aufgeben. Indem wir dieses Gelübde ablegen, beenden wir unser Stöbern im spirituellen Supermarkt. Wir fassen den Entschluss, uns für den Rest unseres Lebens an eine bestimmte Marke zu halten. Wir treffen die Entscheidung, bei einer bestimmten Ernährungsweise zu bleiben und dabei bestens zu gedeihen.

Wenn wir Zuflucht nehmen, gehen wir eine Verbindung mit dem buddhistischen Pfad ein. Das ist nicht nur die einfachste, sondern auch eine sehr ökonomische Lösung. Von nun an werden wir auf diesem bestimmten Pfad sein, der vor zweieinhalb Jahrtausenden vom Buddha und dann von seinen Nachfolgern gebahnt und ausgearbeitet wurde. Hier haben wir eine Strategie und eine Tradition: einen Schulungsweg. Wir brauchen nicht mehr mal hinter diesem, mal hinter jenem herzulaufen. Wir brauchen unser Leben nicht mehr mit dem irgendeines anderen Menschen zu vergleichen. Haben wir diesen Schritt einmal getan, gibt es keine Alternativen mehr; das ach so unterhaltsame Ausleben unserer sogenannten Freiheit hat ein Ende. Wir legen das definitive Gelübde ab, uns einer Schulung ohne Wahl zu unterziehen – und das spart uns eine Menge Geld, eine Menge Kraft und massenhaft überflüssige Gedanken.

Man mag diesen Ansatz repressiv oder autoritär nennen, aber eigentlich ist er nur Ausdruck eines tiefen Mitgefühls für unsere Lage. Wir lassen uns nur wirklich auf uns selbst ein, wenn es keine Seitenwege und keine Ausgänge mehr gibt. Normalerweise suchen wir die Lösungen außen, in irgend etwas Neuem: Veränderungen in Gesellschaft oder Politik, eine neue Diät, eine neue Theorie. Zumindest sind wir immer sehr schnell bei der Hand, unsere Probleme nach außen abzuschieben – Beziehungen, Gesellschaft und was es sonst noch so gibt. Uns selbst ausgeliefert, ohne solche Aus- und Seitenwege, das ist der buddhistische Pfad. Wir fangen an mit der Hinayāna-Stufe – dem schmalen Pfad der Schlichtheit und Langeweile.

Wenn wir Zuflucht nehmen, werden wir in gewissem Sinne Heimatvertriebene. Zuflucht nehmen heißt nicht, dass wir uns für hilflos erklären und unsere Probleme an irgend jemanden oder irgend etwas abgeben. Es wird hier keine Flüchtlingsrationen geben, keine Sicherheit, keine organisierte Hilfe. Ein Flüchtling werden heißt, dass wir alle Absicherung und Geborgenheit aufgeben. Wir lassen ab von unserem – ohnehin illusorischen – Heimatgefühl. Ein oberflächliches Heimatgefühl mag bleiben: wo wir geboren sind, wie wir aussehen; aber im Grunde haben wir keine Heimat, kein Zuhause. Es gibt keine verlässliche Sicherheitsbasis in unserem Leben. Wir sind verlorene Seelen. Letztlich sind wir vollkommen verloren und verstört und in gewissem Sinne ziemlich arm dran.

Das sind die Voraussetzungen, unter denen in uns das Gefühl wächst, ein Buddhist werden zu wollen. Wenn wir zur Kenntnis nehmen, wie verloren und verstört wir sind, werden wir offener. Und wir ahnen: Es hat keinen Sinn, sich an irgend etwas zu klammem, um Sicherheit zu finden; alles wird immer wieder unterspült, wird wacklig, unaufhörlich. Und das ist es, was man Leben nennt. Ein Flüchtling werden, das ist also das Eingeständnis, dass wir heimatlos und grundlos sind und es auf Heimat und Grund eigentlich auch gar nicht ankommt. Zufluchtnahme ist ein Ausdruck der Freiheit, denn als Flüchtlinge sind wir nicht mehr von Sicherheitsbedürfnissen gefesselt. Wir schweben in einem Niemandsland, wo nichts zu tun bleibt, als zu den Lehren und uns selbst Kontakt aufzunehmen.

Die Zeremonie der Zufluchtnahme steht für eine endgültige Entscheidung. In dem Wissen, dass wir selbst die einzige Arbeitsbasis sind und es hier wirklich keine Schleichwege gibt, nehmen wir Zuflucht zum Buddha als dem Vorbild, zum Dharma als dem Pfad und zum Sangha als der Gemeinschaft der Weggefährtinnen und Weggefährten. Dennoch ist es eine uneingeschränkte Verpflichtung uns selbst gegenüber. Die

Zeremonie kappt das Tau, das Schiff und Anker miteinander verbindet; sie kennzeichnet den Anfang einer Odyssee der Einsamkeit. Aber sie enthält und vermittelt auch den Einfluss des Meisters und seiner Linie. Die Teilnahme des Meisters bietet eine Art Gewähr dafür, dass die grundlegende Sicherheitsfrage für sie beantwortet ist, dass sie sich weiterhin zu ihrem Alleinsein bekennen und an sich selbst arbeiten werden, ohne sich auf jemanden zu stützen. Schließlich werden sie ein wirklicher Mensch werden und auf eigenen Füßen stehen.

Diese Reise hat etwas mit den abenteuerlichen Fahrten von ersten Siedlern gemein. Wir sind in ein Niemandsland gelangt und mit so gut wie gar nichts ausgerüstet. Alles müssen wir nun mit bloßen Händen tun. Wir sind, auf unsere Weise, Pioniere: jeder eine historische Person auf seiner eigenen Reise. Es ist ein individuelles Pionierdasein, bei dem wir den spirituellen Boden bereiten. Alles müssen wir selber machen und produzieren – niemand da, der uns kleine Pausensnacks zuwirft und uns mit Süßigkeiten tröstet. Wir müssen also lernen, wie man die Kühe melkt. Vorher müssen wir allerdings erst noch Kühe finden, vielleicht wildlebende Rinder, die wir zähmen und irgendwie zusammenhalten müssen; schließlich werden wir sie melken und für die Aufzucht der Kälber sorgen. Wir müssen lernen, wie man das Erz schmilzt und Eisen gewinnt und zu Schwertern schmiedet. Alles müssen wir selber machen. Barfuß und nackt kamen wir hierher und müssen nun sogar unsere Kleidung selbst anfertigen – Schuhe und Hut und was man so braucht. Das ist der Ausgangspunkt, genau hier an diesem Punkt. Es ist notwendig, einen solchen Anfang zu machen.

Wenn wir eine fertige Religion annehmen, die uns genau sagt, wie alle Dinge am besten zu tun sind, dann stellt uns diese Religion gleichsam ein Eigenheim, komplett mit Teppichböden. Wir werden völlig verwöhnt. Wir brauchen uns in keiner Weise ins Zeug zu legen, und deshalb sind unsere Verpflichtung und Ergebenheit ohne Saft und Kraft. Das geht so weit, dass wir schließlich schon jammern, wenn wir unsere spezielle Sorte Luxusklopapier mal nicht bekommen. Deshalb betreten wir hier an diesem Punkt kein voll ausgestattetes Hotel oder Eigenheim, sondern fangen ganz primitiv an. Wir müssen selbst herausfinden, wie wir unsere Stadt bauen wollen und welche Art von Umgang wir mit unseren Kameraden haben werden, die das gleiche tun.

In dieser Mittellosigkeit müssen wir auf ein Gefühl von Heiligkeit und Fülle und dem magischen Aspekt unserer Erfahrung zurückgreifen. Und das muss auf der Ebene unseres Alltagslebens geschehen, auf einer höchst persönlichen Ebene also. Es gibt keine Sündenböcke. Wenn wir Zuflucht nehmen, sind wir uns selbst gegenüber verantwortlich als Menschen, die dem Dharma folgen. Wir isolieren uns in gewissem Sinne vom Rest unserer Welt, in dem Sinne nämlich, dass sie uns nicht mehr helfen wird; sie ist nicht mehr der Quell des Heils. Sie ist nur ein Trugbild, *Māyā*. Sie macht sich vielleicht über uns lustig, spielt Musik für uns oder tanzt für uns, aber den Pfad zu gehen und ihn mit Leben zu erfüllen, das ist ganz allein *unsere* Sache. Wir müssen es *tun*. Und mit dem Zufluchtsgelübde bekräftigen wir, dass wir es tun *werden*. Wir verpflichten uns als Flüchtlinge uns selbst und glauben nicht, dass irgendein heiliges Prinzip den Schriften entsteigt und uns erlöst. Das Zufluchtsgelübde ist sehr persönlich. Man erfährt eine Art Einsamkeit, Alleinsein: da ist kein Erlöser, keine Erlöserin, keine Hilfe. Zugleich aber gibt es doch ein Gefühl der Zugehörigkeit – man gehört einer Tradition des Alleinseins an, in der die Menschen zusammenarbeiten.

Vielleicht sagen sie: »Ich bin schon lange so. Wozu muss da noch eine Zeremonie sein?« Die Zeremonie ist wichtig, weil es dann ein Datum gibt, an dem ihre Verpflichtung stattfindet. Es wird eine Sekunde geben, von der an sie sich selbst verpflichtet sind, und sie werden das sehr genau und sehr klar wissen. Es ist das gleiche wie zu Neujahr; beim zwölften Schlag der Glocke sagen wir: »Prost Neujahr!« Da ist dieser ganz bestimmte Augenblick. Wir sorgen also dafür, dass ihre Erinnerung an die Verpflichtung und die Verpflichtung selbst nichts Verschwommenes hat. Sie sind ein glitschiger Fisch und brauchen so etwas wie ein Netz. Das Netz ist die Zufluchtnahme; darin werden sie gefangen. Und der Fischer, der sie aus dem Wasser zieht, ist der Meister. An diesem Punkt hat der Fisch keine andere Wahl, als sich dem Fischer zu ergeben. Ohne die Zeremonie geht es irgendwie nicht; die ganze Sache bleibt dann zu sehr ihrer Imagination und ihrer unverlässigen und flüchtigen Subjektivität überlassen.

Wenn sie ein Flüchtling werden, einer, der der Lehre des Buddha folgt, besteigen sie einen Zug, der keinen Rückwärtsgang, ja nicht einmal Bremsen hat. Der Zug kommt daher und hält zu einer bestimmten Zeit an einer bestimmten Station an. Sie steigen ein, der Pfiff ertönt, und los geht's.

So ist die Zufluchtszeremonie also ein Wendepunkt an dem man ein Buddhist, ein Nichttheist wird. Sie brauchen nicht mehr in irgendjemandes Namen Opferungen zu vollziehen, um sich Rettung und Heil zu verdienen. Sie brauchen sich nicht mehr zu überschlagen vor lauter Lobpreis, damit dieser Typ, der alles sieht, der Alte mit dem Bart, ihnen zulächelt. Was die Buddhisten angeht, so ist der Himmel blau und das

Gras grün – im Sommer, versteht sich. Was die Buddhisten angeht, sind Menschen sehr wichtig, und sie sind nie verdammt worden – es sei denn durch ihre eigene Verwirrung, und die ist verständlich. Wenn niemand ihnen einen Pfad zeigt, irgendeinen Pfad, dann sind sie verwirrt, und das ist nicht ihre Schuld. Aber jetzt wird ihnen der Pfad gezeigt, und sie fangen an, ihn unter Anleitung eines Meisters zu gehen. An diesem Punkt gibt es gar keine Verwirrung: Sie sind, was sie sind, die Lehren sind, was sie sind, und ich bin, was ich bin – ein Lehrer, der sie zu buddhistischen Menschen ordiniert. Das ist ein sehr freudiger Augenblick, wenn sie mich fragen: Wir werden zusammen gehen, vom Anfang bis zum Ende.

Zuflucht nehmen zum Buddha als dem Vorbild, zum Dharma als dem Weg und zum Sangha als der Gemeinschaft der Weggefährten, das ist eine sehr geradlinige, sehr bestimmte, sehr präzise und sehr klare Sache. Die Menschen tun das die ganzen zweitausendfünfhundert Jahre der buddhistischen Tradition. Durch die Zufluchtnahme nehmen sie dieses Erbe in sich auf; sie verbinden sich mit dieser Weisheit, die schon so viele Jahrhunderte ohne Unterbrechung und ohne Schaden überlebt hat. Sie ist sehr direkt und sehr einfach.

Zuflucht zum Buddha

Sie nehmen Zuflucht zum Buddha nicht als Heiland und Erlöser – nicht mit dem Gefühl, etwas gefunden zu haben, was ihnen Geborgenheit gibt –, sondern als Vorbild, als einem Menschen, dem sie nacheifern können. Er ist das Beispiel eines ganz normalen Menschen, der den trügerischen Schein des Lebens durchschaute, auf der gewöhnlichen wie auf der spirituellen Ebene. Der Buddha fand dadurch zum Erwachen des Geistes, dass er sich den Zustand der Welt – Verwirrung, Chaos und Wahn – intensiv vergegenwärtigte. Er war imstande, all das sehr klar und sehr genau zu betrachten. Er schulte sich dadurch, dass er sich nach innen wandte, dorthin also, wo alles Chaos und alle Verwirrung herkommen. Anstatt Anarchist zu werden und die Gesellschaft zu beschuldigen, nahm er sich seiner selbst an und erlangte Erleuchtung, im Sanskrit *Bodhi* (Erwachen) genannt. Es kam zu einem endgültigen, die letzte Tiefe erreichenden Durchbruch, und danach widmete er sich freimütig der Belehrung und Schulung der Lebewesen.

Das Beispiel des Buddha trifft deshalb so gut, weil sein Leben zunächst dem unseren grundsätzlich vergleichbar war, von der gleichen Verblendung geprägt. Doch er entsagte diesem Leben, um die Wahrheit zu finden. Er machte etliche religiöse »Trips« durch. Er versuchte es mit dem theistischen Ansatz der Hindus, und ihm wurde klar, dass dort manches problematisch war. Anstatt aber dann nach äußeren Lösungen zu suchen, wandte er sich nach innen, krempelte gewissermaßen seine Ärmel selber hoch – und wurde ein Buddha. Aber bis dahin war er ein ziemlicher Wischiwaschi-Spiritueller. Wenn wir zum Buddha als einem Beispiel Zuflucht nehmen, machen wir uns klar, dass sein Fall dem unseren gar nicht so unähnlich war; und wir fassen den Entschluss, seinem Beispiel zu folgen und zu erreichen, was er erreichte.

Durch die Zufluchtnahme beginnen sie zu ahnen, dass sie sogar mit dem Buddha wetteifern können. Sie können es wirklich. Vor zweieinhalb Jahrtausenden gelang es einem Menschen, der sich wie wir mit seinem täglichen Leben auseinanderzusetzen hatte, sich wachzurütteln und den leidvollen Charakter des Lebens zu erfahren. Er setzte diese Erfahrung um und handelte ihr entsprechend, und so fand er schließlich Buddhaschaft, das Erwachen, Erleuchtung. Dieser Mensch hieß Gautama, Prinz aus dem Geschlecht der Shākya. Er genoss ein Leben in Luxus und Sicherheit und fühlte sich doch fern dieses Zustands grundlegender Geistesgesundheit. Da beschloss er, der Sache auf den Grund zu gehen. Er verließ sein Reich und meditierte tief in den Wäldern. Und alle Freunde oder Lehrer, die er fand, waren spirituelle Materialisten: Sie benutzten die Meditation zur Sicherung des Ich. Er probierte es mit allerlei körperlichen Mätzchen – den Atem anhalten, auf dem Kopf stehen, zwischen lodernden Feuern sitzen – und sah, dass all das völlig müßig war. Da sagte er sich, dass er Befreiung nur in völliger Unabhängigkeit finden könne, und tatsächlich erlangte er ganz aus eigener Kraft Erleuchtung. So unbestechlich war sein Geist, dass er sowohl den psychologischen Materialismus der Ego-Sicherung durch Ideen als auch den spirituellen Materialismus durchschaute und beide überwand. Fortan wurde er der Buddha genannt, der Erwachte.

Das können wir auch. Tausende von Menschen in der Tradition des Buddha haben es geschafft. Psychologischer und spiritueller Materialismus sind in unserem Leben allgegenwärtig, also haben wir das gleiche »Arbeitsmaterial« wie der Buddha. Es ist nur allzu offensichtlich, dass wir von dieser Art Ego-Futter sehr reichlich haben.

Es war einer der großen Schritte in der Entwicklung des Buddha, als er sah, dass es keinen Grund gibt, an etwas Größeres zu glauben oder etwas Größeres zu erwarten als die grundlegende Inspiration, die wir ohnehin in uns haben. Wir haben hier eine nicht-theistische Tradition: Der Buddha verwarf den Gedanken an irgendein göttliches Prinzip, das über ihn kommen und seine Probleme lösen würde. Wenn wir also Zuflucht zum Buddha nehmen, so heißt das keinesfalls, dass wir ihn als eine Art Gott auffassen. Er war einfach ein Mensch, der sich schulte, der arbeitete und studierte und die Dinge ganz persönlich erfuhr. Deshalb bekunden wir durch die Zufluchtnahme zum Buddha, dass wir allen falschen Vorstellungen über das Göttliche entsagen wollen. Wir sind schon im Besitz dessen, was man Buddha-Natur oder Buddha-Wesen nennt, im Besitz der erleuchteten Intelligenz, und deshalb brauchen wir uns nicht die Glorie anderer zu borgen. Wir sind gar nicht so furchtbar hilflos. Wir haben – jetzt schon – unsere eigenen Ressourcen. Es liegt ganz bei uns. Unsere Individualität hat unsere Welt hervorgebracht. Die ganze Sache ist sehr persönlich.

Zuflucht zum Dharma

Dann nehmen wir Zuflucht zu den Lehren des Buddha, dem Dharma. Wir nehmen Zuflucht zum Dharma als dem Pfad. So wird uns klar, dass alles in unserem Leben ein ständiger Lern- und Entdeckungsprozess ist. Wir sehen nicht dies als weltlich und jenes als heilig, sondern alles als *Wahrheit* – und das ist die Definition von Dharma. Dharma ist auch *Leidenschaftslosigkeit*, und das bedeutet hier: nicht an sich reißen, nicht festhalten, nicht besitzen wollen – kein aggressives Verhalten.

Normalerweise sind wir immer zielorientiert: Alles soll irgendwie unseren Ambitionen dienen, soll unserem Konkurrenzdenken und Überlegenheitsstreben entsprechen. Das treibt uns an, größere Professoren, größere Mechaniker, größere Zimmerleute, größere Dichter werden zu wollen. Der Dharma – Leidenschaftslosigkeit – schaltet diese enge, zielorientierte Sicht aus, so dass alles ganz einfach ein Lernprozess ist. Nur so kommen wir wirklich ganz mit unserem Leben in Verbindung. Wenn wir also Zuflucht zum Dharma als dem Pfad nehmen, entsteht in uns das Gefühl, dass es in sich selbst gut und richtig ist, auf dieser Erde zu leben. Nichts wird als Zeitverschwendung angesehen, nichts als Strafe oder als Grund für Ablehnung und Klagen erlebt.

Dieser Aspekt der Zufluchtnahme ist im Westen von besonderer Bedeutung, denn hier ist es modern geworden, alles auf andere zu schieben und sich einzubilden, es seien ungesunde Elemente oder Verschmutzungen in unseren Beziehung und unserer Umgebung am Werk. Wir reagieren mit Ablehnung. Aber wenn wir damit einmal angefangen haben, geht bald gar nichts mehr. Die Welt wird zweigeteilt: hier Heiliges, da Profanes, hier das, was gut und recht ist, da krumme Sachen oder notwendige Übel. Zuflucht zum Dharma, zur Leidenschaftslosigkeit, bedeutet aber, dass wir alles am Leben als fruchtbar und als Lernsituation betrachten. Was auch geschieht – sei es schmerzhaft oder angenehm, gut oder schlecht, gerecht oder ungerecht –, ist ein Teil des Lernprozesses. Wir brauchen keine Schuldigen: Alles ist der Pfad, alles ist der Dharma.

Dieses Leidenschaftslose des Dharma ist ein Ausdruck dessen, was man *Nirvāna* nennt – Freiheit oder Offenheit. Und wenn wir diese Haltung einmal haben, wird jede spirituelle Schulung, der wir uns unterziehen, einfach ein Teil des Lerngeschehens – bleibt nicht ritualistisch oder »spirituell« oder eine Sache religiöser Pflichtübung. Alle Aspekte fügen sich zu einem natürlichen Ganzen.

Lange haben wir versucht, das Leben in seiner Ungereimtheit und seinem Ungenügen irgendwie zu sichern und einen durchgängigen Sinn in ihm zu sehen. Das geht jetzt nicht mehr. Die Dinge verändern sich ständig, bewegen sich ständig, werden immer wieder etwas Anderes. Deshalb gehen wir jetzt davon aus, dass dieses Fließen, dieser Wechsel von Auf und Ab in unserem Leben, nur Spiegelbild ist oder das Wogen an der Oberfläche des Meeres. Die Dinge nähern sich uns, und wir können sie fast ergreifen, aber dann verschwinden sie wieder. Manchmal scheinen sie ihren Sinn preisgeben zu wollen, aber dann verschwimmt alles ganz plötzlich wieder, und was zum Greifen nahe schien, rückt in unerreichbare Ferne.

Ständig wollen wir irgend etwas erfassen, und wenn wir es schon fast in der Hand zu haben meinen, geht es wieder verloren. Das ist das Fehlschlagen, das Leiden – oder *Duhkha,* wie der Buddha es nannte. Duhkha ist die erste der Vier Edlen Wahrheiten. Und wenn wir das erkannt haben, finden wir den Sinn – in nichts. Vergänglichkeit und Ungreifbarkeit selbst geben uns mehr Sinn als alles Bemühen, die Wahrheit zu einem greifbaren Klumpen zu verfestigen. Das Fließen der Dinge verstehen und mit diesem Fließen umzugehen lernen, das ist der Sinn der Zufluchtnahme zum Dharma.

Das Kennzeichen dieses Ansatzes ist Direktheit, das Fehlen von Täuschung und Selbsttäuschung – man könnte sagen von beschönigender Höflichkeit. Das heißt, dass wir uns den Tatsachen des Lebens ganz direkt und persönlich stellen. Wir brauchen keine Wattepolster aus Höflichkeit und keine billigen Beschwichtigungen, sondern erfahren das Leben wirklich. Und es ist ein ganz gewöhnliches Leben: Schmerz ist Schmerz, und Lust ist Lust. Wir müssen da keine anderen Wörter, keine Andeutungen benutzen. Schmerz und Lust und Verwirrung – alles geschieht sehr nackt. Wir sind einfach ganz gewöhnlich. Aber Nacktheit und das Fehlen von Höflichkeit bedeuten nicht unbedingt, dass man sich wie ein Wilder aufführt. Wir kommen nur einfach ohne die Wattierung aus, mit der wir uns sonst umgeben. Wir können es uns leisten, in unserem Umgang mit Freunden und Verwandten, überhaupt in allen Situationen ganz schlicht, direkt und persönlich zu sein.

Die »Bereiche« des Lebens – Wirtschaftliches, Häusliches, Spirituelles – sind für uns nicht mehr getrennte Abteile, sondern zu einer Gesamtsituation verschmolzen. Das heißt: dem Pfad des Dharma folgen. Ob wir völlig in die Enge gedrängt sind und um uns schlagen oder ein andermal völlig ruhig und ungerührt bleiben – beides ist weder besonders gut noch besonders schlecht. Das sind nur zwei von vielen Strickmustern, die unser Leben hat; ein natürlicher Prozess, der sich unablässig weiterspinnt. Zufluchtnahme zum Dharma bedeutet, dass wir alles was geschieht – vom Splitter in ihrem kleinen Finger bis zu dem ihnen zugeschobenen Selbstmord ihres Großvaters – als zu diesem natürlichen Prozess gehörig betrachten. Alle Augenblicke geschehen Dinge in verschiedensten Formen und Größenordnungen, und sie sind alle nichts weiter als Gimmicks, einfach interessante Facetten des Lebens.

Trotzdem kann man nicht sagen: »Überlassen wir die Sache also sich selbst. Schauen wir einfach zu und werden große Dichter.« O nein! Sie können nicht einfach Gedichte darüber schreiben, Musik dazu spielen oder dazu tanzen. Sie müssen sich vollständig auf alle Dinge des Lebens einlassen. Sich auf sie einlassen, das ist die Bedeutung von »Pfad« – sie werden der Pfad. Das wird begleitet von der Praxis der Meditation, die das Ganze sehr klar und präzise macht. Je klarer unser Geist wird, desto klarer und lebendiger werden all die kleinen Dinge, die verlockend oder bedrohlich sind, die kleinen Hoffnungen und Ängste, die Schmerzen und Freuden.

Traditionell werden am Dharma zwei Aspekte unterschieden. Der erste ist das, *was gesagt worden ist,* also die heiligen Texte, die Bücher der Lehre, die seit der Zeit des Buddha und bis heute geschrieben wurden. Diese heiligen Bücher, die von Generation zu Generation weitergegeben wurden, enthalten die Wahrheit dessen, *was erfahren worden ist,* und das ist der zweite Aspekt des Dharma. Die ganze buddhistische Überlieferung hindurch haben Menschen das Wirkliche und Wahre in diesen Lehren erfahren, und sie können es auch erfahren. Man entdeckt es in seinem eigenen Leben; so geschah es ihrem Meister, und so geschieht es ihnen. Das Mittel dazu ist vor allem die Meditation, sowohl die formelle Meditation im Sitzen als auch die Meditation im Tun.

Die Zufluchtnahme zum Dharma bedeutet, dass die Erfahrungen ihres Lebens, Leid und Freud, ebenfalls heilige Belehrungen sind. Die Lehren der heiligen Texte sind nicht dadurch heilig, dass sie irgendwo im All aufgefunden wurden und durch göttlichen Ratschluss vom Himmel fielen. Die Lehren wurden im Herzen entdeckt, im Menschenherzen – im Buddha-Wesen. Der Kanon der buddhistischen Schriften, das *Tripitaka,* beruht auf *jemandes* Erfahrung und ist *jemandes* Darlegung. Die einhundertacht Sūtra-Bände sind gesprochenes Wort – Worte, die zwischen Menschen gesprochen wurden. Der Buddha, der voll Erwachte, sprach mit oder zu Menschen, die gar nicht oder halb oder schon ziemlich erwacht waren. Die Wahrheit ist nicht vom Himmel gekommen, sie stammt stets unmittelbar aus dem Menschsein. Die Vier Edlen Wahrheiten des Buddha beschreiben die Erfahrung des Leidens, den Ursprung des Leidens, die Möglichkeit der Erlösung und den Weg dorthin. Das sind sehr realitätsnahe, sehr direkte Wahrheiten, nicht irgendwo »da oben« ausgedacht.

Wenn wir also Zuflucht zum Dharma nehmen, sind die Bücher der Lehre für uns keine Schriften, die durch das mysteriöse Zusammenwirken von Sonne und Wolken auf Steintafeln erscheinen. Es sind Bücher, die mit den Schreibwerkzeugen ihrer Zeit geschrieben wurden. Die Aufzeichnungen, die wir von Versammlungen und Lehrreden des Buddha haben, sind wirklich Niederschriften dessen, was ein Erwachter sagte und wie er sich in den Situationen des Lebens verhielt. Zufluchtnahme zum Dharma hat also nichts mit außerweltlichen Einflüssen zu tun; es hat nichts mit Marsbewohnern zu tun und auch nicht mit Jehova – aber es hat sehr viel mit grundlegender Gesundheit des Geistes zu tun. Die Zufluchtnahme zum Dharma beinhaltet, dass menschliche Erfahrung so weit gesteigert werden kann, so außergewöhnlich, dass wir wirklich uns selbst in uns selbst erwecken können.

Noch einmal: Was auch immer in uns vorgeht, das ist die Lernsituation. Die Liebes- und Hassbeziehungen, die sich um uns bilden, das Gefühl von Unglück oder Glück oder Niederlage, Hochmut und Ichheit, Patriotismus und das Gefühl, besonders schlau oder verwirrt oder überhaupt besonders zu sein – all das ist nun mal unsere jeweilige Lage. Es ist der Pfad. Nur das haben wir, um damit zu arbeiten, und nur so geht es. Wir können nicht immer nur den Guru melken, wenn wir Hunger oder Durst haben. Aber wir können unser Leben und unsere Entwicklung ausrichten nach dem Dharma dessen, was gesagt worden ist. Dadurch finden wir – wie andere, die in der Vergangenheit dem Dharma gefolgt sind – auch Anschluss an den Dharma dessen, was erfahren worden ist. Das ist für uns alle von tiefer Wirkung und großer Bedeutung.

Zuflucht zum Sangha

Nachdem wir zum Buddha als Vorbild und zum Dharma als Pfad Zuflucht genommen haben, nehmen wir nun im dritten Schritt Zuflucht zum Sangha als der Gemeinschaft. Das bedeutet, dass wir eine Menge Freunde haben, Mitflüchtlinge, die so verstört sind wie wir und den gleichen Leitlinien folgen wie wir. Alle zusammen und doch jeder für sich ringen sie mit ihrer Schulung. Wenn dann ein Gefühl von Wert, ein Gefühl für den Sinn der Zufluchtnahme sich bildet, können sie einander zu Mahnern und Spiegeln werden. Ihre Freunde im Sangha sind jederzeit ein Bezugspunkt, und dadurch kommt ein kontinuierlicher Lernprozess in Gang. Das Bild, das sie ihnen in allen Lebenslagen zurückwerfen, erinnert und mahnt sie. Das ist die Art von Gemeinschaft, die wir mit Sangha meinen. Wir sitzen alle im gleichen Boot; wir haben alle teil an einem Gefühl von Vertrauen und uns alle einbeziehender Freundschaft.

Zugleich jedoch muss jeder auf eigenen Füßen stehen. Ein Gefühl von Kameradschaft gehört dazu, aber auch ein Gefühl von Einzeln-Sein. Sie gehen zusammen den Pfad und helfen einander, aber nicht so sehr, dass Abhängigkeiten entstehen. Wenn sie sich in einem Augenblick der Schwäche auf jemanden stützen, mag dieser andere ihnen stark erscheinen, aber er wird auch angesteckt werden von ihrer Schwäche. Wenn er fällt, fallen sie auch. Wenn es nur darum ginge, sich aufeinander zu stützen, dann könnten Tausende von Menschen sich reihum aufeinander stützen. Aber sobald einer fällt, fallen alle anderen auch wie die Dominosteine. Das wäre ein ziemliches Chaos, ziemlich selbstmörderisch, ein riesiger Schlamassel.

Mit der Zufluchtnahme zum Sangha bekunden sie ihre Bereitschaft, mit ihren Dharma-Brüdern und Dharma-Schwestern zusammenzuarbeiten und gleichzeitig selbständig zu bleiben. Das ist übrigens hier sehr wichtig beim Ablegen des Zufluchtsgelübdes. Niemand versucht, den anderen im Sangha seine Meinung aufzuzwingen. Wenn jemand sich zum Vermittler im Sangha oder zum Sprecher des ganzen Sangha aufwerfen will, ist das als wertlos und völlig unbegründet anzusehen. Und wenn jemand zu verschüchtert, beeinflussbar und unselbständig ist, dann gilt das ebenfalls als unangemessen und wertlos. Jeder im Sangha ist ein einzelner, der den Pfad anders geht als alle anderen. Deshalb bekommt man ständig Rückmeldungen jeder Art, positive und negative, ermutigende und entmutigende. Dieser reiche Fundus wird ihnen zugänglich, wenn sie Zuflucht zum Sangha nehmen, zur Gemeinschaft der Schüler. Das ist wie wenn man Hefe in ein Gefäß mit Gerstenkörnern gibt. Jedes Korn nimmt Hefe in sich auf, und irgendwann hat man dann ein riesiges, herrliches Fass Bier. Alles ist von der Hefe durchsetzt, jedes einzelne Korn hat große Kraft gewonnen – und so wird das Ganze eine reale Welt.

Der Sangha ist die Gemeinschaft von Menschen, die absolut berechtigt sind, ihnen ihre Trips zu verderben und sie mit ihrer Weisheit zu füttern und ihrerseits die eigenen Neurosen bloßzulegen und von ihnen durchschaut zu werden. Das Miteinander im Sangha ist wie ganz echte Freundschaft – ohne Erwartung, ohne Anspruch und doch tief und reich.

Der Sangha ist ebenso eine Quelle der Belehrung wie der spirituelle Freund oder Meister. Es bedarf also eines gewissen Vertrauens zum Sangha. Es darf aber kein Zweifel daran bestehen, dass wir hier vom *organisierten* Sangha sprechen, und das ist die Gemeinschaft derer, die tatsächlich zusammen sitzen und zusammen üben und wirklich an sich arbeiten. Ohne diesen Sangha haben wir keinen Bezugspunkt; wir sind zurückgeworfen in die dicke Samsāra-Suppe und haben keine Ahnung, wer oder was wir sind. Wir finden uns nicht mehr zurecht.

Wir betrachten uns also einerseits nicht mehr als Einzelkämpfer, die von solcher Klasse sind, dass sie sonst gar nichts mehr brauchen, weder die Organisation noch die Übung im Sitzen noch den Sangha. Andererseits jedoch dürfen wir auch nicht einfach mit dem Strom schwimmen. Beide Extreme haben einfach zu viel Sicherheit. Es geht darum, sich ständig zu öffnen und auszuliefern. Das ist so wichtig: sich ausliefern.

Diesem »Club einsamer Herzen« beizutreten, der sich Sangha nennt, ist ein durchaus heroischer Akt. Normalerweise schließen wir uns ja nirgendwo an, bevor nicht alles abgesichert ist. Man zahlt eine Beitrittsgebühr für den Club seiner Wahl und hat dann Anspruch auf Dienstleistungen, die einem ein gutes und sicheres Gefühl geben. Hier aber ist das eine sehr unpersönliche Sache; und doch ist es zugleich seltsamerweise auch sehr persönlich. Sie sind bereit, sich in einer Gruppe mit ihrer Einsamkeit auseinanderzusetzen. Der Sangha besteht aus Tausenden von Menschen, die zusammen allein sind, die, alle mit ihrer eigenen Einsamkeit und ihrem eigenen Alleinsein, doch zusammen den Weg gehen. Zusammen bilden sie ein Orchester; sie können die Musik empfinden und tanzen, und das ist eine sehr persönliche Erfahrung. Sie tauchen in diese besondere Energie ein, die Individualität und Spontaneität und Leidenschaftslosigkeit zulässt.

Das Vertrauen und die Direktheit im Sangha erschrecken viele Menschen; trotzdem findet echte Kommunikation statt.

Außerdem herrscht auch ein gewisses Niveau im Sangha. Wir können den Sangha kaum als irgendeine Subkultur betrachten, etwa wie eine etwas schmuddelige Alternativkommune. Der Sangha ist ein makelloser Haushalt mit makellosen Beziehungen, in dem die Erfahrungen der Menschen miteinander etwas sehr Persönliches haben. Ein echter Sangha besteht aus zutiefst engagierten Menschen, die wirklich an sich arbeiten. Sie haben hier keine Zaubertricks, keine grandiose Philosophie auf Lager, nichts dergleichen. So gesehen wirkt solch eine Gemeinschaft vielleicht ein bisschen langweilig, allzu normal. Aber dafür ist sie sehr real. Kann gut sein, dass sie sich immer wieder mal zum Außergewöhnlichen hingezogen fühlen, aber regelmäßig zeigt sich dann, dass es aus Plastik ist, Teil einer Traumwelt, und so wenden sie sich wieder dem echten Sangha zu, diesen Menschen, die wirklich engagiert sind, die sie als Freund wichtig nehmen und sich dem Ganzen stellen, ohne bestimmte Bereiche durch einen Konsens der Schwäche auszugrenzen.

Das Zufluchtsgelübde stellt den Beginn von Veränderungen unserer Haltung und unseres Charakters dar und ist außerdem mit einer Namensänderung verbunden.

Änderung der Haltung

Zur Änderung unserer Haltung gehört ein wachsendes Gefühl von Sympathie mit uns selbst und daher mit der Welt. Unsere Grundhaltung verändert sich in Richtung Aggressions- und Leidenschaftslosigkeit. Aggression meint eine generelle nervöse Spannung und Unfreundlichkeit – wir betrachten die Welt als ein Objekt, gegen das wir ankämpfen müssen. Und

Leidenschaft ist das Bemühen, immer die Oberhand zu haben, immer eine Nasenlänge voraus zu sein. In beiden Fällen liegt man ständig im Clinch mit der Welt – das heißt mit sich selbst.

Ihre Haltung ändern, das heißt, dass sich bei ihnen ein Bewusstsein bildet, das ihnen erlaubt, mit sich selbst und daher mit allen Lebewesen freundlich umzugehen. Es ist etwas Sanftes und Gütiges darin. Und das liegt vor allem an ihrer hingebungsvollen Meditationsübung, durch die sie einfach offen werden für ihre eigenen guten und schlechten Zustände; sie lassen sie einfach geschehen und sind bereit, sie als ihr Arbeitsmaterial zu nehmen. Ihre Beziehung zu den Lehren wird so eng, dass sie ein Teil von ihnen werden. Die Drei Kostbarkeiten – der Buddha, der Dharma und der Sangha – werden ein Teil ihres Daseins, und damit arbeiten sie, davon leben sie. Sie werden dadurch kein Mensch, den eine Aura von Religiosität umgibt; sie werden einfach sanft und weich, sehr liebenswürdig und umgänglich. Sie bauen nicht mehr ständig Abwehrmechanismen auf.

Als ein Buddhist sind sie weniger gierig. Wenn ihr Frühstück nicht genau so angerichtet ist, wie sie es möchten, dann fügen sie sich und essen das Frühstück, wie es ist. Sie merken, dass es ihnen möglich wird, ein bisschen nachzugeben, nur ein kleines bisschen. Diese Bereitschaft nachzugeben, die Haltungsänderung, ist sehr wichtig. Wir geben normalerweise nicht gern nach: »Ich will es so haben, wie es *mir* passt. Und wenn es verweigert wird, kämpfe ich für mein Recht« – und so weiter. Das schafft Probleme und ist in gewissem Sinne antibuddhistisch.

Ein weiterer Aspekt dieser Haltungsänderung, wenn sie durch und durch Buddhist geworden sind, besteht in dem Gefühl, dass ihr Leben in jeder Situation irgendwie handhabbar ist. Sie schieben ihre Probleme nicht weg und ziehen sich nicht in einen speziellen spirituellen Dunstkreis zurück. Sie können sanft und freundlich mit sich selbst und anderen sein und mit der Welt in Verbindung bleiben – und darum geht es ja letztlich in den buddhistischen Lehren. Das ist aber etwas ganz anderes, als ständig mit einem aufgesetzten Lächeln und dem honigsüßen, aber falschen Ausdruck von »Liebe und Licht« im Gesicht herumzulaufen. Das hier ist eine echte Erfahrung: Sie treten in die Tradition der nicht-aggressiven Geistesverfassung ein, und sie sind in der Lage, sich ohne Künstlichkeit entsprechend zu verhalten.

Nichtaggression heißt in diesem Zusammenhang auch, dass sie kein Leben nehmen; wir lassen alles Leben gelten, einerlei, ob es sich um Tiere oder Feinde oder sonst irgendwelche Menschen handelt. Manche Leute machen sich einen Sport daraus, Fliegen totzuschlagen; da lebt sich offenbar eine gewisse »Hab-ich-dich«-Mentalität aus. Das ist ein sehr unzivilisiertes Verhalten. Als Menschen, die dem Dharma folgen, werden wir von Grund auf zivilisierter. Sie achten immer mehr auf die Details ihres täglichen Lebens, und diese Details werden wichtiger und in gewissem Sinne heilig.

Solch eine Haltung kann man nicht künstlich erzeugen. Sie ergibt sich aus beharrlich verfolgter meditativer Schulung; anders geht es offenbar nicht. Die Meditation im Sitzen scheint Sanftheit und Mitgefühl auf natürliche Weise zu erzeugen.

Änderung des Charakters

Die Änderung des Charakters ist mit dieser Haltungsänderung eng verbunden. Wenn die aggressiven Elemente allmählich aus ihrem Verhalten verschwinden, beginnen sie Zeichen geistiger Gesundheit zu zeigen, die ohnehin schon immer in ihnen vorhanden ist. Und dabei brauchen sie ihren Verwandten oder Freunden nicht einmal etwas zu beweisen. Worte zählen hier nicht, aber die Menschen in ihrer Umgebung nehmen einfach wahr, wie sie allmählich sanfter werden und zur Vernunft kommen. Nicht dass sie sich Mühe gäben, im konventionellen Sinne höflich oder verständnisvoll zu sein; ihre Höflichkeit und ihr Verständnis haben überhaupt nichts mit ihren eigenen Interessen zu tun. Sanftheit und Sympathie stellen sich einfach ein, und das kennzeichnet uns als Buddhisten. Sie werden eine andere Art Mensch – freundlich und rücksichtsvoll, aber auch offen und mutig.

Natürlich werden sie nicht auf einen Schlag ein strahlender, glücklicher, gelassener, erleuchteter Mensch. Darum geht es auch nicht. Aber es geht darum, dass es mit Meditation und Disziplin möglich ist, diese schmerzhafte, freudlose, tief neurotische Ebene allmählich zu verlassen und zu etwas Offenem, Klarem, Profundem und Köstlichem zu kommen. Und das ist kein Vertretergewäsch, mit dem uns was angedreht werden soll – die Veränderung ist an den Menschen wirklich zu erkennen, auch in diesem Land.

Änderung des Namens

In Tibet und anderen buddhistischen Ländern war es immer so, dass die Eltern ihrem Kind einen Rufnamen gaben, der während der Kindheit gebraucht wurde. Wenn das Kind dann das Zufluchtsgelübde ablegte, bekam es einen buddhistischen Namen. Der frühere Rufname hatte dann ausgedient oder wurde allenfalls noch gelegentlich im engsten Verwandtenkreis benutzt. Hier in diesem Land ist das nicht ganz so einfach, und so überlasse ich es jedem selbst, ob er seinen Zufluchtsnamen gebrauchen will oder nicht. Wichtig ist jedenfalls, dass sie, wenn sie bei ihrem buddhistischen Namen genannt werden, diese Haltung der Sanftheit einnehmen. Der Name soll sie erinnern und nicht einfach ein weiteres Identitätskennzeichen ihres Ich werden.

Der Name hat stets den Sinn, einen gewissen Anstoß zu geben zu etwas, was sich vielleicht in ihnen bilden möchte. Es ist nicht unbedingt ein schmeichelhafter, aber gewiss auch kein abwertender Name – sondern eine Art Botschaft. Ihr buddhistischer Name ist gleichsam Programm für Entwicklungen in ihrer Persönlichkeit, die mit der Meditationspraxis zusammenhängen – für ihre ganz eigene Art, sich dem Dharma zu nähern.

Die Zeremonie des Zufluchtsgelübdes

Den Hauptteil der Zeremonie bilden drei Niederwerfungen und die dreimalige Wiederholung der Zufluchtsformel: »Ich nehme Zuflucht zum Buddha, ich nehme Zuflucht zum Dharma, ich nehme Zuflucht zum Sangha.« Den Sinn der Niederwerfungen sollte ich hier erklären. Es gibt alle möglichen selbstgemachten spirituellen Reisen, aber wichtig und notwendig ist, dass wir von unseren Ego-Trips ablassen. Dieses Preisgeben macht uns viel »selbstgemachter« und lässt uns enger und persönlicher zur Wirklichkeit in Beziehung treten. Mit der Niederwerfung bekunden wir also, dass wir alles persönliche Anhaften ablegen wollen, um ganz offen zu sein für diesen Pfad.

Wenn sie sich niederwerfen, halten sie zunächst die flach zusammengelegten Hände vor der Stirn, dann vor der Kehle und schließlich auf der Höhe des Herzens; das heißt, dass sie Körper, Rede und Geist an Buddha, Dharma und Sangha preisgeben, ohne etwas dafür zu erwarten. Die anschließende Niederwerfung hat tiefe Bedeutung: Wir geben uns ganz und endgültig preis. Es ist eine *echte* Verpflichtung, die sie da eingehen; sie sind bereit, sich vollständig dem unabdingbaren Wissen der Erde zu ergeben und ein Flüchtling im Niemandsland zu werden. Diese Erde steht für alle Linienhalter der Vergangenheit, Gegenwart und Zukunft. Sie mögen sauer sein auf diese Welt; sie mögen diese Welt ganz prima finden; diese Welt mag ihnen piepegal sein – jedenfalls aber bleibt diese Erde, und sie bleibt fest. Sich zur Erde niederbeugen heißt, dass sie sich ganz dieser grundlegenden Geistesgesundheit ausliefern.

Sie machen diese drei Niederwerfungen zum Altar hin, der für unsere Überlieferung steht. Genauer gesagt steht er für die Linie derer, die den erwachten Geist übermitteln, der in Vergangenheit, Gegenwart und Zukunft ist. Sie werfen sich auch vor dem Meister als dem Erben dieser Linie nieder. Die in der Vergangenheit angewandte Methode ist nicht mehr ein bloßer Mythos, sondern lebendig und real. Sie haben einen lebendigen Buddhisten vor sich.

Die eigentliche Zufluchtnahme ist das dreimalige Sprechen der Formel im Knien. Das hat drei Aspekte: Sie nennen den, der Zuflucht sucht; sie bekräftigen, dass es notwendig ist, Schutz zu finden; und sie bekunden ihre Anerkennung des Anderen. Wenn sie sagen: »*Ich* nehme Zuflucht«, dann bitten sie um Aufnahme als Flüchtling. Und wenn sie sagen: »zu Buddha, Dharma, Sangha«, bekennen sie sich zum anderen als dem Vorbild, dem Pfad und der Gemeinschaft. Hier darf es nichts Ungefähres geben; sie müssen ganz klar sehen, was dieser Vorgang bedeutet.

Sie sprechen die Zufluchtsformel dreimal. Beim ersten Mal bereiten sie den Boden, beim zweiten Mal gehen sie ein Stück weiter, und beim dritten Mal vollziehen sie den Prozess ganz.

Diese Zufluchtnahme ist nicht einfach ein Ritual. Ihre Bindung an den Buddhadharma hat geradezu körperliche Konkretheit; sie nehmen den Buddhismus in sich auf. Etwas von durchaus physischer, beinahe chemischer Natur tritt in ihr Herz ein, wenn sie sich der Offenheit verpflichten. Wenn sie zum dritten Mal sagen: »Ich nehme Zuflucht zum Sangha«, schnalzt der Lehrer mit den Fingern. Das ist der Augenblick der eigentlichen Übertragung. Es findet gleichsam eine Befruchtung statt, und sie werden Angehöriger der Linie. Von dem Augenblick an gehören sie zur lebendigen Linie der Kagyü. Dies ist der Punkt, an dem die Energie, die Kraft und der Segen der grundlegenden Gesundheit des Geistes – die durch zweieinhalb Jahrtausende ununterbrochener Übermittlung und Schulung seit der Zeit des Buddha in der Linie lebendig ist – auf sie übergeht und sie im eigentlichen Sinne ein Mensch werden, der dem Buddhadharma folgt. Sie sind von jetzt an ein lebendiger Zukunftsbuddha.

6

Das Bodhisattva-Gelübde*

»Das Ablegen des Bodhisattva-Gelübdes ist etwas sehr Tiefgreifendes – einfach deshalb, weil es nicht zur Erbauung des Ich geschieht. Es geht über uns selbst hinaus. Es ist, als legten wir den Samen eines schnell wachsenden Baumes in die Erde, und demgegenüber ist alles, was wir für das Ich tun, wie das Säen von Sand. Einen Samen wie das Bodhisattva-Gelübde zu legen untergräbt das Ich und führt zu einer ungeahnten Weitung des Gesichtsfelds. Solcher Heldenmut, solche Weite des Geistes, erfüllt allen Raum ganz und gar.«

Mit dem Bodhisattva-Gelübde verpflichten wir uns dazu, andere über uns selbst zu stellen. Wir bekunden unsere Bereitschaft, unser eigenes Wohlergehen, ja sogar unsere Erleuchtung den Bedürfnissen anderer unterzuordnen. Ein Bodhisattva ist ganz einfach ein Mensch, der im Geist dieses Gelöbnisses lebt und in seinem Bemühen, die Lebewesen zu

* Aus verschiedenen Bodhisattva-Gelübde-Zeremonien zusammengestellt, 1973–1978

befreien, die sechs *Pāramitās* oder »Vollkommenheiten« übt: Gebefreudigkeit, Disziplin oder Sittlichkeit, Geduld, Energie oder Bemühen, Meditation und transzendente Weisheit.

Das Ablegen des Bodhisattva-Gelübdes bedeutet, dass wir uns nicht mehr an unser individuelles Territorium klammern und es mit allen Mitteln verteidigen, sondern uns öffnen für die Welt, in der wir leben. Wir bekräftigen hier unsere Bereitschaft, mehr Verantwortung, ungeheuer große Verantwortung auf uns zu nehmen. Es bedeutet auch, dass wir eine große Chance wahrnehmen. Aber nicht in irgendeinem billigen Sinne von Heldentum oder als persönliche Flause. Diese Chance haben in der Vergangenheit schon Millionen von Bodhisattvas, Erleuchteten und großen Lehrern ergriffen. Die Tradition der Verantwortung und Offenheit ist von Generation zu Generation weitergeführt worden, und jetzt haben auch wir teil an der Vernunft und Würde dieser Tradition.

Es gibt eine ununterbrochene Linie der Bodhisattvas, ausgehend von Avalokiteshvara, Vajrapāni und Mañjushrī. Sie ist deshalb ohne Lücken, weil sich im Laufe der Generationen und Jahrhunderte niemand in dieser Linie je um die Bewahrung des eigenen Ich gekümmert hat. Vielmehr haben diese Bodhisattvas sich stets bemüht, für das Wohl aller Wesen zu wirken. Diese Tradition von Freundschaft hat sich bis heute fortgesetzt, und dies nicht als Mythos, sondern als lebendige Inspiration.

Die Gesundheit des Geistes dieser Tradition ist von großer Kraft. Und wenn wir hier das Bodhisattva-Gelübde ablegen, geschieht etwas wirklich Großes und Wunderbares. Es ist eine so hochherzige und reiche Tradition, dass alle, die sich ihr nicht angeschlossen haben, bemitleidenswert erscheinen mögen. Aber diese Tradition stellt auch sehr hohe Anforderungen an uns. Wir sind jetzt nicht mehr darauf aus, es uns selbst bequem zu machen, sondern wenden uns dem Anderen zu. Das ist sowohl *unser* Anderes als auch das *andere* Andere. Unser Anderes besteht aus unseren Projektionen, dem Gefühl von »unserem eigenen« Leben und dem Bestreben, es uns so gut wie möglich einzurichten. Das andere Andere, das ist die phänomenale Welt, in der es schreiende Kinder, schmutziges Geschirr, verstörte Suchende und Lebewesen jeder Art gibt.

Das Bodhisattva-Gelübde beinhaltet also eine echte Verpflichtung aufgrund der Erkenntnis, dass es Leiden und Verblendung gibt, bei einem selbst und bei anderen. Und nur wenn wir die Verantwortung für uns selbst übernehmen, können wir die Kette von Verblendung und Schmerz aufbrechen und ins Freie gelangen, in den erwachten Zustand des Geistes. Wenn wir uns dieser Verblendung nicht annehmen, wenn wir nicht selbst etwas tun, wird nichts je geschehen. Wir können uns nicht darauf verlassen, dass andere das Notwendige für uns tun. Es obliegt uns selbst, und wir haben wirklich die Kraft, den Lauf des Karma in der Welt zu ändern. Indem wir also das Bodhisattva-Gelübde ablegen, versichern wir, dass wir nicht zu weiterem Chaos und Elend in der Welt anstiften werden, sondern Befreier, Bodhisattvas, sein wollen, die nur darauf aus sind, an sich selbst und mit anderen zu arbeiten.

Es liegt eine tiefe Inspiration in dieser Entscheidung, mit anderen und für andere zu arbeiten. Wir versuchen nicht mehr, uns selbst zu erhöhen. Wir versuchen einfach Menschen zu werden, die anderen wirklich zu helfen vermögen; wir streben genau die Selbstlosigkeit an, an der es in unserer Welt fast immer fehlt. Indem wir dem Beispiel des Buddha Gautama folgen, der ein Reich aufgab, um sich ganz und gar den Lebewesen widmen zu können, werden wir schließlich nützlich für die Gesellschaft.

Wir haben vielleicht jeder eine kleine Wahrheit entdeckt (etwa über die Dichtkunst oder die Fotografie oder die Amöben), die für andere eine Hilfe sein kann. Aber im allgemeinen haben wir ja mit solchen Wahrheiten nicht viel mehr vor, als für uns selbst Pluspunkte zu sammeln. Dieser Umgang mit kleinen Wahrheiten ist ein ziemlich kleinmütiger Ansatz. Die Arbeit eines Bodhisattva dagegen bedarf keiner vorzeigbaren Pluspunkte. Man mag geschlagen, getreten oder einfach nicht anerkannt werden – trotzdem bleibt man freundlich und bereit, mit anderen zu arbeiten. Dabei springt wirklich nichts für uns heraus, und das macht die Echtheit und Kraft dieser Lebensweise aus.

Wenn wir diese Mahāyāna-Haltung der wohlwollenden Güte einnehmen, geben wir unsere Privatsphäre auf und gewinnen einen viel größeren Gesichtskreis. Wir sind jetzt nicht mehr auf unsere eigenen kleinen Vorhaben ausgerichtet, sondern wenden uns dem Rest der Welt und des Universums zu.

Wenn wir diese umfassende Sicht praktisch umsetzen wollen, müssen wir zu allen Situationen eine sehr klare und angemessene Beziehung gewinnen. Um von unserer Ichbezogenheit ablassen zu können, die unser Blickfeld einschränkt und unser Handeln verdunkelt, muss in uns ein Gefühl von tätigem Mitgefühl wachsen. Der Tradition zufolge geschieht das am besten stufenweise: Mitgefühl zunächst für uns selbst, dann für jemanden, der uns sehr nahesteht, und schließlich für alle Lebewesen, auch unsere Feinde. Am Ende haben wir zu allen Lebewesen eine so innige Beziehung, als wären sie unsere eigene Mutter. Vielleicht ist solch ein traditioneller Ansatz derzeit für uns nicht nötig, aber es sollte möglich sein, einen Zustand durchgängiger Offenheit und Freundlichkeit zu erreichen.

Denn irgendwer muss ja den ersten Schritt machen. Normalerweise ist der tote Punkt das Kennzeichen unserer Beziehungen zur Welt: »Soll er zuerst sagen, dass es ihm leid tut, oder soll ich mich als erster entschuldigen?« Aber wenn wir ein Bodhisattva werden, übergehen wir diesen toten Punkt ganz einfach: Wir warten nicht darauf, dass der andere einen Schritt auf uns zu tut; wir haben längst entschieden, dass wir es selbst tun werden. Die Menschen haben eine Menge Probleme, und sie leiden viel, wie man sehen kann. Und dabei nehmen wir nur einen verschwindend kleinen Bruchteil des Leidens wahr, das allein in diesem Land grassiert – vom Rest der Welt ganz zu schweigen. Millionen Menschen in der Welt leiden, weil es ihnen an Großzügigkeit, Disziplin, Geduld, Bemühen, Meditation und transzendenter Weisheit mangelt. Wenn wir mit dem Bodhisattva-Gelübde den ersten Schritt tun, geht es für uns durchaus nicht unbedingt darum, andere zu unserer Sicht zu bekehren; es geht darum, dass wir der Welt durch unsere Offenheit und Freundlichkeit einfach etwas geben.

Mit dem Bodhisattva-Gelübde bekunden wir, dass mit der Welt um uns her durchaus etwas anzufangen ist. Für den Bodhisattva ist sie keine verhärtete, unverbesserliche Welt. Wenn wir dem Beispiel des Buddha und der großen Bodhisattvas folgen und uns von der Inspiration durch den Buddhadharma leiten lassen, gibt es fruchtbare Wege, sich der Welt anzunehmen. Wir folgen den Buddhas und Bodhisattvas und setzen uns in der richtigen Weise, gründlich und ohne Wenn und Aber, mit den Lebewesen auseinander – ohne an etwas festzuhalten, ohne Verblendung und ohne Aggression. Diese Art des Vorgehens ergibt sich ganz natürlich aus der Meditationsübung, denn Meditation bringt ein wachsendes Gefühl von Ichlosigkeit mit sich.

Durch das Bodhisattva-Gelübde öffnen wir uns vielen Bedürfnissen und Erfordernissen. Werden wir um Hilfe gebeten, sollten wir uns nicht verweigern; werden wir bei jemandem zu Gast geladen, sollten wir nicht ablehnen; und sind wir aufgefordert, Vater oder Mutter zu sein, sollten wir uns dem nicht verschließen. Kurzum, die Menschen und diese ganze Welt mit allem, was auf ihr lebt, müssen uns wirklich am Herzen liegen. Das ist keine leichte Sache. Es verlangt, dass wir uns nie unserer eigenen Müdigkeit hingeben, in der wir nichts mehr hören wollen von den knüppeldicken Neurosen, dem ganzen Ego-Dreck, der Ego-Kotze und dem Ego-Dünnschiss der Menschen; stattdessen zeigen wir Verständnis und sind bereit, für sie sauberzumachen. Wir sind in unserer Haltung weich und nachgiebig und lassen die Dinge zu, auch wenn kleine Unbequemlichkeiten damit verbunden sind. Wir lassen zu, dass die Dinge uns auf den Pelz rücken und uns viel werden.

Unser Bodhisattva-Gelübde bedeutet, dass wir uns zutiefst wünschen, die Lehren des Buddhismus in unserem täglichen Leben in die Tat umzusetzen. Und dabei sind wir reif genug, um nichts zurückzuhalten. Unsere Begabungen werden nicht unterdrückt, sondern als Teil des Lernprozesses, als Teil der Schulung eingesetzt. Ein Bodhisattva kann den Dharma unter intellektuellen oder künstlerischen oder sogar ökonomischen Gesichtspunkten darlegen. Wenn wir uns also dem Pfad des Bodhisattva verschreiben, knüpfen wir an unsere Begabungen auf erleuchtete Weise wieder an, ohne durch sie gefährdet oder geblendet zu sein. Früher mögen unsere Begabungen Trips gewesen sein, einfach Teil der allgemeinen Verblendung, doch jetzt erwecken wir sie zu einer neuen Art von Leben. Jetzt können sie mit Hilfe der Lehre, des Meisters und unserer Übung aufblühen. Das heißt nicht, dass wir uns nun auf einen Schlag vollkommen machen. Selbstverständlich wird es nach wie vor Verblendung geben. Aber wir spüren auch eine Ahnung von Offenheit, von grenzenlosen Möglichkeiten.

Hier wird nun ein Sprung nötig, ein Sprung zu mehr Selbstvertrauen. Wo Aggression oder Hartherzigkeit oder irgend etwas Un-Bodhisattvahaftes sich zeigt, können wir es schon im gleichen Augenblick korrigieren; wir können unsere Neurosen erkennen und uns ihrer annehmen, anstatt sie zu vertuschen oder von uns zu weisen. So löst sich unser neurotisches Denkmuster, unser Trip, ganz allmählich auf. Wenn wir uns in dieser Weise ganz direkt mit unserer Neurose auseinandersetzen, so ist das ein mitfühlendes Handeln.

Unser gewöhnlicher Instinkt gibt uns ein, immer zuerst für uns selbst zu sorgen und nur die als Freunde zu akzeptieren, die uns irgendwas zu füttern haben. Das könnten wir »Affeninstinkt« nennen. Im Zusammenhang mit dem Bodhisattva-Gelübde sprechen wir jedoch von einer Art übermenschlichem Instinkt, der viel tiefer reicht und viel mehr umfasst. Von diesem Instinkt geleitet sind wir bereit, uns leer, beraubt und blind zu fühlen. Doch dann taucht etwas auf aus dieser Bereitschaft, nämlich dass es uns trotzdem möglich ist, jemand anderem zu helfen. Auch Verblendung, Chaos und Ichverhaftung haben also ihren Platz: Sie werden zu Trittsteinen. Auch die Irritationen, die uns auf dem Bodhisattva-Pfad begegnen, werden zu einer Bekräftigung unserer Bereitschaft und Entschlossenheit.

Wenn wir das Bodhisattva-Gelübde ablegen, machen wir uns den Lebewesen zum Geschenk, wir werden ihr Eigentum: Je nach Situation lassen wir uns als Straße, als Boot, als Fußboden oder als Haus benutzen – was sie halt gerade brauchen. Wie die Erde die Atmosphäre trägt und der Weltraum die Sterne und Galaxien und alles übrige beherbergt, so sind wir bereit, die Bürden der Welt auf uns zu nehmen. Das Universum gibt uns ein inspirierendes Beispiel. Wir geben uns her als Wind, Feuer, Luft, Erde und Wasser – alle Elemente.

Aber es ist notwendig und sehr wichtig, die »Idiotenbarmherzigkeit« zu vermeiden. Wer mit dem Feuer nicht richtig umgeht, verbrennt sich; wer sein Pferd nicht anständig reitet, wird abgeworfen. Hier bedarf es eines erdhaften Realitätssinnes. Wer mit der Welt umgeht, braucht praktische Intelligenz. Wir können nicht einfach *»Liebe-und-Licht«*-Bodhisattvas sein. Wenn wir im Umgang mit den Lebewesen keine Intelligenz walten lassen, wird unsere Hilfe eher Abhängigkeiten schaffen als wirklich zu helfen. Die Menschen werden süchtig nach unserer Hilfe, wie sie nach ihren Schlaftabletten süchtig sind. Und indem sie nach mehr und mehr Hilfe heischen, werden sie schwächer und schwächer. Wenn wir also zu ihrem Wohl wirken wollen, müssen wir uns in einer Haltung der Furchtlosigkeit öffnen. Die Menschen neigen von Natur aus dazu, sich gehenzulassen, und so ist es zuweilen besser, ganz direkt, ja schneidend zu sein. Der Bodhisattva hilft anderen, sich selbst zu helfen. Das ist wie mit den Elementen: Erde, Wasser, Luft und Feuer verweigern sich uns, wenn wir sie auf eine nicht angemessene Weise zu benutzen versuchen, aber sie leihen sich großzügig, wenn wir richtig mit ihnen umgehen.

Wenn wir die ganze Sache zu ernst nehmen und es uns an Humor fehlt, kann das ein Hindernis für die Disziplin des Bodhisattva werden. Die Güte des Bodhisattva setzt man nicht mit Gewalt ins Werk. Anfänger sind häufig zu sehr auf ihre eigene Übung und Entwicklung bedacht, so dass ihr Zugang zum Mahāyāna eine ziemlich starke Hinayāna-Tönung aufweist. Doch dieser Ingrimm verträgt sich überhaupt nicht mit der unbeschwerten Freude des Bodhisattva-Pfades. Anfangs müssen sie notfalls einfach so tun, als wären sie offen und fröhlich. Aber sie sollten zumindest versuchen, wirklich offen und fröhlich und zugleich tapfer zu sein. Das verlangt von ihnen ständig eine Art Sprung. Vielleicht hüpfen sie anfangs nur wie ein Floh oder springen wie ein Frosch oder Grashüpfer und schließlich wie ein Vogel, aber irgendeine Art von Sprung ist auf dem Bodhisattva-Pfad ständig verlangt.

Es hat etwas ungemein Festliches und Freudiges, sich endlich der Familie der Buddhas anschließen zu können. Nun haben wir uns schließlich doch entschlossen, unser Erbe anzutreten, und dieses Erbe ist die Erleuchtung. Aus der Sicht des Zweifels mag das, was an Erleuchtung in uns schon vorhanden ist, etwas dürftig erscheinen. Aber in Wirklichkeit lebt in uns schon ein voll erleuchtetes Wesen. Erleuchtung ist kein Mythos mehr: Es gibt sie wirklich, sie funktioniert, und wir sind mit ihr innig und ganz verbunden. Wir haben also keine Zweifel, ob wir auf dem Pfad sind oder nicht. Es ist völlig klar, dass wir diese Bindung und Verpflichtung eingegangen sind und dieses ehrgeizige Projekt, ein Buddha zu werden, durchziehen.

Mit dem Bodhisattva-Gelübde bringen wir zum Ausdruck, dass wir diese Welt zu unserer Heimat machen. Wir sind nicht in Sorge, dass jemand uns angreifen und erledigen könnte. Zum Wohl der Lebewesen halten wir uns einfach ungeschützt. Wir stellen sogar unseren Wunsch, Erleuchtung zu finden, zurück und kümmern uns zuerst darum, den Menschen ihre Leiden und Schwierigkeiten erträglicher zu machen. Und Erleuchtung finden wir trotzdem, das ist gar nicht zu verhindern. Bodhisattvas und große Tathāgatas haben in der Vergangenheit diesen Schritt gemacht, und wir können das auch. Es liegt ganz bei uns, diesen Reichtum entweder anzunehmen, oder ihn abzulehnen und uns damit der inneren Armut auszuliefern.

Die Übertragung von Bodhicitta

Das Bodhisattva-Gelübde ist ein Sprung, mit dem wir von unserer egozentrischen Einstellung gegenüber der spirituellen Entwicklung abzulassen beginnen. Im absoluten Sinne ist das Bodhisattva-Gelübde die vollständige Übertragung oder Verpflanzung von *Bodhicitta,* dem erwachten Geist, in unser Herz – und damit sind wir vollständig gebunden durch die Sanftheit und das Mitgefühl der uns innewohnenden Wachheit. Natürlich werden wir nicht sofort vollendete Bodhisattvas; wir bieten uns nur an als Kandidaten für die Bodhisattvaschaft. Deshalb sprechen wir von relativem und absolutem Bodhicitta. Relatives Bodhicitta ist, als planten und buchten wir eine Reise; absolutes Bodhicitta ist wie tatsächliches Unterwegssein.

Die Zeremonie des Bodhisattva-Gelübdes ist auch eine Bekräftigung unseres Potentials, Erleuchtung zu finden. Wir sind aufgefordert, uns zu vergegenwärtigen, dass wir schon Bodhicitta in uns haben. Damit weitet sich unser Gesichtskreis beträchtlich über unsere kleine, spießige Welt hinaus. Das ist in gewissem Sinne wie eine Herztransplantation. Wir ersetzen unser altes, ganz auf das Ich und auf Selbsterhöhung ausgerichtetes Herz durch ein neues Herz, das tätiges Mitgefühl und eine umfassende Schau hat.

Ermöglicht wird diese Transplantation durch unsere eigene Freundlichkeit und Güte. In gewissem Sinne haben wir dieses neue Herz also immer schon gehabt. Wir finden es nur jetzt in dem alten Herzen wieder auf, wie beim Schälen einer Zwiebel. Diese Wiederentdeckung von Bodhicitta ist sehr folgenreich. Da wir Großzügigkeit und Mitgefühl schon in uns haben, brauchen wir nirgendwo anders Anleihen zu machen. Aufgrund dieser naturgegebenen Wachheit können wir direkt, augenblicklich handeln.

Unsere Verletzlichkeit, dieses Gefühl, sich schützen zu müssen, steht freundlicher Offenheit sehr häufig im Wege. Auf dem Bodhisattva-Pfad jedoch gehen wir Risiken ein, öffnen uns rückhaltlos um das Wohl der Anderen willen. Und das Vertrauen dazu erwächst uns aus unserer Wachheit, unserem Bodhicitta. Diese Wachheit, wenn wir sie erst erkannt haben, entwickelt sich weiter und kann nicht mehr zerstört werden. Und solange dieses Freundliche und Mitfühlende in uns ist, sind wir wie Lebensmittel für die Fliegen – und Gelegenheiten, diese Freundlichkeit zu zeigen, fliegen uns in ganzen Schwärmen zu. Es ist, als zögen wir solche Situationen jetzt an. Unsere Chance besteht darin, sie nicht abzuweisen, sondern uns ihrer anzunehmen.

Wenn wir persönliches Territorium aufzugeben beginnen, stellt sich ganz von selbst eine gewisse Wachheit ein, eine Lücke in unseren Denkprozessen, in unserem Herzen. Wir gewinnen eine freundschaftliche Beziehung zur Welt. Es ist uns nicht mehr möglich, der Gesellschaft oder dem Wetter oder den Mücken die Schuld an irgend etwas zuzuschieben. Wir haben persönlich die Verantwortung zu übernehmen und nicht der Welt, sondern uns selbst die Schuld zu geben, sei es »zu Recht« oder »zu Unrecht«. Es ist unsere Pflicht, das zu tun. In endlosen kosmischen Gerichtsprozessen herausfinden zu wollen, wer recht und wer unrecht hat, das führt zu nichts. Niemand gewinnt hier, und solche Prozesse führen nur zu kosmischen Schlachten, einem Dritten Weltkrieg. Irgendwer muss also irgendwo einen Anfang machen: Wer das Bodhisattva-Gelübde abgelegt hat, muss den ersten Schritt tun. Sonst gibt es nie einen Anfang der Großzügigkeit und ein Ende von Chaos und Aggression.

Die Privatsphäre aufgeben

Persönliches Vergnügen gibt es nicht mehr, wenn wir den Bodhisattva-Pfad beschreiten. Wir können uns keine kleinen Reservate mehr vorbehalten. Normalerweise ist es uns sehr wichtig, etwas für uns selbst zu behalten. Aber hier gibt es keine Privilegien, keine Zonen des privaten Genusses mehr. Natürlich möchten wir nach wie vor kleine Eckchen für uns allein haben – einfach die Tür zumachen, ein bisschen Musik hören, einen Roman oder die Zeitung lesen oder vielleicht buddhistische Studien treiben. Aber die Zeiten sind vorbei. Wenn wir das Bodhisattva-Gelübde ablegen, gibt es für uns keine Privatsphäre mehr. Ein persönlicher Bezugsrahmen, welcher Art auch immer, wird hier überflüssig. Wir sind jetzt an die Lebewesen verkauft, eine Ware. Sie mögen uns pflügen, ihre Notdurft auf uns verrichten oder auf unserem Rücken säen: uns wie die Erde benutzen. Und es ist sehr, sehr gefährlich und irritierend, keine Privatsphäre mehr zu haben.

Vollkommen engagiert sein, das heißt, dass wir vierundzwanzig Stunden am Tag öffentliche Person sind; sogar im Schlaf können wir noch etwas tun. In solch einer Haltung bitten wir auch nicht mehr um Urlaub, denn wenn wir Pausen von unserer Öffentlichkeit haben wollen, versuchen wir ja immer noch, uns kleine Ecken vorzubehalten, in denen niemand uns dreinreden soll – und das ist eines unserer größten Probleme. Mit dem Bodhisattva-Gelübde geben wir nicht nur die gröberen Formen des Wunsches nach äußerer Ungestörtheit auf, sondern haben dann nicht einmal mehr in uns selbst einen privaten Freiraum. Normalerweise sind wir innerlich ziemlich gespalten: Eine Seite möchte für die andere unsichtbar bleiben. Aber auch das geben wir auf. Deshalb ist in dem, was ein Bodhisattva tut, nichts Privates, nichts Heimliches. Wir führen kein Doppelleben mehr, sondern *ein* Leben, das der Schulung und dem Dienst an anderen gewidmet ist. Und das heißt nicht, dass wir für andere zu Miniaturgurus oder Meisterlein werden. Keine großen Strömungen im Meer, sondern vielleicht einfach kleine Tröpfchen. Zuviel Ehrgeiz zieht Egoismus nach sich. Hüten wir uns also. Die Meditation im Sitzen ist uns hier eine große Hilfe. Sie zeigt uns, dass wir einfach offen und wach sein können und dann sehen, dass diese Welt, in der wir leben, nicht unsere persönliche, sondern eine gemeinsame Welt ist.

Flüchtlinge und Bodhisattvas

Der Bodhisattva-Pfad verlangt sehr viel von uns – viel mehr als das Flüchtlingsdasein. Beim Ablegen des Zufluchtsgelübdes haben wir uns verpflichtet, den Pfad zu gehen. Der Buddhadharma strömte in uns ein, und wir wussten, dass wir uns keine Hintertürchen offenhalten würden. Weil wir zu einem gewissen Verständnis unserer wahren Natur gelangten, wurden wir starke, disziplinierte Menschen und hörten auf, für den Rest der Welt eine Plage zu sein. Doch der Pfad der individuellen Befreiung war auf die Dauer nicht recht befriedigend.

Etwas fehlte: Wir hatten uns noch kaum den anderen Lebewesen gewidmet. Seit dem Zufluchtsgelübde wurden die Stimmen immer lauter, dass wir unsere Verpflichtung gegenüber den anderen Lebewesen noch nicht eingelöst hatten. Unsere ganze Lage bekommt Ähnlichkeit mit einem eingewachsenen Zehennagel: Wir werden uns selbst zur Plage, anstatt uns zu weiten und auf andere einzugehen.

Durch das Zufluchtsgelübde haben wir die Grundlagen gelegt; wir haben alles aufgegeben; und jetzt regt sich in uns der Wunsch, zur Welt in Beziehung zu treten. Wir haben unser eigenes Leben in Ordnung gebracht. Wären wir nicht schon ein bisschen mitfühlender und offener uns selbst gegenüber, würden wir keinen Schritt vorankommen. Aber obgleich wir das nun erreicht haben, sind wir keineswegs schon ganz frei. Um uns weiterzuentwickeln, brauchen wir einen noch größeren Antrieb; wir müssen einen weiteren Sprung tun, und dieser Sprung ist das Bodhisattva-Gelübde. Das heißt aber nicht, dass wir schon Bodhisattvas wären. Eigentlich sind wir noch nicht einmal so weit, auch nur das Gelübde abzulegen. Da wir aber Pflichten gegenüber der Welt haben, können wir nicht länger herumsitzen und uns über unsere Negativität und innere Wirrnis grämen. Dergleichen bleibt uns noch erhalten, und trotzdem müssen wir zugleich nach außen gehen und uns mit den Menschen befassen. Auch wenn wir selbst am Fuß eine Verletzung haben, können wir immer noch versuchen, einen anderen Menschen zu stützen. So ist nun mal der Bodhisattva-Pfad: Ob wir selbst versorgt sind, ist völlig uninteressant. Auf der Bodhisattva-Ebene sind wir nicht nur Reisende auf dem Pfad, sondern stehen auch für die Haltung der Erleuchtung ein – und dazu müssen wir alles Streben nach unserem eigenen Wohlergehen aufgeben.

Das Handeln eines Bodhisattva

Wie ein Bodhisattva mit anderen umgeht, sagt der Ausdruck »alle Lebewesen als Gäste einladen«. Wenn wir jemanden wie einen Gast behandeln, bringen wir damit zum Ausdruck, dass wir die Beziehung zu ihm wichtig nehmen. Wir bieten unseren Gästen mit besonderer Aufmerksamkeit eigens für sie zubereitete Speisen an. Wir wissen auch, dass es nur eine vorübergehende Beziehung ist; unser Gast wird sich wieder verabschieden. Die Vergänglichkeit dieser Beziehung steigert unsere Wertschätzung nur, und wir wissen, dass wir diese Gelegenheit nutzen müssen. Das Leben eines Bodhisattva besteht darin, dass er jeden jederzeit als seinen Gast ansieht. Und dieser Gedanke, alle Lebewesen als unsere Gäste zu laden, ist der Beginn tätigen Mitgefühls.

Tätiges Mitgefühl ist das, was die Meditation im Tun oder das Handeln eines Bodhisattva eigentlich ausmacht. Es kommt als ein plötzliches Aufblitzen: Gewahrsein und Herzlichkeit zugleich. Bei genauem Hinschauen erweist es sich als ein Prozess mit drei Aspekten: ein Gefühl der einfühlsamen Güte in uns, ein Gefühl, durch den Schleier der Verwirrtheit hindurch zu schauen, und ein Gefühl der Offenheit. Doch das geschieht sehr abrupt. Keine Zeit zum Analysieren. Keine Zeit, daran festzuhalten oder sich davon abzuwenden. Nicht einmal Zeit, sich zu besinnen, um festzustellen: »Ich tue das gerade.«

Das Handeln eines Bodhisattva ist ebenso energisch wie sanft. Wir haben genug Kraft um unsere Energie zur Geltung zu bringen, aber wir sind auch sanft und weich genug, unsere Entscheidung der Situation anzupassen. Dieses sanfte und energische Handeln beruht auf Wissen: Wir sind der Situation um uns her gewahr, aber wir sind auch unserer eigenen Sicht und Ansicht gewahr – dessen, was wir tun wollen. Wir sind uns aller Aspekte bewusst.

Wenn wir das Bodhisattva-Gelübde abgelegt haben, stellen wir wahrscheinlich fest, dass es uns gar nicht leichtfällt, unseren Eingebungen gemäß zu handeln. Alles in allem erscheint unsere Lage uns eher unlogisch und verwirrend. Aber wenn wir uns unser tägliches Leben vom Standpunkt der ununterbrochenen Meditationsübung aus ansehen, kann unser Handeln ganz klare Konturen gewinnen: Zeigt sich ein Zug in Richtung Ich, schneiden wir ihn einfach ab, zögern wir, über unsere egozentrische Perspektive hinauszugehen, so lassen wir los. Unser Zögern mag daher kommen, dass wir falsche Entscheidungen zu treffen befürchten, dass wir nicht recht wissen, was zu tun ist. Aber wir können uns in die Situation hineinschubsen, und dann ergibt sich die Richtung ganz natürlich. Wir mögen ein wenig Bammel vor den Folgen unseres Handelns haben und in unserem ganzen Vorgehen etwas unentschlossen sein. Aber zugleich ist da auch dieses Zutrauen, das tiefe Bestreben, mit allen Dingen in der ihnen gemäßen Weise umzugehen. Zutrauen und Zögern bilden zusammen das, was wir geschicktes Handeln nennen.

Ein bisschen ist das Ablegen des Bodhisattva-Gelübdes auch fauler Zauber. Wir wissen noch gar nicht, ob wir überhaupt fähig sind, den Pfad des Bodhisattva zu gehen – und doch fassen wir den Entschluss, es zu tun. Dieser Sprung ist notwendig, um ein Grundvertrauen zu schaffen. Was uns im täglichen Leben begegnet, ist handfest und irgendwie zu bewältigen. Wir müssen weder davor zurückschrecken noch breitspurig daherwalzen und die Dinge unnötig aufbauschen. Wir setzen uns einfach und direkt mit jeder Situation auseinander, wie sie sich gerade bietet.

Dieses Bodhisattva-Handeln wird in der Überlieferung anhand der sechs Pāramitās oder transzendenten Tugenden beschrieben: Gebefreudigkeit, Disziplin, Geduld, Bemühen, Meditation und transzendente Weisheit.

Die Pāramitā der Gebefreudigkeit bezieht sich insbesondere auf das Weitergeben von Wissen, also auf Belehrung. Jeder, der das Bodhisattva-Gelübde ablegt, wird als ein potentieller Lehrer betrachtet. Wenn wir uns weigern zu lehren – sei es aufgrund von Einbildungen oder aus Verlegenheit oder weil wir unser Wissen selber behalten wollen –, so lassen wir die Lebewesen im Stich. Selbst wenn wir meinen, wir seien noch nicht soweit, Lehrer oder Lehrerin zu werden, sollten wir uns zumindest bereit erklären, Lehrer-Lehrling zu sein. Was auch immer wir wissen, sei es viel oder wenig, sollten wir mit anderen teilen. Allerdings müssen wir uns dabei auf die Finger sehen, damit wir nicht am Ende etwas lehren, was wir *nicht* wissen.

Bei der Bodhisattva-Zeremonie ist dieses Element der Gebefreudigkeit dadurch gegeben, dass wir den Drei Kostbarkeiten – dem Buddha, dem Dharma und dem Sangha – ein Opfer bringen. Dabei opfern wir letzten Endes unser Ich: Wir bringen dem Buddha unsere grundlegende Gesundheit des Geistes dar, dem Dharma unser klares Wissen um die Natur des Pfades und dem Sangha unser Gefühl von Gemeinschaft.

Die traditionelle Art, Gebefreudigkeit in sich zu entwickeln, besteht unter anderem darin, unser Essen anderen darzubieten. So hungrig wir auch sein mögen, wir schenken unseren gefüllten Teller innerlich mit Überzeugung weg, bevor wir essen. In dem Augenblick, wo wir etwas wegschenken, fangen wir an, die Pāramitās zu üben. Wenn wir etwas Persönliches weggeben, was uns etwas bedeutet, werden uns unsere Verhaftungen deutlich, und wir fangen an, das Gewohnheitsmuster des spirituellen Materialismus zu überwinden. Wir schenken an diesem Punkt sogar das Erlangen der Erleuchtung her.

Die Pāramitā der Disziplin oder Sittlichkeit beruht auf einem Gefühl des Vertrauens auf uns selbst. Herkömmliche Sittlichkeit und Moral beruhen dagegen auf einem Mangel an Vertrauen und auf der Angst vor den eigenen Aggressionen. Wenn wir unserer eigenen Intelligenz und Wachheit so wenig vertrauen, stellen sogenannte unmoralische Menschen eine enorme Bedrohung für uns dar. Wenn wir etwa einen Mörder als unmoralisch verwerfen, steht dahinter vielleicht unsere eigene Befürchtung, wir könnten selbst fähig sein, jemanden umzubringen. Wir haben vielleicht Angst, eine Schusswaffe – Symbol des Tötens und des Todes – auch nur in die Hand zu nehmen, weil wir befürchten, dass wir uns selbst augenblicklich erschießen würden. Kurzum, wir trauen uns selbst und unserer eigenen Großzügigkeit nicht über den Weg.

Dieses zwanghafte Verweilen bei unseren eigenen Fehlern und Schwächen ist eines der größten Hindernisse auf dem Bodhisattva-Pfad. Wenn wir uns als jämmerliche Bodhisattvas fühlen, können wir auch nicht gute Bodhisattvas sein. Tatsächlich zeigt dieses Kleben an Moral und Schuldgefühlen, dass wir noch auf der Hinayāna-Stufe festsitzen. Es ist der Versuch, das Ich doch noch zu bewahren. Nur aufgrund von Selbstvertrauen kann ein Bodhisattva geschickt mit allem umgehen, was sich ihm bietet, und das kann so weit gehen, dass er aus erleuchtetem Mitgefühl etwas »Unmoralisches« tut. Das ist ganz offensichtlich eine sehr heikle Sache, aber es gehört im

Grunde nicht mehr dazu, als wirklich intelligent mit den Menschen umzugehen.

Die Bodhisattva-Disziplin entsteht aus Selbstvertrauen, aber es gehört auch dazu, dass man in anderen ebenfalls Vertrauen entstehen lässt. Es hat etwas Heroisches: Wir tragen das Banner geistiger Gesundheit und proklamieren einen offenen Weg. Wenn wir allzu leise und unauffällig auftreten, wissen wir nicht, wer wir sind und mit wem wir es zu tun haben. Da ist immer noch dieses Gefühl von eigenem Territorium, dieses Bestreben, etwas für uns selbst zu behalten. Und da dieses »Selbstvertrauen« darauf beruht, dass wir uns für etwas Besonderes halten, hüten wir uns, bei anderen echtes Selbstvertrauen zu wecken. Wir werden uns doch unserer Machtposition nicht selbst berauben! Aber der Bodhisattva-Pfad kennt diese Enge und Kleinlichkeit nicht; da sind Offenheit und Weite, unendlich viel Platz für einen Umgang mit Menschen, der frei von Überlegenheitsdenken und Ungeduld ist. Wenn unsere Haltung nicht von der Wahrung des Ich abhängig ist, kann nichts uns bedrohen. Wir haben nichts zu verlieren und können es uns deshalb in unseren Beziehungen zu anderen leisten zu geben.

Die Pāramitā der Geduld besteht in der Bereitschaft, durch die Meditation mit unseren eigenen Emotionen ins Reine zu kommen. Dadurch wird es uns dann möglich, friedlich mit anderen zu arbeiten. Mit aggressiven Menschen haben wir normalerweise nicht gern zu tun, weil wir annehmen, dass sie es uns nicht leichtmachen werden. Sie bedrohen unser gar nicht bodhisattvahaftes Bedachtsein auf Bequemlichkeit und Sicherheit. Und wenn uns jemand Unrecht tut, hegen wir einen enormen Groll und weigern uns, ihm zu verzeihen. Viel lieber als in unserer eigenen mangelnden Bereitschaft sehen wir in der Aggressivität dieser Leute das Problem. Die Pāramitā der Geduld fordert nun, dass wir aufhören mit solchen Schuldzuweisungen, die nur unser Ich bestätigen sollen. Die Übung der Geduld besteht ganz einfach darin, Drohungen, Zorn, Angriffe und Beleidigungen nicht zu erwidern. Das heißt aber nicht, dass wir einfach passiv bleiben sollen. Wir benutzen vielmehr die Energie des anderen wie beim Judo. Da wir mit unseren eigenen Aggressionen durch die Meditationsübung ins reine gekommen sind, bedroht uns die Aggressivität des anderen nicht mehr, und wir brauchen nicht impulsiv oder aggressiv zu reagieren. Wir verteidigen uns dadurch, dass wir die Bedrohung durch den Anderen nicht entsprechend erwidern; und wir verhindern weitere Angriffe dadurch, dass wir die Energie des Anderen über sich selbst stolpern lassen.

Die Pāramitā des Bemühens beinhaltet die Bereitschaft, um der anderen Menschen willen hart zu arbeiten. Ungeheure Energie wird freigesetzt, wenn wir die emotionalen Verwicklungen und begrifflichen Tändeleien aufgeben – all das also, womit wir uns vor dem Handeln eines Bodhisattva drücken. Wir geben uns nicht mehr unserer Trägheit und Ichbezogenheit hin, die wir im vertrauten warmen Nest unserer emotionalen Verwicklungen so lange genossen haben. Der Bodhisattva ist aufgerufen, dieser Trägheit und diesen Verwicklungen durch Schlichtheit zu begegnen. Solche Schlichtheit stellt sich ein, wenn wir die Enge unserer Perspektive sprengen; dann brauchen wir unsere Emotionen nicht mehr zu manipulieren oder auszuleben, um sie loszuwerden. Wir können uns ihrer direkt annehmen, sobald sie sich zeigen. Dann sind Emotionen kein Hemmnis mehr, sondern werden Energiequelle.

Außer den Emotionen spielen sich in unserem Bewusstsein auch noch begriffliche Prozesse ab, die eine Art Kreuzung aus Panik und logischer Verstandestätigkeit zu sein scheinen. Dieses Bewusstsein produziert mühelos hundert Antworten und hundert Gründe, mit denen wir uns von der Richtigkeit unseres Handelns überzeugen können. Und wenn wir lehren, bürden wir dieses Begriffsgeschnatter auch noch anderen auf. Es ist, als müssten wir uns selbst rechtfertigen, und wir reden und reden und binden unseren Schülern einen Bären auf. Der Bodhisattva durchschaut die ungeheure Kompliziertheit des endlosen Selbstbestätigungsgeplappers. Er hat das unproduktive Schwelgen in Emotionalität durch Schlichtheit überwunden und durchschaut nun auch den begrifflichen Überbau dieser Emotionalität. Für den Bodhisattva sind weder die Emotionen noch der begriffliche Geist ein Hindernis. Gar nichts gilt ihm als Hindernis oder als böse und schlecht. Alles hat einfach seinen Platz in der Landschaft, durch die seine Reise ihn führt. Der Bodhisattva lebt also sein ganzes Leben als Wagnis, als fortlaufende Entdeckungsreise. Und da er nicht an Vorstellungen von »Pfad« hängt, steht ihm sehr viel Energie zur Verfügung, die er bereitwillig investiert. Die Pāramitā des Bemühens ist also kein Projekt; sie ergibt sich vielmehr natürlich und spontan aus der uneingeschränkten Schau des Bodhisattva.

Mit der Pāramitā der Meditation ist Meditation als etwas ganz Natürliches gemeint: weder Hürde noch etwas Besonderes, womit man sich schmücken könnte. Wenn uns das ewige Gedankenplappern bei der Meditation auf die Nerven geht, fangen wir vielleicht an, uns vor dem Meditieren zu drücken. Wir hatten erwartet, dass sich die Sache gleich irgendwie auszahlt, und sind nun nicht bereit, uns mit den ständig hochkommenden Störungen abzugeben. Es kann auch sein, dass wir uns für besonders gute Meditierer halten und diese

Vorstellung nicht loslassen möchten. Kaum kommt mal ein Hauch jener seligen Gelassenheit des Meditierens auf, schon meinen wir, es müsse wohl irgendwie göttliche Gnade sein, der Beweis, dass wir ganz richtig liegen. Wir meinen, wir könnten besser und ausdauernder meditieren als jeder andere. In diesem Fall nehmen wir unsere Meditationsübung als eine Art Wettkampf um irgendeinen Titel. Ob wir jedoch das Üben im Sitzen möglichst meiden oder daran haften, weil es uns eine gewisse Selbstbestätigung gibt – die Pāramitā der Meditation, das heißt die Bereitschaft, uns unablässig mit unserer Neurose und Hast auseinanderzusetzen, verfehlen wir in beiden Fällen.

Die Pāramitā der transzendenten Weisheit spricht das tiefe Verlangen an, die Lehren jenseits aller Dogmatik und ichhaften Bestrebungen wirklich zu erfassen. Vom Standpunkt der transzendenten Weisheit aus ist jede Regung, die der Ich-Entwicklung dient oder eine billige Ausflucht darstellt, ein absoluter Verstoß – aber nicht in irgendeinem dogmatischen Sinne, sondern weil hier das Ich gepredigt wird und der Buddhadharma dazu nur als Vorwand dient. Auch wenn wir uns auf der Stufe des Mahāyāna schulen, suchen wir vielleicht immer noch nach einem Ich als dem eigentlichen Grund unseres Seins: »Noch ist nichts verloren, ich kann mir gewaltige spirituelle Muskelkraft und Lungenkapazität antrainieren.« So mag einer sich der Mahāyāna-Tradition zugehörig fühlen und doch insgeheim versuchen, herauszustellen, wie gut er seinen Geist unter Kontrolle hat. Aber dieses Doppelagententum ist nicht nur außerordentlich dumm, sondern funktioniert auch nicht.

Wir können der Mahāyāna-Perspektive so sehr verhaftet sein, dass wir dem Hinayāna abschwören oder es sogar verächtlich machen. Doch ohne die Hinayāna-Disziplin gewinnen wir keine Grundlage für das Mahāyāna. Wir können aber auch sehr dogmatisch werden und nur das Hinayāna gelten lassen. Das scheint eher für Feigheit zu sprechen: Wir sind nicht bereit, den weit offenen Pfad des Mahāyāna zu betreten. Im Unterschied zu diesen dogmatischen Extremen eignet der Pāramitā der transzendenten Weisheit ein waches Interesse an der Logik aller drei Yānas – Hinayāna, Mahāyāna und Vajrayāna. Dieses Interesse, diese Wissbegier, ist allerdings nicht rein intellektueller Art, sondern beruht auf der Übung der Meditation.

Das Kennzeichen des Bodhisattva-Handelns, könnten wir sagen, sind gute Manieren. Kein eigener Ärger sollte uns davon abhalten, andere freundlich und gastfreundlich aufzunehmen. Damit ist etwas ganz anderes gemeint als scheinheilige Gastfreundlichkeit. Es ist sogar für unseren Umgang mit anderen das Allerwichtigste, nicht den Fehler der Idiotenbarmherzigkeit zu machen und ständig nett und freundlich sein zu wollen. Dieser oberflächlichen Freundlichkeit fehlt es an Mut und Intelligenz, und deshalb stiftet sie mehr Schaden als Nutzen. Das ist ungefähr so, als würde ein Arzt seinen Patienten aus lauter »Güte« nicht behandeln, weil die Behandlung weh tun könnte, oder als würde eine Mutter ihr Kind nicht erziehen, um ihm Unannehmlichkeiten zu ersparen.

Für wahres Mitgefühl ist das einfältige Vermeiden von Schmerz durchaus nicht das entscheidende Kriterium. Wahres Mitgefühl weiß sich vor allem der grundlegenden Gesundheit des Geistes verpflichtet und kennt darin keine Kompromisse. Menschen, die den Pfad entstellen, die also der Entwicklung grundlegender Geistesgesundheit gerade entgegenwirken, muss man augenblicklich und sehr energisch Einhalt gebieten. Das ist außerordentlich wichtig. Hier ist überhaupt kein Platz für Idiotenbarmherzigkeit. Wir müssen immer bemüht bleiben, jeden erkennbaren Selbstbetrug sofort abzuschneiden; nur so können wir andere und uns selbst etwas lehren. Der letzte Fluchtversuch eines Bodhisattva, wenn er alles andere schon erreicht hat, besteht darin, dass er es nicht über sich bringt, die Idiotenbarmherzigkeit hinter sich zu lassen.

Das Ablegen des Bodhisattva-Gelübdes ist etwas sehr Tiefgreifendes – einfach deshalb, weil es nicht zur Erbauung des Ich geschieht. Es geht über uns selbst hinaus. Es ist, als legten wir den Samen eines schnell wachsenden Baumes in die Erde, und demgegenüber ist alles, was wir für das Ich tun, wie das Säen von Sand. Einen Samen wie das Bodhisattva-Gelübde zu legen untergräbt das Ich und führt zu einer ungeahnten Weitung des Gesichtsfelds. Solcher Heldenmut, solche Weite des Geistes, erfüllt allen Raum ganz und gar. In solcher Weite des Gesichtsfeldes ist nichts von drückender Enge und nichts Einschüchterndes. Da ist nur diese grenzenlose Bereitschaft, allen Lebewesen, zahllos wie der Sand am Ganges, auf dem Weg zur Erleuchtung voranzuhelfen.

Die Zeremonie des Bodhisattva-Gelübdes

Mit dem Bodhisattva-Gelübde bekunden sie öffentlich, dass sie den Pfad des Bodhisattva beschreiten wollen. Es genügt nicht, diese Absicht sich selbst gegenüber zu erklären. Sie müssen den Mut aufbringen, sie vor anderen auszusprechen. Sie nehmen damit etwas auf sich, was ihnen alles abverlangen wird, aber sie sind entschlossen, es durchzustehen.

Die Zeremonie beginnt damit, dass sie den Meister oder die Meisterin bitten, ihnen das Bodhisattva-Gelübde abzunehmen und sie in die Familie des Buddha aufzunehmen. Sie sagen: »Möge der Meister mir gnädig sein. Die Tathāgatas, Arhats, Samyaksambuddhas, Erhabenen und Bodhisattvas, die auf der Ebene der hohen Bhūmis lebten, bildeten in sich die Ausrichtung auf unübertreffliche, vollkommene große Erleuchtung heran und so bitte ich den Meister, mir zu helfen, dass auch ich zu dieser Haltung gelange.« Nun erteilt der Meister ihnen als seinem Schüler die Aufgabe, Samsāra zu entsagen, allen Lebewesen gegenüber tätiges Mitgefühl zu entwickeln, das Verlangen nach Erleuchtung zu wecken, sich den Drei Kostbarkeiten aufopfernd hinzugeben und den Meister zu achten. Er mahnt sie, das tätige Mitgefühl tiefer und stärker werden zu lassen und ihrem Herzen einzupflanzen, denn »die Lebewesen sind unermesslich wie der Himmelsraum, und solange es Lebewesen gibt, werden sie widerstreitenden Gefühlen ausgesetzt sein, die sie verleiten, Böses zu tun, wofür sie dann wieder zu leiden haben«.

Das ist eine magische Zeremonie: Die Bodhisattvas der Vergangenheit, Gegenwart und Zukunft sind da und schauen ihnen zu. Sie werfen sich dreimal vor ihnen nieder – und vor ihrem eigenen Gewissen. Mit diesen drei Niederwerfungen binden sie sich an die Erde und bekennen sich erneut zu ihrem Grundzustand der Heimatlosigkeit.

Dann beginnen sie mit dem eigentlichen Gelöbnis: »Von jetzt an und bis ich ganz und gar geworden bin, was die Erleuchtung im innersten Wesen ist, werde ich unbeirrbar nach unübertrefflicher, vollkommener großer Erleuchtung streben, so dass die Wesen, die noch nicht das andere Ufer erreicht haben, es erreichen können, die noch nicht befreit worden sind, befreit werden können, die noch nicht Erlösung gefunden haben, Erlösung finden können, und die noch nicht zum Nirvāna gelangt sind, dazu finden können.«

An dieser Stelle der Zeremonie geht es darum, sich mit den Elementen zu identifizieren, mit dem also, was allen Lebewesen als Lebensgrundlage dient. Sie werden zu Mutter Erde, und so werden sie sich auf alle Arten anbohren, herumschubsen und mit Unrat vollschütten lassen müssen – doch letztlich ist eben das ihnen eine Wonne. An dieser Stelle lesen sie ein Stück aus dem *Bodhicharyāvatāra* von Shāntideva, in dem das besonders schön zum Ausdruck kommt: »Wie die Erde und die Elemente zusammen mit dem Raum die zahllosen Wesen ewig und auf vielerlei Weise stützen und tragen, so möge auch ich bis an die Grenzen des Raumes eine Stütze der Lebewesen werden, bis alle Nirvāna verwirklicht haben.«

Jetzt, da sie sich den anderen hingegeben haben, werden sie keinen Groll mehr hegen. Wenn jemand bei ihnen zu Gast ist und sie ihn freundlich aufgenommen und bewirtet haben, kommt vielleicht nach einiger Zeit der Moment, wo sie bedauern, ihn überhaupt eingeladen zu haben. Oder vielleicht erinnern sie sich, dass sie sich durch die Gastfreundlichkeit ihrer Eltern manchmal eingeschränkt und gestört fühlten: »Wenn Papa doch bloß diese fremden Leute nicht einladen würde! Ich möchte für mich sein.« Aber vom Standpunkt des Bodhisattva aus haben ihre Eltern ihnen ein wunderbares Beispiel gegeben. Sie verpflichten sich jetzt zu dieser Art von Gastfreundlichkeit und sind bereit, Menschen in ihre Sphäre einzulassen. Sie folgen damit dem Beispiel früherer Bodhisattvas, die sich ebenfalls der grundlegenden Großzügigkeit, Intelligenz und Erleuchtung verschrieben. Dies im Sinn, sagen sie: »Wie die Sugatas der alten Zeit Bodhicitta in die Welt brachten und sich immer mehr die Disziplin des Bodhisattva zu eigen machten, so will auch ich zum Wohl der Wesen Bodhicitta entstehen lassen und mich in dieser Disziplin immer weiter schulen.«

Danach bieten sie als Ausdruck ihrer Gebefreudigkeit eine Gabe dar. Alles, was sie als echte Geste ihrer Verpflichtung geben können – und sei es eine Leiche –, das machen sie zum Geschenk. Indem sie etwas geben, was ihnen sehr – zu sehr – am Herzen liegt, opfern sie ihr Haften an den Dingen, diese Grundhaltung des Festhaltenwollens.

Das Darbringen der Gabe entspricht dem Augenblick in der Zeremonie des Zufluchtsgelübdes, wo der Meister mit den Fingern schnalzt. Das Bodhisattva-Gelübde ist jedoch weitaus subtiler; hier gibt es keinen bestimmten Augenblick, in dem Bodhicitta in sie eintritt. Aber wenn sie ihre Gabe darbringen und wirklich durchdrungen sind von der Verpflichtung, von ihrem Festhalten und ihrer Ichverhaftung loszulassen, werden sie wahrhaft ein Kind des Buddha, ein Bodhisattva. Und ob es ihnen gefällt oder nicht, in diesem Augenblick nehmen sie eine schwere Bürde auf sich – die zum Glück nicht mehr abzuwerfen ist. Im Hinayāna können sie ihr Gelübde preisgeben, aber das geht mit dem Bodhisattva-Gelübde nicht – nie mehr, auch nach vielen Leben nicht. Das liegt daran, dass es für den Mahāyāna-Pfad nicht auf physische Existenz, sondern auf das Gewissen ankommt.

Sie haben nun ihre Geschenke dargebracht und vergegenwärtigen sich, was sie getan haben. Indem sie erkennen, dass es kein Fehler war, sagen sie: »In diesem Augenblick ist meine Geburt fruchtbar geworden, ich habe mein menschliches Leben verwirklicht. Heute werde ich in die Familie des Buddha geboren. Jetzt bin ich ein Kind des Buddha.«

Die nächste Passage, die sie rezitieren, nennt Beispiele dafür, wie sie für die Gesellschaft und die Welt eine Hilfe sein können – wie sie mit sich selbst und anderen Wesen leben können: »Von jetzt an werde ich direkt und ohne Abweichung so handeln, wie es sich für meine Familie geziemt. Ich werde so handeln, dass ich die Makellosigkeit und Disziplin meiner Familie nicht besudle. Wie wenn ein Blinder in einem Schmutzhaufen ein Juwel findet, so ist – irgendwie – Bodhicitta in mir geboren worden. Dies ist das unübertreffliche Wasser des Lebens, das den Tod vernichtet, der unerschöpfliche Schatz, der die Armut der Welt vertreibt; es ist die höchste Arznei, die die Krankheit der Welt heilt, der Baum der Rast für alle Wesen, die des Wanderns auf den Pfaden des Daseins müde sind; es ist die kosmische Brücke, auf der alle Reisenden die niederen Bereiche überqueren können, der aufgehende Mond des Geistes, der die Martern der Kleshas zerstreut; es ist die große Sonne, die dem Dunkel der Verblendung ein Ende bereitet, die reine Butter, die entsteht, wenn die Milch des heiligen Dharma geschlagen wird. Für die Reisenden, die auf den Pfaden des Daseins wandern und das Glück in den Dingen des Genusses suchen, ist es die höchste Seligkeit, greifbar nah, das große Festmahl, das die Lebewesen sättigt.«

Jetzt empfangen sie ihren Bodhisattva-Namen. Dieser Name steht für ihre Großzügigkeit im Umgang mit anderen. Er ist keine weitere Ausdehnung ihres Ego-Territoriums oder ihrer Identität, sondern ein Ausdruck des Nicht-Ich. Sie gehören jetzt nicht mehr sich selbst, sondern den anderen. Der Bodhisattva-Name hat mehr Kraft als der Zufluchtsname, denn zur Arbeit mit anderen bedarf es stärkerer Mahnungen als zur Arbeit an sich selbst. Ihr Bodhisattva-Name ist Ausdruck ihrer subtilen Verfassung: Man kann sie damit beschimpfen, man kann sie damit ermutigen. Er bezieht sich auf empfindlichere Bereiche als der Zufluchtsname, und das ist sehr hilfreich. Ihr Bodhisattva-Name ist eine Art Kennwort, ein sehr genaues Kennzeichen ihrer besonderen Art der grundlegenden Offenheit im Umgang mit allen Lebewesen. Ihr Potential und ihre Grundeigenschaften kommen im Bodhisattva-Namen zum Ausdruck, und sie sollten sich seiner erinnern, sooft eine kritische Situation entsteht. Verlassen sie sich nicht auf einen Retter; lassen sie sich lieber von ihrem Namen an die Festigkeit ihrer Bindung an den Bodhisattva-Pfad erinnern. Er ist Zeugnis dafür, dass sie Anschluss an ihr Buddha-Wesen, *Tathāgatagarbha,* gefunden haben; sie haben einen Brunnen gegraben und sind auf Wasser gestoßen, das sie nun jederzeit gebrauchen können. Ihr Bodhisattva-Name steht dafür, dass sie sich grundlegender geistiger Gesundheit verpflichtet haben und bereit sind, ihr Leben allen Wesen zu widmen. Deshalb ist er sehr machtvoll und sehr wichtig.

Das Bodhisattva-Gelübde abzulegen ist gewiss keine Kleinigkeit, sondern ein wichtiger Meilenstein und ganz gewiss ein Grund zum Feiern. Das haben sie vor Augen, wenn sie abschließend alle einladen, sich mit ihnen zu freuen, dass sie endlich ein Mensch geworden sind, der zum Wohl aller Wesen wirkt: »Heute, unter den Augen aller Beschützer, habe ich die Lebewesen und Sugatas willkommen geheißen. Die Devas und Asuras sind hocherfreut!«

Damit endet die Zeremonie des Bodhisattva-Gelübdes. Es ist eine schlichte Zeremonie, die sie mit einer sehr hohen Herausforderung konfrontiert: sich den Menschen zu widmen, ohne auf ihre eigene Bequemlichkeit Rücksicht zu nehmen. Und um dieser Herausforderung gewachsen zu sein, braucht man vor allem Furchtlosigkeit. Indem sie das Gelübde ablegen, treten sie ein in die furchtlose Welt des Kriegers.

7

Eine heilige Welt: Die Vajrayogini-Praxis*

»Die Erfahrung des Vajra-Geistes von Vajrayoginī ist so tief und so unermesslich, dass aufsteigende Gedanken kein eigenes Gewicht bekommen: Sie sind kleine Fische im unendlichen Ozean des Raumes.«

Das Vajrayāna, die tantrische Lehre des Buddha, ist voller Magie und Kraft. Seine Magie liegt darin, dass es Verblendung und Neurose in erwachten Geist verwandeln kann und die alltägliche Welt als ein Reich des Heiligen offenbart. Seine Kraft besteht in der unfehlbaren Einsicht in das wahre Wesen der Phänomene und im Durchschauen des Ich und seiner Täuschungsmanöver.

In der tantrischen Überlieferung wird das Vajrayāna als die vollständige Lehre des Buddha angesehen: Es ist der Pfad der

* Geschrieben begleitend zu einer Ausstellung buddhistischer Kunst im Himalaya, 1983

vollkommenen Disziplin, der vollkommenen Ergebung und der vollkommenen Befreiung. Vergessen wir aber nicht, dass das Vajrayāna in den grundlegenden Lehren des Sūtrayāna verwurzelt ist, das heißt in den Lehren von der Ichlosigkeit und von tätigem Mitgefühl.

Häufig wird die außerordentliche Kraft und Wirksamkeit des Vajrayāna als das Versprechen schneller Erleuchtung missverstanden. Aber man kann nicht über Nacht Erleuchtung finden; es ist sogar höchst irreführend, ja gefährlich, so zu denken. Die buddhistischen Lehren weisen ohne Ausnahme immer wieder darauf hin, dass der Glaube an ein Ich oder Selbst die Ursache des Leidens und *das* Hindernis für die Befreiung ist. Alle großen Meister der Vergangenheit haben sich sehr eifrig den vorbereitenden meditativen Übungen gewidmet, bevor sie Vajrayāna-Schüler wurden. Ohne diese grundlegende meditative Schulung hat man keinerlei Basis für die Schulung im Vajrayāna.

Das Vajrayoginī-Prinzip, wie es von den Gurus der Karma-Kagyü-Linie Tibets (der ich angehöre) erfahren, aufgefasst und weitergegeben wurde, ist ein Teil der Vajrayāna-Überlieferung. Es ist mir eine Ehre, das Vajrayoginī-Prinzip darlegen und den Altar beschreiben zu können (siehe Anhang), der zur Vajrayoginī-Praxis gehört; zugleich bin ich durch meine Verantwortung gegenüber der Linie und dem Leser verpflichtet, Vajrayoginī so einzuführen, wie es sich gehört.

Ichlosigkeit und tätiges Mitgefühl

Wir müssen hier kurz die Ursprungsform des Buddhismus und das Mahāyāna erörtern, damit völlig klar wird, dass Vajrayoginī nicht als äußere Gottheit oder Kraft zu betrachten ist. Das ist für Westler aufgrund ihrer abendländischen Gottesvorstellungen manchmal nicht leicht zu verstehen. Der Buddhismus ist eine nicht-theistische Religion, das heißt, es gibt hier keinen Glauben an einen Erlöser. Nicht-Theismus bedeutet im Grunde dasselbe wie die Verwirklichung der Ichlosigkeit, und die wird entdeckt durch die Meditationsformen, die wir Shamatha und Vipashyanā nennen.

Bei der Shamatha-Meditation arbeiten wir mit Atem und Haltung als Ausdruck unseres Seinszustands. Wir nehmen eine würdevolle und aufrechte Haltung ein und identifizieren uns mit dem Ausatmen; dadurch freunden wir uns auf grundlegende Weise allmählich mit uns selbst an. Wenn sich Gedanken einstellen, werden sie nicht als Feinde betrachtet, sondern in die Übung einbezogen und einfach als »Denken« etikettiert. Das Sanskritwort *Shamatha,* tibetisch *Shine,* bedeutet »in einem Zustand des Friedens weilen«. Durch die Shamatha-Übung werden wir der Einfachheit unseres ursprünglichen Geisteszustands gewahr und sehen auch, wie wir den tiefen Frieden am Grund unseres Seins immer wieder übertönen und dadurch Verblendung, Kopflosigkeit und Aggressivität erzeugen. Das ist die erste Erfahrung von Ichlosigkeit, in der uns deutlich wird, wie fadenscheinig die fixen Ideen von uns selbst sind und wie illusorisch das ist, was wir »Ich« nennen.

Mit weiterer Übung verlieren wir allmählich den Bezugspunkt der Ichbewusstheit und erfahren unser Umfeld und die Welt nicht mehr ausschließlich in ihrer Beziehung zum Ich. Wir fangen an, uns mehr für »das« und nicht mehr so sehr für »dies« zu interessieren. Eine Wahrnehmung, die ohne Ichbezug durchdringend und klar ist, nennt man auf Sanskrit *Vipashyanā* und im Tibetischen *Lhakthong*, was soviel wie »klares Sehen« bedeutet. Die Technik ist im Vipashyanā keine andere als bei der Shamatha-Übung; das »klare Sehen« erwächst vielmehr aus der kontinuierlichen Shamatha-Übung. Kurz auch »Einsicht« genannt, zeigt dieses klare Sehen uns, dass die Phänomene ebenso wenig ein letztes Sein haben wie das eigene Ich; wir fangen an, auch die »Ichlosigkeit« des »anderen« zu erkennen. Damit wird uns auch klar, dass das Leiden in der Welt durch das Festhalten an falschen Vorstellungen über das Ich und die Phänomene verursacht wird: Philosophische, psychologische und religiöse Ideen von Ewigkeit und Freiheit sind Mythen, die der Ich-Geist ersinnt. Die Ichlosigkeit, wie sie im Vipashyanā verwirklicht wird, ist also die Erkenntnis, dass wir letztlich allein sind und nicht auf irgendwelche Hilfe von außerhalb, das heißt durch einen Erlöser, zählen können.

Die Grundform buddhistischer Schulung wird als Pfad der »individuellen Befreiung« bezeichnet, auf Sanskrit *Prātimoksha*, im Tibetischen *Sosor tharpa.* Wenn wir die beiden Schulungsweisen Shamatha und Vipashyanā sowohl bei der Meditation als auch im täglichen Leben anwenden, können wir uns wirklich von Verblendung und Neurose befreien, so dass wir dann nicht mehr zwanghaft anderen und uns selbst schaden. Etwas treibt uns jetzt, uns ganz für diesen Pfad zu entscheiden, und so nehmen wir formell Zuflucht zu Buddha, Dharma und Sangha. Wir ahnen und spüren, dass wir in dieser wirbelnden Welt verblendeten Daseins das ganz unwahrscheinliche Glück hatten, auf den wahren Pfad zur Befreiung zu stoßen.

Das Mahāyāna, das »Große Fahrzeug«, geht nun über diese Motivation der individuellen Befreiung hinaus. Allgemein gesagt, besteht die Grundmotivation des Mahāyāna darin, für das Wohl anderer zu wirken, und zwar mit allem, was die Welt uns bietet; deshalb ist es eine endlose Reise. Wenn wir diese Reise antreten, die kein festgelegtes Ziel hat, fallen unsere vorgefassten Anschauungen nach und nach von uns ab. Die Bezugspunkte gehen uns verloren; und diese anfangs vielleicht nur sehr kurzen Momente der Bezugspunktlosigkeit sind der Beginn dessen, was man als die Erfahrung von *Shūnyatā* bezeichnet. *Shūnya* bedeutet »leer«, und *tā* macht daraus »*Leerheit*«. Der Überlieferung zufolge bedeutet Shūnyatā leer von »Ich« und leer von »Anderem« – vollkommen leer. Diese Erfahrung der Leerheit macht uns also klar, dass es weder ein »Ich« als Handelnden noch ein Handeln, noch ein »Anderes« gibt, an dem gehandelt wird.

Shūnyatā hat nichts mit dem Nichts der Nihilisten zu tun. Sie ist das vollkommene Fehlen von allem Anhaften und aller Fixierung – die vollkommene Ichlosigkeit von Subjekt und Objekt. Deshalb ist sie das Fehlen jeder Trennung zwischen dem Ich und dem anderen.

Die Shūnyatā-Erfahrung schafft ungeheuer viel Raum und eine entsprechend umfassende Schau. Da ist Raum, weil wir sehen, dass nichts uns hindert, uns zu weiten und aus uns herauszugehen; und da ist Schau, weil keinerlei Trennung zwischen uns selbst und unserer Erfahrung besteht. Wir nehmen die Dinge in aller Klarheit wahr, wie sie sind, ohne alle Filter. Diese unvoreingenommene Wahrnehmung nennt man *Prajñā* oder »unterscheidendes Gewahrsein«. Prajñā ist sowohl die

Schärfe der Shūnyatā-Wahrnehmung als auch das Wissen, das aus dieser Wahrnehmung erwächst.

Wörtlich bedeutet Prajñā soviel wie »höchstes Wissen« oder »bestes Wissen«. Das höchste Wissen, das man haben kann, ist das Wissen, das aus ichloser Einsicht erwächst; das beginnt mit der Vipashyanā-Erfahrung und reift im Mahāyāna zu Prajñā aus. Prajñā, das unterscheidende Gewahrsein, sieht, dass »Ich« und »anderes« nicht getrennt sind, und daher auch die eigene Erleuchtung nicht von der Erleuchtung anderer zu trennen ist.

Dadurch macht uns die Shūnyatā-Wahrnehmung insgesamt wacher und mitfühlender. Wir finden zu echtem Interesse und Engagement für andere, deren Leiden von unserem nicht verschieden ist. Das ist der Beginn des »andere an die Stelle des eigenen Ich setzen«.

Dieses Ersetzen bedeutet, dass man jede benötigte Hilfe gewährt. Wir bieten anderen unsere Freundlichkeit, Geistesgesundheit und Liebe dar und nehmen dafür ihre Schmerzen, ihre Verblendung und ihre Falschheit auf uns. Wir sind bereit, alle Schuld an irgendwelchen Problemen auf uns zu nehmen – und nicht weil wir Märtyrer sein wollen, sondern weil wir von einem unerschöpflichen Vorrat an Gutheit und Gesundheit wissen, aus dem wir austeilen möchten. Auf der Mahāyāna-Ebene wird die Ichlosigkeit in selbstloses Handeln umgemünzt, und dieser Weg führt schließlich ganz über die Ichverhaftung hinaus. Und ebendieses Preisgeben des Ich, worauf wir noch zurückkommen, ermöglicht den Eintritt in die Stufe des Vajrayāna.

Die Vajra-Natur und das Yidam-Prinzip

Wenn wir vom Anhaften und allen Fixierungen ganz und gar loslassen, können wir in der unserem Geist innewohnenden Gutheit ruhen, und wir betrachten alle Emotionen und diskursiven Gedanken, die sich einstellen – sei es Leidenschaft, Aggression, Verblendung oder irgendwelche Konflikte –, als bloßes Gekräusel auf dem stillen Teich des Geistes. Dadurch wird uns allmählich klar, dass es noch eine andere Sicht als die des Anhaftens und der Fixierung gibt. Diese Sicht hat etwas sehr Festes und Bestimmtes. Allerdings ist diese Bestimmtheit von anderer Art als die des Ich, eher wie die Sonne, die immer scheint. Wenn sie im Flugzeug über den Wolken sind, sehen sie, dass die Sonne immer scheint, auch wenn es unten bewölkt ist und regnet. So ist es auch, wenn wir uns nicht mehr an unsere Identität, unser Ich klammern: Dann sehen wir, dass die Nichtexistenz des Ich die reale, unzerstörbare Verfassung des Seins ist – ein kontinuierlicher Zustand, der wie die Sonne weder zu- noch abnimmt, weder auf- noch untergeht.

Diesen Seinszustand nennt man Vajra-Natur. *Vajra,* auf Tibetisch *Dorje,* bedeutet »unzerstörbar« oder »diamantengleich«. Vajra-Natur ist die unverrückbar feststehende Ichlosigkeit, die Grundlage des Vajrayāna-Pfades. Der Ausdruck »Vajrayāna« selbst bedeutet »Vajra-Fahrzeug«, also »Fahrzeug der Unzerstörbarkeit«. Man nennt es auch *Tantrayāna* oder »Tantra-Fahrzeug«. *Tantra,* tibetisch *Gyü,* bedeutet »Kontinuität« oder »Faden«. Die Vajra-Natur ist die Kontinuität der Ichlosigkeit oder Wachheit – strahlend und all-erleuchtend wie die Sonne.

Die Gottheiten des Vajrayāna sind Verkörperungen der Vajra-Natur. Für die Vajrayāna-Schulung sind insbesondere die Gottheiten von Bedeutung, die *Yidam* genannt werden. Die beste Übersetzung für »Yidam«, die ich kenne, ist »persönliche Gottheit«. Eigentlich ist »Yidam« die Kurzform von *Yikyi damtsik,* und das bedeutet »heilige Bindung des Geistes«. *Yi* bedeutet »Geist«, *kyi* steht hier für die Zuordnung, also »von/des«, und *damtsik* bedeutet »heiliges Wort« oder »heilige Bindung«. Damtsik, auf Sanskrit Samaya, wird später noch von Bedeutung sein, wenn wir auf die heiligen Verpflichtungen des Vajrayāna zu sprechen kommen. »Geist« bezieht sich hier auf die Vajra-Natur, unsere grundlegende Gesundheit und Wachheit, frei von Ichverhaftungen: Ein Yidam ist die Manifestation dieses erleuchteten Geistes; er ist es, der den Schüler mit der erleuchteten Gesundheit seines eigenen Geistes verbindet. Nach tantrischer Auffassung ist ein Yidam also keine äußere Gottheit wie in theistischen Religionen, sondern Verkörperung der uns innewohnenden Vajra-Natur.

Es gibt Tausende von tantrischen Gottheiten, aber in der Karma-Kagyü-Linie nimmt Vajrayoginī eine hervorragende Stellung ein. Wenn ein Schüler die vorbereitenden Vajrayāna-Übungen, *Ngöndro* genannt, abgeschlossen hat, erhält er Abhisheka, die Kraftübertragung oder Ermächtigung, um mit der Yidam-Praxis beginnen zu können; dabei identifiziert er sich mit einer persönlichen Gottheit, die seine eingeborene Vajra-Natur verkörpert. In der Karma-Kagyü-Tradition ist Vajrayoginī der erste Yidam, den ein Schüler erhält. Um das Vajrayoginī-Prinzip hinreichend verstehen zu können, müssen wir uns zuerst die Stadien der Vajrayāna-Schulung vergegenwärtigen, die der Yidam-Praxis vorausgehen.

Ergebenheit

Im Buddhismus hat die Beziehung zu einem Meister nichts mit Heldenverehrung zu tun; der Meister wird als eine lebendige Verkörperung des Dharma betrachtet. Wer sich auf den Pfad des Buddhismus begibt, achtet seinen Meister als einen Weisen, der ihm auf dem Weg ein gutes Stück voraus ist. Im Mahāyāna wird der Meister Kalyānamitra oder »spiritueller Freund« genannt; er ist ein Freund in dem Sinne, dass er an unserem Leben teilnimmt und mit uns den Weg zu gehen bereit ist. Er ist wahrhaft ein Beispiel für die Mahāyāna-Übung, den anderen an die Stelle des eigenen Ich zu setzen.

Auf der Vajrayāna-Ebene vertrauen wir der Lehre und dem Meister von Anfang an, weil wir die Wahrheit und Umsetzbarkeit der Lehre schon selbst erfahren haben. Mit der Entdeckung unserer Vajra-Natur vertieft sich das Vertrauen dann zu Ergebenheit, auf Tibetisch *Mögü*. *Mö* bedeutet »Sehnsucht, Verlangen«, und *Gü* bedeutet »Achtung, Respekt«. Wir erkennen, dass der Meister eine Verkörperung der Vajra-Natur, des erwachten Geistes ist, und so empfinden wir tiefe Achtung vor ihm und sehnen uns nach dem, was er zu vermitteln hat. Auf dieser Stufe wird der Meister der Guru. Er ist der Vajra-Meister: Er hat die Vajra-Wahrheit, die unzerstörbare Wahrheit gemeistert und kann die Vajra-Kraft auf andere übertragen. Das Vajrayāna kann jedoch auch höchst zerstörerisch sein, wenn wir nicht richtig darauf vorbereitet sind, diese Lehren zu empfangen. Um uns im Vajrayāna schulen zu können, müssen wir eine Beziehung zu einem Vajra-Meister haben, das heißt zu jemandem, der den Schüler und die Schulung wahrhaft erfasst und zusammenzubringen versteht.

Die Beziehung zu einem Vajra-Meister verlangt einen endgültigen Akt der Ich-Entsagung von uns: Wir müssen uns ihm ergeben, uns völlig an ihn ausliefern. Nur so können wir die dreifache Vajra-Natur heranbilden: Vajra-Körper, Vajra-Rede und Vajra-Geist. Wenn die Ergebenheit zu vollkommener Selbstpreisgabe reift, spricht man von *Lote lingkyur. Lote* bedeutet »Vertrauen«, *ling* bedeutet »vollständig«, *kyur* bedeutet »preisgeben« oder »loslassen«. Lote lingkyur bedeutet also »vollkommen vertrauen und loslassen« – das Ich vollkommen preisgeben. Ohne diese Selbstauslieferung kann es nicht gelingen, die letzten Reste vom Ich loszuwerden; außerdem könnte der Lehrer uns nicht den Yidam geben, die Essenz der Ichlosigkeit. Ohne diese Ergebenheit dem Meister gegenüber wird man die Vajrayāna-Lehren eher dazu benutzen, die Festung des Ich auszubauen.

Ngöndro

Um zu rechter Ergebenheit und Selbstpreisgabe zu gelangen, beginnt ein Vajrayāna-Schüler mit dem Ngöndro, der Grundlagenschulung, die für das Abhisheka Voraussetzung ist. *Ngön* bedeutet »voran«, und *dro* bedeutet »gehen«. In der Karma-Kagyü-Linie sind es fünf Übungsarten, die zusammen das Ngöndro bilden: Niederwerfungen, die Rezitation des Zufluchtsgelübdes, die Vajrasattva-Mantra-Praxis, das Mandala-Opfer und der Guru-Yoga. Man nennt sie die »außerordentlichen Grundlagen«.

Durch das Ngöndro stellt man die Verbindung zur Weisheit des Guru und zu seiner Linie her. Bei der Niederwerfung, dem Ausgangspunkt, macht man sich selbst demütig und bekundet seine Dankbarkeit für das Beispiel des Vajra-Meisters und die Linie der Vorfahren im Dharma. Man visualisiert die Gurus der Linie, auch seinen persönlichen Guru, in der Gestalt des Ur-Buddha. Im Laufe vieler Übungsabschnitte wirft sich der Schüler 108.000-mal vor den Gurus seiner Linie nieder und rezitiert dabei 108.000-mal das Zufluchtsgelübde. So bekräftigt man seine Bindung an den Pfad der Disziplin und Entsagung und bringt zugleich seine Ergebenheit gegenüber den Vajrayāna-Lehren und dem Vajra-Meister zum Ausdruck. Durch die Niederwerfungen erhascht man einen ersten Blick auf seine Linie.

Durch die Mantra-Praxis gewinnt man eine direktere Erfahrung von der Weisheit der Linie. Man kann sich hier direkter mit Hindernissen und inneren Verdunkelungen auseinandersetzen und dabei erfahren, dass Verunreinigungen nichts Endgültiges, sondern überwindbar sind. Die Gottheit Vajrasattva, wörtlich »Vajrawesen«, wird als junger weißer Prinz visualisiert; er ist sowohl die Essenz der Vajra-Weisheit als auch der Weisheitskörper des Guru. Seinen eigenen Körper visualisiert der Übende dagegen als mit Unreinheiten aller Art behaftet – physische, mentale und emotionale. Während man das Vajrasattva-Mantra 108.000-mal rezitiert, visualisiert man zugleich, dass der Körper durch Vajrasattvas Wirken langsam von diesen Unreinheiten befreit wird. Am Ende eines Übungsabschnitts vergegenwärtigt man sich bildhaft, dass man selbst von der gleichen reinen Natur ist wie Vajrasattva. Bei der Mantra-Praxis geht es also darum, die eigene innere Reinheit zu entdecken.

Bei der Mandala-Darreichung bringt man sich selbst und seine Welt als Gabe an die Linie dar. Der Schüler opfert 108.000-mal ein Mandala, das aus Häufchen von Safranreis aufgebaut ist, in den Edelsteine und andere Kostbarkeiten gemischt sind. Beim Aufbauen des Mandala visualisiert man die Gurus und Buddhas vor sich und bringt ihnen die Welt und alles, was sie an Reichtum, Schönheit und Sinneswahrnehmungen enthält, als Opfergabe dar. Auch vom eigenen Gefühl der Reinheit löst man sich und macht es zum Bestandteil dieser Opfergabe; das nennt man »den Gebenden geben«. Wenn man so rückhaltlos gibt, ist niemand mehr da, der sieht, was gegeben wird, oder anerkennend begutachten könnte, wie großzügig wir sind. Je mehr man sich und alles andere preisgibt, desto mehr Reichtum kommt zusammen. Man kommt nie in die Verlegenheit, nichts mehr zu haben, was man noch opfern könnte. Unser Menschenleben ist für sich allein schon ein ungeheurer Reichtum, den wir der Linie opfern können.

Nach den Mandala-Opfern geht man zum Guru-Yoga über, und hier steht man dem Guru zum ersten Mal wirklich Auge in Auge gegenüber. Hier erfährt man zum ersten Mal die *Adhisthāna,* die »tragende Kraft« oder »Segenskraft«, die in der Weisheit des Guru liegt.

Im Guru-Yoga beginnt man die nichtduale Natur der Ergebenheit zu erkennen: Es gibt keine Trennung zwischen der Linie und einem selbst, ja nicht einmal zwischen der Vajra-Natur des Guru und der eigenen ursprünglichen Natur. So trägt die Ngöndro-Schulung die im Guru-Yoga gipfelt, zum Abbau theistischer Vorstellungen über das Vajrayāna im allgemeinen und den Guru im besonderen bei. Wir erkennen, dass die Linie nicht außerhalb unserer selbst ist: Man betet den Meister und seine Vorgänger nicht als Götter an. Man stellt vielmehr die Verbindung zur vajragleichen Geistesgesundheit her, die aufgrund ihrer vollkommenen Ichlosigkeit von so ungeheurer Kraft ist.

Heilige Weitsicht

Wenn wir darauf hinarbeiten, dass unser Geist und die Energie der Linie sich gegenseitig durchdringen, so tun wir das nicht in der Absicht, uns vor der Welt zu schützen. Unsere Ergebenheit bringt uns vielmehr unserer eigenen Erfahrung und unserer Welt immer näher. Durch die Ngöndro-Schulung wächst in uns ein Gefühl von einfühlsamer Güte und Freundlichkeit. Dadurch können wir uns entspannen und die Welt wieder mal mit frischen Augen betrachten. Und jetzt sehen wir, dass das Leben auch unverkrampft und natürlich sein kann. Es gibt keinen Grund mehr, sich abzustrampeln, und allenthalben erfahren wir jetzt, dass eigentlich alles gut ist; so unglaublich viel Freiheit und Heiligkeit liegt in allem.

Wenn wir diese voraussetzungslose Heiligkeit erfahren, geht uns auf, dass wir in diesem Zustand der Freiheit nur bleiben können, wenn wir ganz in die Welt des Guru eintauchen: Diese Freiheit ist der Segen des Guru. Der Guru machte uns mit den Übungen vertraut, die zur Erfahrung der Freiheit führten, und der Guru ist selbst der Inbegriff dieser Freiheit. Wir erkennen sogar die nichtbedingte Heiligkeit der Welt als einen Widerschein dessen, was der Guru ist. Diese Erfahrung nennt man »heilige Weitsicht«, auf Tibetisch *Tag nang,* was wörtlich »reine Wahrnehmung« bedeutet. »Reinheit« verweist hier darauf, dass die Wahrnehmung durch nichts behindert und von nichts gefesselt ist. Und einer solchen Wahrnehmung stellt sich die Welt als heilig dar – als von Natur aus gut und bedingungslos frei.

Die fünf Buddha-Familien

Wenn wir die heilige Weitsicht gewonnen haben, können wir einen weiteren Schritt in die Vajra-Welt tun. Denn wo wir die nichtbedingte Heiligkeit der Welt tatsächlich erfahren, wird uns klar, wie treffend die Vajrayāna-Ikonographie die Wirklichkeit abbildet, wenn sie sie als heiligen Bereich, als Mandala des erleuchteten Geistes darstellt. Für die heilige Weitsicht stellt sich die phänomenale Welt als Ausdruck von fünf Erscheinungsformen der Energie dar: *Buddha, Vajra, Padma, Ratna* und *Karma.* Aus diesen sogenannten fünf Buddha-Familien besteht alles, was die phänomenale Welt ausmacht – wir selbst, die Menschen, die uns begegnen, die Jahreszeiten, die Elemente und alles andere. In der tantrischen Ikonographie bilden die Buddha-Familien ein Mandala mit dem Buddha in der Mitte und Vajra, Ratna, Padma und Karma in den vier Himmelsrichtungen.

Die einem Menschen eigene Lebensperspektive oder Grundhaltung lässt sich anhand einer oder mehrerer Buddha-Familien beschreiben. Jedes Buddha-Familien-Prinzip kann eine neurotische oder eine erleuchtete Ausprägung haben. Die mit einer bestimmten Buddha-Familie assoziierte Neurose wird durch den Disziplinierungsprozess der Shamatha-Vipashyanā-Meditation, durch die Schulung in tätigem Mitgefühl im Mahāyāna und vor allem durch die im Vajrayāna gewonnene heilige Weitsicht in ihre erleuchtete Form, das heißt in Weisheit umgewandelt. In ihrer erleuchteten Erscheinungsform sind die Buddha-Familien Manifestationen der Vajra-Freiheit.

Die Grundeigenschaft der Buddha-Energie ist offene Weite. In ihrer verblendeten Manifestation ist sie Unwissenheit, hier auch als das Meiden lebhafter oder unangenehmer Erfahrungen. Umgewandelt, wird diese Energie die Weisheit des allumfassenden Raumes. Das Buddha-Prinzip ist mit der Farbe Weiß assoziiert, und sein Symbol ist das Rad, Sinnbild dieser allumfassenden, offenen Natur.

Vajra, im Osten des Mandala,* hat die Farbe Blau. Sein Symbol ist das Vajra-Zepter, der Dorje, dessen fünf Zacken die Neurose des Ich-Bewusstseins durchbohren. Das Vajra-Zepter ist wie ein Donnerkeil, elektrisch und machtvoll. Die Vajra-Energie ist präzise und direkt. Sie bedeutet das Vermögen, eine Situation aus allen möglichen Blickwinkeln zu betrachten und sowohl die Einzelheiten der Erfahrung als auch den Zusammenhang, in dem die Dinge sich ereignen, richtig einzuschätzen. Die neurotische Form der Vajra-Energie sind Aggression und intellektuelle Fixierung. Wenn die intellektuelle Treffsicherheit der Vajra-Energie in ihre erleuchtete Form überführt wird, ist sie die »spiegelgleiche Weisheit«. Dem Vajra ist das Wasser-Element zugeordnet. In seiner neurotischen Form, Zorn, ist er wie trübes, aufgewühltes Wasser; sein Weisheitsaspekt ist wie das klare Spiegeln eines stillen Teichs.

Die Ratna-Familie im Süden trägt die Farbe Gelb. Ihr Symbol ist das Juwel, der Ausdruck von Reichtum. Ratna-Energie ist wie der Herbst, wenn Früchte und Korn reifen und die Bauern die Ernte feiern. Der Ratna-Familie ist das Erd-Element zugeordnet, Ausdruck der Festigkeit und Fruchtbarkeit. Die neurotische Form von Ratna ist Neid oder Hunger – alles haben und sich einverleiben wollen. Seine erleuchtete Erscheinungsform ist die »Weisheit des Gleichmuts«, denn Ratna bietet Raum für alle Erfahrungen und fördert den ihnen inne-

---

* Im traditionellen Mandala ist der Osten unten, der Süden links, der Westen oben und der Norden rechts.

wohnenden Reichtum zutage. Vom Hunger befreit, wird Ratna zum Inbegriff rückhaltloser Öffnung und Weitung.

Im Westen hat die Padma-Familie ihren Ort, der die Farbe Rot zugeordnet ist. Ihr Symbol ist der Lotos, der im Schlamm wurzelt und dessen wunderschöne, zarte Blüten sich an der Wasseroberfläche öffnen. Padma ist die Energie der Leidenschaft oder Verführung. Der neurotische Aspekt dieser Energie ist das An-sich-Reißen und Festhalten, die verblendete Form der Leidenschaft. Wenn die Leidenschaft befreit wird vom Haften am Objekt ihrer Begierde, wird sie die »Weisheit des unterscheidenden Gewahrseins« – dankbare Wertschätzung für jeden Aspekt und jedes Detail der Erfahrung. Der Padma-Familie ist das Feuer-Element zugeordnet. In ihrer verblendeten Form kann die Leidenschaft wie das Feuer nicht unterscheiden zwischen den Dingen, die es an sich reißt, verbrennt und zerstört. In der erleuchteten Form wird aus der Hitze der Leidenschaft die Wärme des tätigen Mitgefühls.

Karma, im Norden des Mandala, trägt die Farbe Grün. Sein Symbol ist das Schwert; es steht dafür, dass wir alles Zögern und alle Verblendung abschneiden und unsere Ziele treffsicher und ganz erreichen. Karma ist in seiner erleuchteten Form die »Weisheit des allesverwirklichenden Handelns«. Die neurotische Erscheinungsform der Karma-Energie ist Hass und Hast. Die Karma-Neurose möchte am liebsten eine uniforme Welt schaffen und hasst Schlamperei und Schlendrian. Wird Karma von seiner neurotischen Seite befreit, so ist es treffsichere Tatkraft ohne Hass und Kleinlichkeit. Der Karma-Familie ist das Wind-Element zugeordnet, Ausdruck dieses kraftvollen und energischen Handelns.

Wir erkennen diese Energien der Buddha-Familien an Menschen und Situationen, und wir sehen, dass Verblendung nicht unwiderruflich ist, sondern so gewandelt werden kann, dass sie ein Ausdruck der heiligen Weitsicht wird. Diesen Stand muss der Schüler erreicht haben, bevor der Meister die tantrischen Gottheiten oder Yidams einführen kann. Jeder Yidam gehört einer Buddha-Familie an und beherrscht einen Weisheitsaspekt dieser Familie. Die Buddha-Familien sind das Bindeglied zwischen der gewöhnlichen samsarischen Erfahrung und der strahlenden Erhabenheit der Yidam-Welt. Wenn wir die Prinzipien der Buddha-Familien erfasst haben, können wir die tantrischen Gottheiten als Verkörperungen der Energien der heiligen Welt erfassen und uns mit dieser Heiligkeit identifizieren. Dann sind wir soweit, dass wir Abhisheka, die Kraftübertragung, empfangen können; wir sind bereit für die Begegnung mit Vajrayoginī.

Abhisheka

Durch das Vajrayoginī-Abhisheka findet der Schüler Einlass in das Mandala der Vajrayoginī. Dadurch wird Vajrayoginī sein Yidam, Verkörperung seines Seins oder seiner grundlegenden Geistesverfassung. *Wangkur,* die tibetische Entsprechung des Sanskritwortes »Abhisheka«, bedeutet »Kraftübertragung«. Aufgrund der Ergebenheit des Schülers können sein Geist und der Geist des Vajra-Meisters einander begegnen. Und weil der Schüler sich dem Meister vollkommen öffnet, kann dieser ihm in der Abhisheka-Zeremonie die Kraft und Wachheit des Vajrayāna direkt übermitteln. Wenn wir uns die Geschichte der Vajrayoginī-Tradition in der Karma-Kagyü-Linie vergegenwärtigen, wird die Direktheit dieser Übermittlung offenkundig.

Das Vajrayoginī-Sadhana

Die uralte Zeremonie des Vajrayoginī-Abhisheka ist Bestandteil des Vajrayoginī-*Sādhana,* des Leitfadens der Vajrayoginī-Praxis. Es gibt eine ganze Reihe von Vajrayoginī-Sādhanas, von denen einige mit berühmten Namen verbunden sind, etwa Saraha, Nāgārjuna, Lūyipa, Jālandhara und Shavari. In der Karma-Kagyü-Tradition folgt man dem Vajrayoginī-Sādhana nach Tilopa, jenem indischen Mahāsiddha, der als Urahn der Kagyü-Linie gilt.

Den spirituellen Biographien zufolge studierte Tilopa (998–1069) zunächst viele Jahre lang die grundlegenden buddhistischen Lehren, bevor er nach Uddiyana, in die Heimat der *Dākinīs* oder weiblichen Yidams wanderte, um die Vajrayāna-Übermittlung zu erhalten. Er fand Einlass in den Palast der Dākinīs und empfing direkte Unterweisung durch Vajrayoginī selbst, die ihm als die große Königin der Dākinīs erschien. Vajrayoginī wird in der vorliegenden Arbeit als Essenz der Ichlosigkeit dargestellt, und so mag es uns ein wenig verblüffen, ihr hier in anthropomorpher Gestalt zu begegnen; so jedoch ist die Begegnung Tilopas mit der direkten Energie und Kraft Vajrayoginīs in der überlieferten Geschichte erzählt.

Naropa (1016–1100), der die mündliche Übermittlung der Vajrayoginī-Praxis von Tilopa erhielt, war ein großer Gelehrter an der Nalanda-Universität. Nach dem Besuch einer Dākini, die ihm als hässliche alte Hexe erschien, ging ihm auf, dass er den inneren Sinn der Lehren noch nicht erfasst hatte, und so machte er sich auf, um seinen Guru zu suchen. Nach langer Irrfahrt fand er Tilopa schließlich an einem See, in Lumpen gekleidet und Fischköpfe verzehrend. Trotz dieses äußeren Erscheinungsbildes erkannte Naropa ihn sofort als seinen Guru. Er blieb viele Jahre bei ihm und hielt schweren Prüfungen stand, bevor er schließlich die endgültige Ermächtigung als Linienhalter bekam.

Von Naropa führt die Linie der mündlichen Übermittlung der Vajrayoginī-Praxis weiter zu Marpa (1012–1097). Marpa, der erste tibetische Linienhalter, reiste dreimal nach Indien, um bei Naropa Unterweisung zu suchen. Bei seiner dritten Indienreise, so wird erzählt, begegnete er Vajrayoginī in der Gestalt eines jungen Mädchens. Mit einem kristallenen Hakenmesser schnitt sie sich selbst den Bauch auf, und Marpa sah in ihrem Bauch das Vajrayoginī-Mandala, umfangen von einem sich drehenden Mantra-Rad. In dem Augenblick erkannte er Vajrayoginī als die »Mutter des Zugleich-Erscheinens« – ein Ausdruck, auf den wir noch zurückkommen. Diese Erfahrung fand Eingang in die mündliche Vajrayoginī-Überlieferung, die bis auf den heutigen Tag besteht.

Marpa gab die mündlichen Unterweisungen für die Vajrayoginī-Praxis an Tibets großen Yogi Milarepa (1040–1123) weiter und dieser wiederum an Gampopa (1079–1153), einen großen Gelehrten und Praktizierenden, der die monastische Tradition der Kagyü-Linie gründete. Die größten seiner vielen Schüler gründeten die »vier großen und acht kleineren Schulen« der Kagyü-Tradition. Die Karma-Kagyü, eine der vier großen Schulen, wurde von Tüsum Khyenpa (1110-1193), dem ersten Karmapa und Hauptschüler Gampopas, gegründet. Seither haben stets Karmapas, sechzehn sind es bis heute, der Karma-Kagyü-Schule vorgestanden. Tüsum Khyenpa setzte die mündliche Weitergabe des Vajrayoginī-*Sādhana* fort, und so gelangte es zu Drogön Rechenpa (1088–1158); von ihm aus gelangte es über Pomdragpa zu Kharma Pakshi (1206–1283), dem zweiten Karmapa. Karma Pakshi gab das Vajrayoginī-Sādhana an Ugyenpa (1230–1309) weiter und dieser an Rangjung Dorje (1284–1339), den dritten Karmapa. Von Rangjung Dorje stammt die niedergeschriebene Fassung des auf Tilopa und Marpa zurückgehenden Sādhana, die heute noch in Gebrauch ist. Und dieses Sādhana dient uns nun hier als Grundlage für die Erörterung des Vajrayoginī-Prinzips.

Der erste Trungpa war ein Schüler des Siddha Trungmasé (15. Jahrhundert), der wiederum ein Schüler des fünften Karmapa, Teshin Shekpa (1384–1415), war. Als Naropa die Vajrayoginī-Lehren an Marpa weitergab, sagte er ihm, sie solle dreizehn Generationen lang nur jeweils von *einem* Meister an *einen* Schüler übermittelt werden und könne danach auch mehreren zugänglich gemacht werden. Diese Übermittlung trägt den Namen *Chig gyü*, Tradition der »einzelnen Linie« oder des »einzelnen Fadens«. Man nennt die Kagyü-Linie deshalb häufig auch »Linie des Hörens«. Trungmase empfing die vollständigen Belehrungen über Vajrayoginī, Chakrasamvara und den Vierarmigen Mahākāla, und diese wurden eine besondere Übermittlung. Da Trungmasé in der dreizehnten Generation stand, wurde er der erste Guru, der diese besondere Linie der *Mahāmudrā-Lehren* an mehr als einen Dharma-Nachfolger übermittelte, ja sogar weit verbreitete. Der erste Trungpa, Künga Gyaltsen, war einer der Schüler Trungmasés, der diese Übermittlung erhielt. Als der elfte Trungpa-Tulku empfing ich die Vajrayoginī-Übermittlung von Rölpé Dorjé, dem Abtsregenten des Klosters Surmang und einem meiner Hauptlehrer.

Seit ich 1970 nach Amerika kam, habe ich mich bemüht, den Buddhadharma und insbesondere die Vajrayāna-Lehren in der amerikanischen Erde zu verwurzeln. Seit 1977 erhalten alle meine Schüler, die die vorbereitenden Vajrayāna-Übungen abgeschlossen und sich einer intensiven Meditationsschulung unterzogen haben, das Vajrayoginī-Abhisheka. Heute (1980) gibt es in unserer Gemeinschaft über dreihundert Vajrayoginī-*Sādhakas* (Praktizierende des Sādhana); und natürlich gibt es noch viele Schüler anderer tibetischer Lehrer, die verschiedene Vajrayāna-Sādhanas praktizieren. Die Vajrayoginī-Abhisheka und -Sādhana sind heute also keine rein tibetische Erscheinung mehr, sondern haben ihren Platz in der Geschichte des Buddhismus im Abendland.

Die Abhisheka-Zeremonie

Das Vajrayoginī-Abhisheka gehört zur höchsten der vier Klassen von Tantra, dem *Anuttara-Tantra. Anuttara* bedeutet »höchstes«, »unübertreffliches« oder »unvergleichliches«. Das Anuttara-Tantra ist in drei Teile gegliedert: Mutter-Tantra, Vater-Tantra und Nichtduales Tantra. Für die Karma-Kagyü-Linie sind die Lehren des Mutter-Tantra, dem auch Vajrayoginī angehört, von besonderer Bedeutung.

Im Mutter-Tantra ist Hingabe der Ausgangspunkt für die Vajrayāna-Schulung. Um das Abhisheka zu empfangen, kommt es deshalb vor allem auf völlig ungeteilte Ergebenheit gegenüber dem Meister an. Durch das Abhisheka wird man in die Freiheit der Vajra-Welt eingeführt. Der Vajra-Meister verkörpert beim Abhisheka die Essenz dieser Freiheit, die auch die Essenz der Vajrayoginī ist. Er ist also nicht nur der Lehrer in seiner menschlichen Form, sondern repräsentiert auch den Yidam. Deshalb muss man sich beim Abhisheka sehr genau vor Augen halten, dass der Yidam und der Guru nicht zweierlei sind.

In der Tradition des Anuttara-Tantra erhält der Schüler ein vierfaches Abhisheka. Die gesamte Zeremonie, aber auch die vier Teile werden Abhisheka genannt, weil jede eine besondere Kraftübertragung oder Ermächtigung darstellt. Alle vier Abhishekas haben mit der Erfahrung der phänomenalen Welt als heiliges Mandala zu tun.

Vor dem ersten Abhisheka bekräftigt der Schüler noch einmal seine Zufluchts- und Bodhisattva-Gelübde. Seine innere Haltung muss die der liebevollen Güte gegenüber allen Wesen sein, ein aufrichtiger Wunsch, anderen zu nützen. Dann legt er das sogenannte Samaya-Gelübde ab, das Meister, Schüler und Yidam miteinander verbindet. Dazu gehört auch das Gelöbnis des Schülers, dass er seine Vajrayāna-Erfahrungen nicht anderen mitteilen wird, die nicht im Vajrayoginī-Mandala sind. Dann trinkt er zur Besiegelung seines Gelöbnisses aus einer Muschel, die auf dem Altar steht, das »Wasser des Samaya-Gelübdes«. Wenn er sein Gelübde bricht, heißt es, wird das Wasser zu geschmolzenem Eisen, das ihn von innen her verbrennt, so dass er augenblicklich stirbt. Hält er aber sein Gelübde und bleibt bei seiner Schulung, so wird das Wasser seine Erfahrung der strahlenden Herrlichkeit und Würde der Vajra-Welt weitertragen. (Auf das Samaya kommen wir im Anschluss an diesen Abhisheka-Teil zurück.)

Nach dem Samaya-Gelübde empfängt der Schüler das erste Abhisheka, das »Vasen-Abhisheka« *(kalasha-abhisheka)*, auch »Wasser-Abhisheka« genannt. Das Vasen-Abhisheka ist die symbolische Krönung des Schülers zu einem Prinzen bzw. einer Prinzessin – ein künftiger König oder eine künftige Königin des Mandala. Es bezeichnet den Übertritt des Schülers aus der gewöhnlichen Welt in die Welt des Tantra.

Das Vasen-Abhisheka hat fünf Teile, die auch wieder alle als Abhisheka bezeichnet werden. Im ersten Teil, ebenfalls Vasen-Abhisheka genannt, bekommt der Schüler aus einer Vase auf dem Altar, die *Tsobum* genannt wird, Wasser zu trinken. Die Tsobum ist die wichtigste Abhisheka-Vase, und sie dient dazu, dem Schüler Kraft zu übertragen. Der Text dazu lautet:

> *Wie der Buddha bei seiner Geburt*
> *von den Devas gebadet wurde,*
> *so werden wir mit reinem, göttlichem Wasser*
> *ermächtigt.*

Das Trinken des Wassers symbolisiert hier sowohl innere Läuterung als auch Ermächtigung. Der junge Prinz oder die Prinzessin müssen baden und neue Kleider anziehen, bevor sie den Thron besteigen können. Die fünf Vasen-Abhishekas stehen in Verbindung zu den fünf Buddha-Familien. Das erste Vasen-Abhisheka ist der Vajra-Familie zugeordnet. Dem Schüler wird ein fünfspitziges Vajra-Zepter dargeboten, Symbol seiner Fähigkeit, Aggression in spiegelgleiche Weisheit zu verwandeln.

Beim zweiten Vasen-Abhisheka, dem »Kronen-Abhisheka«, wird dem Schüler eine Krone dargeboten, die mit fünf Juwelen besetzt ist; die Juwelen stehen für die Weisheit der fünf Buddha-Familien. Als ein zuversichtlicher und fortgeschrittener Schüler wird er symbolisch gekrönt: Er ist würdig, seinen Platz im Vajrayoginī-Mandala einzunehmen. Das Kronen-Abhisheka ist mit der Ratna-Familie verbunden; deshalb wird dem Schüler außerdem ein Edelstein dargeboten, Symbol der Ratna-Weisheit des Gleichmuts. Man empfindet Bereicherung, ein Gefühl von Offenheit und Großzügigkeit – und

Zuversicht, dass man alle Ängste vor Bedrohung oder Armut überwinden wird.

Beim dritten Vasen-Abhisheka, dem »Vajra-Abhisheka«, wird dem Schüler ein neunspitziges Vajra-Zepter dargeboten, der Dorje. Der Vajra ist das Symbol der Unzerstörbarkeit und der reifen Geschicklichkeit im Umgang mit der phänomenalen Welt. Wenn der Schüler also den Vajra entgegennimmt, hat er das Mittel, mit dem er Hindernisse überwinden und die Vajra-Gesundheit verbreiten kann. Das Vajra-Abhisheka steht in Beziehung zur Padma-Familie: Der Vajra ist zwar machtvolles Zepter und tödliche Waffe, aber er schöpft seine Kraft aus tätigem Mitgefühl, Herzlichkeit und Großzügigkeit. Dem Schüler wird außerdem ein Lotos dargeboten, das Symbol der Padma-Familie; er steht für die Fähigkeit, die Anhaftungstendenz des Begehrens in die Weisheit des unterscheidenden Gewahrseins zu verwandeln.

Das Glocken-Abhisheka *(ghantā-abhisheka)* ist das vierte Vasen-Abhisheka. Wenn dem Schüler die Ghantā dargeboten wird, bedeutet dies, dass es ihm nicht nur um persönliche Verwirklichung geht, sondern er auch bereit ist, die Lehren zum Nutzen anderer zu verbreiten. Der durchdringende Klang der Ghantā bedeutet, dass die Vajra-Verkündigung der Wahrheit kein Hindernis kennt. Das Ghantā-Abhisheka steht in Beziehung zur Karma-Familie. Dem Schüler wird ein Schwert präsentiert, das Symbol der Karma-Familie. Es steht für die Weisheit des allesverwirklichenden Handelns, das neurotische Hast und Eifersucht überwindet.

Das letzte Vasen-Abhisheka ist das »Namens-Abhisheka«. Hier läutet der Vajra-Meister über dem Kopf des Schülers eine Ghantā, an der ein Vajra befestigt ist. Dabei erhält der Schüler einen tantrischen Namen, der ein Geheimnis ist. Dieser Name wird nicht allgemein bekannt gemacht wie ein gewöhnlicher Name; braucht sein Träger jedoch seine Kraft, etwa um jemanden zu erwecken, so sagt er seinen geheimen Namen als Invokation der Vajra-Natur. Das Verleihen des geheimen Namens ist der letzte Akt bei der Krönung des tantrischen Prinzen oder der tantrischen Prinzessin. Aufgrund seiner Schulung und seiner Ergebenheit gegenüber dem Meister steht dem Schüler der Name eines künftigen Königs beziehungsweise einer künftigen Königin zu – eine potentielle Meisterin oder Meister des Mandala. Der Schüler wird als künftiger Tathāgata anerkannt.

Das Namens-Abhisheka steht in Beziehung zur Familie des Buddha. Ein Gefühl von Weite und Offenheit stellt sich ein, wenn man seinen Platz im Vajra-Mandala einnimmt. Nach der Krönung wird dem Schüler ein Hakenmesser dargeboten, wie es Vajrayoginī in der rechten Hand hält. Jetzt wird der Schüler bei der Hauptgottheit des Mandala eingeführt und kommt mit Vajrayoginīs buddhagleicher Eigenschaft in Berührung, der Weisheit des allumfassenden Raumes. Vajrayoginī ist zwar von roter Farbe, Symbol ihrer weiblichen Güte und Leidenschaft, aber sie gehört eindeutig der Familie des Buddha an.

Wenn der Schüler das gesamte Vasen-Abhisheka erhalten hat, fühlt er, dass er innerlich einen großen Schritt getan und eine große Gelegenheit erhalten hat. Jetzt kann der Vajra-Meister die übrigen drei Abhishekas vornehmen. Wir wollen diesen Teil hier nur ganz kurz umreißen. Das zweite Abhisheka heißt »geheimes Abhisheka« *(guhya-abhisheka).* Der Schüler trinkt Amrita – eine Mischung aus alkoholischen und anderen Zutaten – aus einer Schädelschale auf dem Altar, und sein Geist verschmilzt mit dem des Meisters und des Yidam, so dass die Grenze zwischen Verblendung und dem

Zustand des Erwachtseins sich aufzulösen beginnt. Beim dritten Abhisheka, dem Abhisheka des Wissens und der Weisheit *(prajñājñāna-abhisheka)*, erfährt der Schüler eine große Freude, ein Einswerden mit der Welt. Das wird manchmal »die Vereinigung von Seligkeit und Leerheit« genannt, und gemeint ist damit das Entstehen von mehr Offenheit und einer umfassenderen Schau.

Das vierte Abhisheka *(chaturtha-abhisheka)* wird »Abhisheka der Soheit« genannt. Der Schüler erkennt, dass er sich nicht bei Vergangenheit, Gegenwart und Zukunft aufzuhalten braucht: Er könnte sich ganz einfach hier und jetzt erwecken. Sein Geist öffnet sich ganz und gar für die heilige Weitsicht, doch da ist niemand mehr, der »heilige Weitsicht« zur Schau stellen könnte. Der Handelnde und das Handeln fließen in eins zusammen, und bis auf den Grund erschüttert sieht man: Die Möglichkeiten des gewöhnlichen Bewusstseins verfliegen zu nichts.

Samaya

Das Prinzip des Samaya, des »heiligen Bandes«, gewinnt große Bedeutung, wenn wir das Abhisheka erhalten haben. Von der Definition des Yidam als »heilige Bindung des eigenen Geistes« war schon die Rede. Wenn wir ermächtigt werden, das Vajrayoginī-*Sādhana* zu praktizieren, nehmen wir dieses Samaya, diese Bindung, auf uns. Wir binden uns an unzerstörbare Wachheit und verpflichten uns, die heilige Weitsicht ein Leben lang zu wahren. Das geschieht dadurch, dass wir uns völlig mit der Vajra-Gesundheit unseres Meisters und unseres Yidam identifizieren. Man ist untrennbar zusammengebunden mit dem Meister und dem Yidam, und alles, unser Sein und unsere Geistesgesundheit, hängt davon ab, dass wir diese Verpflichtung nicht brechen.

Das heißt nicht, dass der Schüler gleich der Verdammnis anheimfällt, wenn er mal einen »bösen« Gedanken hat oder Spuren von Verblendung seinen Blick trüben. Wenn man das Abhisheka erhalten hat, ist man trotzdem immer noch unterwegs. Es heißt sogar, es sei schier unmöglich, das Samaya überhaupt nicht zu verletzen. Es ist wie ein Spiegel. Wie eifrig man ihn auch putzen mag, immer wieder sammelt sich Staub auf ihm, so dass man ihn erneut putzen muss. Mit dem Abhisheka nimmt man die Verpflichtung an, sich immer wieder augenblicklich auf die heilige Weitsicht zu besinnen – und das ist das Samaya. Wenn sich Schwierigkeiten einstellen, erinnern sie uns an die heilige Weitsicht und sind nicht einfach nur Hindernisse. Dieses Samaya, die Verpflichtung, alles in seiner Vajra-Natur als heilig zu erfahren, hat drei Aspekte: das Samaya des Körpers, der Mudrā-Aspekt; das Samaya der Rede, der Mantra-Aspekt; und das Samaya des Geistes, der Vajra-Aspekt.

Das Körper-Samaya beinhaltet, dass wir unsere äußere Lage stets als einen Ausdruck des Heiligen betrachten. Wir stellen die Heiligkeit der Welt nicht in Frage. Im Samaya der Rede wird dies erweitert auf sämtliche äußeren und inneren Aspekte der Erfahrung; auch der halbbewusste innere Dialog und alles emotionale Gewoge gehören dazu. Das Samaya des Geistes bezieht sich auf den unzerstörbaren Wachheitszustand des Vajra-Mandala, hier also des Vajrayoginī-Mandala. Keine Andeutung, nicht einmal die Möglichkeit von Neurose besteht hier mehr, weil die ganze Welt uns ein Teil jenes Mandala der Heiligkeit ist, in das wir eingetreten sind.

Interessanterweise bringt das Abhisheka sowohl ein Gefühl größerer Freiheit als auch ein Gefühl stärkerer Gebundenheit mit sich. Je mehr wir uns öffnen, loslassen, das Ich abschütteln, desto stärker fühlen wir uns der Welt der Geistesgesundheit verpflichtet. Das Abhisheka und der Eintritt in die Yidam-Praxis sind also ein sehr ernster Schritt. Eigentlich sollten wir sogar ein bisschen Angst davor haben, aber zugleich können wir es auch als die durch nichts aufzuwiegende Gelegenheit betrachten, die Chance unserer menschlichen Geburt zu verwirklichen.

Die Weisheit des Zugleich-Erscheinens

Die »Magie« der Vajrayāna-Tradition besteht in dem Vermögen, Verblendung augenblicklich in Weisheit umzuwandeln. Für das Vajrayāna gibt es nur *eine* echte magische Kraft *(siddhi* auf Sanskrit), nämlich die Fähigkeit, den eigenen Geist zu zähmen. Diese Auffassung von Magie oder Zauberkraft hat offensichtlich nichts zu tun mit der landläufigen Vorstellung von übernatürlicher Macht über die Welt. Wie wir im vorigen Abschnitt über die Samayas von Körper, Rede und Geist gesagt haben, sind Verblendung und Neurose, welcher Art auch immer, eine Gelegenheit, zur heiligen Weitsicht zu gelangen. Auf dem Pfad der Meditation beginnen wir damit, den Geist zu zähmen und die Kräfte der Verblendung zurückzudrängen. Im Mahāyāna erkennen wir die Leerheit des Ich und aller Phänomene; daraus erwächst tätiges Mitgefühl mit allen Wesen, die die Leerheit – und daher Freiheit – ihrer selbst nicht erfahren. Im Vajrayāna können wir Verblendung und Erleuchtung augenblicklich zur Einheit bringen und damit den Dualismus von Samsāra und Nirvāna vollkommen überwinden.

Die gleichzeitige Erfahrung von Verblendung und geistiger Gesundheit oder von Schlafen und Wachen – das ist die Weisheit des Zugleich-Erscheinens. Alles, was in uns vorgeht, jeder Gedanke, jede Empfindung, jede Emotion, ist sowohl schwarz als auch weiß, Ausdruck der Verblendung wie der Erleuchtung. Die Verblendung wird so klar gesehen, dass diese Klarheit selbst schon die heilige Weitsicht ist. Vajrayoginī wird auch »Mutter des Zugleich-Erscheinens« genannt. Das *Vajrayoginī-Sādhana* nach Tilopa trägt sogar den Titel *Das Sādhana der glorreichen Vajrayoginī, Mutter des Zugleich-Erscheinens.* Indem wir das Sādhana praktizieren und uns mit Körper, Rede und Geist des Yidam identifizieren, werden wir fähig, die Berührungsfläche des Zugleich-Erscheinens zwischen Verblendung und Erleuchtung zu erfahren. Dann können wir die Verblendung selbst als Zugang zu mehr Geistesgesundheit und Weisheit benutzen.

Visualisation

Die Ikonographie wird dem Schüler durch seine Visualisationsübungen bei der Vajrayoginī-Praxis vertraut. Diese Visualisationspraxis hat zwei Stadien, *Utpattikrama* (tibet.: *kyerim)* und *Sampannakrama* (tibet.: *dzogrim).* Utpattikrama bedeutet wörtlich »Entwicklungsstadium«, und Sampannakrama bedeutet »Erfüllungsstadium«. Utpattikrama ist das Visualisieren des Yidam, hier also Vajrayoginī. Bei der Selbstvisualisation visualisiert man sich selbst als der Yidam. Die Visualisation geht wie alle tantrischen Visualisationen aus Shūnyatā, der Leerheit, hervor. Der Text erläutert:

> *Alle Dharmas des Ergreifens und Anhaftens werden leer. Aus der Leerheit … erhebt sich der dreieckige Ursprung der Dharmas … Darauf ist die Natur meines Bewusstseins … Wie ein Fisch, der aus dem Wasser springt, trete ich im Körper von Jetsun Vajrayoginī hervor.*

Die Visualisation unserer selbst als der Yidam hat also die Erfahrung von Leerheit und Ichlosigkeit zur Grundlage. Aus der Leerheit erhebt sich der Ursprung der Dharmas, die abstrakte Form des Zugleich-Erscheinens; und darauf visualisiert sich der Übende selbst als der Yidam. Deshalb ist auch die Visualisationsübung selbst letztlich leer. Es geht bei ihr darum, mit dem Yidam identisch zu werden und die Gottheit als die nichtmanifestierte oder leere Manifestation der grundlegenden erleuchteten Natur zu erkennen. Die Gestalt des Yidam, einschließlich Kleidung, Ausstattung und Haltung, repräsentiert Aspekte des erleuchteten Bewusstseinszustands. Wenn man sich also selbst als flammende, rote junge Dame mit Knochenschmuck visualisiert, betätigt man sich keineswegs als Designer exotischer Modekreationen, sondern identifiziert sich selbst als Vajrayoginī, als die Verkörperung von Weisheit und tätigem Mitgefühl.

Die Selbstvisualisation als Vajrayoginī wird Samayasattva oder »heilige Bindung des eigenen Seins« genannt. Im Grunde ist das Samayasattva die Zusammenfassung der Samayas von Körper, Rede und Geist. Es bringt unsere Ergebenheit gegenüber dem Meister und den Lehren, aber auch unser Zutrauen zur Grundverfassung unseres Geistes zum Ausdruck.

Wenn die Samayasattva-Visualisation verwirklicht ist, versucht man eine andere Ebene des Seins oder der Erfahrung einzubeziehen, die *Jñānasattva* genannt wird. Jñāna ist ein

Zustand der Wachheit oder Offenheit, während Samaya eine Erfahrung der Gebundenheit ist, der festen Verwurzelung in der eigenen Erfahrung. *Jñāna* bedeutet »Weisheit« oder besser »Weise-sein«. Man bemüht sich, diese Weisheit und Wachheit in die noch unvollkommene eigene Visualisation einzulassen, so dass sich ein Gefühl von Offenheit und Humor in ihr ausbreitet.

Zum Abschluss der Visualisationsübung lässt man die Visualisation sich zurück in die Leerheit auflösen und meditiert oder ruht in diesem nicht-dualen Geisteszustand. Das ist das Sampannakrama- oder Erfüllungsstadium. In den tantrischen Texten heißt es, richtig verstanden seien Utpattikrama und Sampannakrama nicht grundlegend verschieden; für die Visualisation bedeutet dies, dass man die Sampannakrama-Erfahrung von Leerheit-Leerheit und die Utpattikrama-Erfahrung von Form-Leerheit nicht als zweierlei, sondern *zusammen* als Ausdruck für die Welt der Mutter des Zugleich-Erscheinens auffassen soll.

Sampannakrama ist der Shamatha-Vipashyanā-Meditation ähnlich; ohne Schulung in diesen Meditationsformen ist es sogar unmöglich, Sampannakrama zu üben. Sampannakrama ist ein Ausdruck der leeren Weite. Die Erfahrung des Vajra-Geistes von Vajrayoginī ist so tief und so unermesslich, dass aufsteigende Gedanken kein eigenes Gewicht bekommen: Sie sind kleine Fische im unendlichen Ozean des Raumes.

Vajrayoginī, Herrscherin der Begierde

Die symbolische Bedeutung von Vajrayoginī

Ikonographisches Detail	Symbol für
Hakenmesser	Neurotische Neigungen abschneiden. Auch Waffe des Nichtdenkens.
Mit Amrita gefüllte Schädelschale	Prajñā und die Berauschung extremer Überzeugungen.
Stab (Khatvānga)	Geschickte Mittel. Der Stab hat acht Seiten und repräsentiert den Achtfachen Pfad, wie von den Buddhas gelehrt.
a) Schärpe	ihre beiden Falten versinnbildlichen die Untrennbarkeit von Mahāyāna und Vajrayāna.
b) Drei Köpfe	Das Trikāya-Prinzip: Der obere Kopf, ein Schädel, repräsentiert den Dharmakāya; der mittlere gehört zu einem verwesenden Leichnam und repräsentiert den Sambhogakāya; der untere ist frisch abgeschlagen und repräsentiert den Nirmānakāya.
Schweinskopf (meist über dem rechten Ohr abgebildet)	Vajra-Nichtwissen oder Nichtdenken.
Haar aufwärts strebend	Die Raserei der Leidenschaft. (Wenn Vajrayoginīs Haarlocken auf die Schultern herabfällt, ist das ein Symbol ihres Bodhicittas. Hier liegt die Betonung mehr auf dem rasenden Aspekt.
Krone aus fünf Schädeln	Die Weisheit der fünf Buddha-Familien.
Drei Augen	Sie kennt Vergangenheit, Gegenwart und Zukunft. Auch Vajrayoginīs allwissende Schau.

Ikonographisches Detail	Symbol für
Rasender Ausdruck, die Reißzähne gebleckt und in die Unterlippe gepresst	Sie wütet gegen die Māras.
Halskette aus frisch abgeschlagenen Köpfen	Die 51 Samskāras, im Nichtdenken vollkommen befreit.
Ein Gesicht	Im Dharmakāya sind alle Dharmas von einem Geschmack.
Knochen-Schmuck: Kopfschmuck, Ohrringe, Halskette, Gürtel, Arm- und Fußreifen	Vollendung in den 5 Pāramitās Gebefreudigkeit, Disziplin, Geduld, Bemühen, Meditation.
Zwei Arme	Einheit von Upāya und Prajñā.
Das linke Knie gebeugt, das rechte Bein erhoben	Nicht in den Extremen von Samsāra und Nirvāna weilend.
Leichnam-Sitz	Tod des Ich.
Sitz aus Sonnen- und Mondscheibe (hier nur Sonne abgebildet)	Sonne: Weisheit; Mond: tätiges Mitgefühl.
Lotos-Sitz	Spontane Geburt der Erleuchtung.
Farben: Vajrayoginī rot und mit flammenden Lichtstrahlen	In rasendem Zorn gegen die Horden Māras. Auch Prajñāpāramitā.
Nicht abgebildet: Halskette aus roten Blüten	Vollkommenes Nicht-Anhaften.

Das Vajrayoginī-Prinzip und seine Ikonographie

Wenn wir den folgenden im Sādhana enthaltenen Lobpreis an Vajrayoginī näher betrachten, wird uns vielleicht deutlich, welche Beziehung zwischen dem Vajrayoginī-Prinzip und der Vajrayoginī-Ikonographie besteht. Der Text beginnt:

Bhagavāti Vajrayoginī,
Verkörperung der Vajra-Leerheit,
lodernd vom kalpa-endenden Feuer, den
erschreckenden Laut HUM *auf den Lippen –*
Wir werfen uns nieder vor Vajra-Chandali.

Bhagavāti bedeutet »Erhabene«. Diese Strophe beschreibt Vajrayoginī als die anthropomorphe Form von Shūnyatā, als »Verkörperung der Vajra-Leerheit«. Dann werden ihre feurigen Eigenschaften der Leidenschaft und kosmischen Lust gepriesen. Vajrayoginī wird in roter Farbe und mit flammenden Lichtstrahlen dargestellt, was hier als »lodernd vom kalpa-endenden Feuer« geschildert wird. Das ist das Wesen der Padma-Familie, die neurotische Leidenschaft in allesverzehrendes Mitgefühl verwandelt. *Kalpa* bedeutet »Zeitalter«. Das »kalpa-endende Feuer« ist in der indischen Mythologie eine Explosion der Sonne, die das Sonnensystem verbrennt und damit das Kalpa beendet. Mit diesem Feuer wird Vajrayoginīs strahlende und verzehrende Leidenschaft verglichen. Der »erschreckende Laut HUM« steht für die Raserei ihrer Leidenschaft, die für das Ich erschreckend ist. *Chandali* (tibetisch *tummö)* ist die yogische Wärme, die kosmische Wärme, in der yogischen Praxis und meint wieder das Vajrayoginī-Prinzip einer Leidenschaft, die von allen Gewohnheitsneigungen frei ist. Solche Leidenschaft ist von ungeheurer Kraft; sie strahlt ihre Wärme in alle Richtungen aus. Sie fördert einerseits das Wohl der Lebewesen und verbrennt andererseits die neurotischen Tendenzen des Ich. Der Lobpreis fährt fort:

Dein Schweinsgesicht verkündet das Nichtdenken,
den unwandelbaren Dharmakāya,
und so tust du den Wesen Gutes mit furchterregendem
Mitgefühl;
du verwirklichst ihr Wohl mit schreckenerregender
Ausrüstung.
Wir werfen uns nieder vor dir, die du die Wesen im
Nichtdenken förderst.

Das Nichtdenken ist ein wichtiger Aspekt des Vajrayoginī-Prinzips. Es ist die Erfahrung des vollkommen vom gewohnheitsmäßigen Plappern des Ich befreiten Geistes: befreit von Gier und Verhaftung, die alle neurotischen Denkmuster entstehen lassen. Solange Aggression und Wildheit des Geistes nicht durch Meditation bereinigt sind, ist es völlig ausgeschlossen, das Nichtdenken als eine Möglichkeit des eigenen Geistes zu erfahren.

Vajrayoginī wird häufig mit einem Schweinskopf über dem rechten Ohr abgebildet. Wenn sie dieses Zeichen trägt, wird sie Vajrayvarāhi genannt, »Vajra-Sau«. Das Schwein steht in der Tradition für Unwissenheit und Dummheit. Hier jedoch symbolisiert der Schweinskopf die Umwandlung von Unwissenheit oder Verblendung in Vajra-Nichtwissen – in das Nichtdenken oder die vollkommene Offenheit des Geistes. Dieser

Textabschnitt setzt das Nichtdenken dem *Dharmakāya* gleich; diesen Begriff können wir hier annähernd mit »ursprünglicher Geist des Buddha« übersetzen. Und in der Praxis des Vajrayoginī-*Sādhana* geht es ebendarum, diesen ursprünglichen Nicht-Bezugspunkt zu realisieren. Nicht das Abschneiden der unmittelbaren Gedanken ist also das Hauptziel, sondern das Abschneiden der Gewohnheitsneigungen und damit der Wurzeln des diskursiven Denkens.

Die »schreckenerregende Ausrüstung«, von der hier die Rede ist, meint vor allem die Halskette aus frisch abgeschlagenen Köpfen, die Vajrayoginī trägt. Sie trägt diese Halskette, wie es im Sādhana heißt, »weil die einundfünfzig Samskāras vollständig geläutert sind«. *Samskāras* sind »Formkräfte«, und damit ist hier das begriffliche Denken angesprochen. Die Halskette aus Köpfen sagt also, dass alle gewohnten Begriffe und Vorstellungen im Nichtdenken bereinigt oder ausgelöscht sind.

Weiter heißt es:

Furchtbare Göttin, die du das Unpassende vernichtest,
mit deinen drei Augen und gebleckten Reißzähnen –
der absolute Trikāya –
dein entsetzlicher Schrei schneidet die Kleshas ab.
Wir werfen uns nieder vor dir, die du die Māras
überwältigst und unterwirfst.

Vajrayoginī wird häufig die Unterwerferin der *Māras,* der Kräfte weltlicher Verblendung und Verstrickung, genannt. In den Geschichten von der Erleuchtung des Buddha wird erzählt, dass Māra, »der Böse« oder »Versucher«, diese Erleuchtung verhindern wollte und zuerst Scharen von Teufeln und schließlich seine vier verführerischen Töchter, die Māras, sandte, um Shākyamuni zu versuchen; er hielt allen stand und wurde der Buddha, »der Erwachte«. Vajrayoginī als Überwinderin der Māras, das zielt also letztlich auf die Überwindung des Ich. Und natürlich ist Vajrayoginī für das Ich »furchtbar«, da sie in ihrer klaren Wachheit so treffsicher und unnachsichtig ist. An einer anderen Stelle heißt es im Sādhana: »Mit rasender Miene, um die vier Māras zu bezwingen, beißt sie sich selbst mit den Reißzähnen in die Unterlippe.« Auch dies unterstreicht Vajrayoginīs grimmige Wildheit.

Vajrayoginīs drei Augen bedeuten, dass nichts ihrem Blick entgeht und das Ich sich nirgends verstecken kann. Im Sādhana heißt es auch: »Da sie Vergangenheit, Gegenwart und Zukunft kennt, rollt sie ihre drei zornigen blutunterlaufenen Augen.«

Sie wird hier »der absolute Trikāya« genannt, weil ihre Weisheit und ihre geschickten Mittel sich auf allen Ebenen von Körper und Geist manifestieren – auf der *Dharmakāya-Ebene* des absoluten, ursprünglichen Geistes, auf der *Sambhogakāya-Ebene* der Energien, Emotionen und Symbole und auf der *Nirmānakāya-Ebene* der manifesten Form oder des Körpers. Trikāya bezieht sich auch auf Körper, Rede und Geist des Praktizierenden, nämlich die Ebenen des stofflichen Körpers, der Emotionen und Begriffe und der offenen Weite, die der Geist im Grunde ist. Vajrayoginī vereinigt alle diese Ebenen und lässt den Māras keinen Ort, an dem sie sich verstecken könnten.

Die *Kleshas,* die durch Vajrayoginīs entsetzlichen Schrei abgeschnitten werden, wie es im Text heißt, sind Trübungen oder Verdunkelungen des Geistes, hervorgerufen durch konfliktbeladene oder neurotische Emotionalität. Die fünf Kleshas sind Leidenschaft, Aggression, Verblendung, Missgunst und Hochmut. Sie alle überwindet das Vajrayoginī-Prinzip.

Die nächste Strophe lautet:

Nackt, das Haar gelöst, von makelloser, erschreckender Gestalt,
unbefleckt von den Kleshas zum Wohl der Wesen wirkend,
führst du die Wesen mit deinem Haken des Mitgefühls
aus den Sechs Bereichen.
Wir werfen uns nieder vor dir, die du das Buddha-Wirken
vollbringst.

Vajrayoginī ist nackt, weil sie völlig unberührt ist von der Klesha-Neurose: Sie hat keinen Ich-Panzer. Deshalb kann sie »zum Wohl der Wesen wirken« und ihnen mit absolutem Mitgefühl begegnen. Der »Haken des Mitgefühls« bezeichnet ihr Hakenmesser, mit dem sie die Lebewesen aus den Leiden der Sechs Bereiche, aus Samsāra, in die Vajra-Welt hinaufhebt. Deshalb vollbringt sie ein Wirken, das von karmischen Verunreinigungen frei ist – das »Buddha-Wirken«, das Wirken des vollkommenen Erwachtseins.

Auf dem Bestattungsplatz wohnend, Rudra und
seine Frau unterwerfend,
rasend, fürchterlich, den Laut PHAT *ausstoßend,*
nützt du den Wesen mit tätigem Mitgefühl und
geschickten Mitteln.
Wir werfen uns nieder vor der Rasenden, die die Māras
unterwirft.

Der »Bestattungsplatz« bezeichnet hier grundsätzlich den Raum, in dem es Geburt und Tod, Verblendung und Erwachen gibt – den Raum des Zugleich-Erscheinens. Vajrayoginī ist kein ätherisches Prinzip; sie wohnt im Herzen des samsarischen Chaos, das auch das Herz der Weisheit ist. »Rudra und seine Frau« bezieht sich auf das Ich und seine Ausschmückungen, die Vajrayoginī vollkommen unterwirft. Sie ist, wie es weiter oben hieß, die »furchtbare Göttin, die das Nichtige vernichtet«; deshalb ist sie »rasend und fürchterlich und stößt den Laut PHAT aus«, die Silbe der Unterwerfung, der Zerstörung von Ich-Verhaftung, der Verkündigung der Vajra-Wahrheit. Aber sie besitzt auch Geschicklichkeit und ist voller tätigem Mitgefühl, und diese Eigenschaften zusammen machen sie zur Unterwerferin der Māras.

Du hast die höchste Dharmatā verwirklicht und den Tod
verbannt.
Auf einem Sitz aus Leichnam, Sonne, Mond und Lotos
ist deine rasende Gestalt verschönert mit all dem Schmuck.
Wir werfen uns nieder vor dir, die du alle guten
Eigenschaften vervollkommnet hast.

In der tantrischen Ikonographie sind Lotos, Sonnenscheibe und Mondscheibe die Dinge, aus denen der Sitz des dargestellten Buddha oder Yidam gebildet ist. Der Lotos ist ein Symbol der Reinheit, und er steht auch für die Geburt der Erleuchtung inmitten einer Welt verblendeten Daseins. Die Sonne symbolisiert Jñāna oder Weisheit, der Mond Bodhicitta oder Mitgefühl. Der Umstand, dass Vajrayoginī außerdem auf einem Leichnam steht, macht deutlich, dass sie eine halbrasende Gottheit ist. Es gibt in der tantrischen Ikonographie friedvolle, halbrasende und rasende Yidams. Die friedvollen Gottheiten repräsentieren die Energie des Befriedens und Zähmens, während die halbrasenden und die rasenden Yidams sich ganz direkt und sehr nachdrücklich der Leidenschaft, Aggression und Verblendung annehmen – sie werfen sie augenblicklich nieder und zertrampeln sie.

Der Leichnam symbolisiert den Tod des Ego und zeigt, dass Vajrayoginī den Tod »verbannt« hat. »Höchste Dharmatā« ist hier in Verbindung mit Vajrayoginīs Haltung zu sehen. In einem früheren Abschnitt des Sādhana heißt es: »Da sie nicht in den Extremen von Samsāra und Nirvāna weilt, steht sie auf einem Sitz aus Lotos, Leichnam und Sonnenscheibe, das linke Knie gebeugt, das rechte Bein zur Tanzhaltung erhoben.« »Höchste Dharmatā« meint das Transzendieren der Dualität (der »Extreme«) von Samsāra und Nirvāna durch die Weisheit des Zugleich-Erscheinens: das Zugleich des verblendeten und des erleuchteten Zustands sehen. Dharmatā ist der »Dharma-Zustand«, das heißt die vollkommene Verwirklichung des Dharma, die sich im Sehen der »Istheit« oder »Soheit« des Wirklichen bekundet.

Diese Strophe erwähnt auch den Schmuck, der Vajrayoginīs »rasende Gestalt verschönert«. Gemeint sind ihr Kopfschmuck und ihre Ohrringe aus Knochen, ihre Halskette, ihr Gürtel, ihre Arm- und Fußreifen. Sie stehen für Vajrayoginīs Vollkommenheit in den fünf Pāramitās Gebefreudigkeit, Disziplin, Geduld, Bemühen und Meditation. Die Vervollkommnung der sechsten Pāramitā, Prajñā, ist hier nicht eigens als Schmuck dargestellt, weil Vajrayoginī selbst der Inbegriff der Prajñā ist. Deshalb wird sie auch Prajñāpāramitā genannt. Von Prajñā als der Erfahrung von Shūnyatā war bereits die Rede. Auf der Prajñāpāramitā-Ebene ist Prajñā die vollkommene nichtduale Erkenntnis, die alles Haften, sei es an Existenz oder Nichtexistenz, durchtrennt. Prajñāpāramitā wird auch »Mutter aller

Buddhas« genannt: Alle Buddhas der Vergangenheit, Gegenwart und Zukunft gehen aus dieser makellosen Erkenntnis hervor, die die Natur aller Dinge als Shūnyatā offenbart. In einem früheren Abschnitt des Sādhana wird Vajrayoginī als Prajñāpāramitā gepriesen:

Prajñāpāramitā, nicht zu erfassen durch Rede oder Denken,
ungeboren, ohne Ende, von einer Natur wie der Himmel,
nur durch die Weisheit des unterscheidenden Gewahrseins
zu erfahren –
Mutter der Siegreichen der drei Zeiten, wir preisen dich
und werfen uns nieder.

In unserem Textteil lautet die nächste Strophe:

Hakenmesser, Schädelschale und Khatvānga in den
Händen haltend,
besitzt du das Licht der Weisheit, das die Kleshas abschneidet.
Als der spontane Trikāya schneidest du die drei Gifte ab.
Wir werfen uns nieder vor dir, die du zum Wohl der Wesen
wirkst.

Die zweite Zeile geht noch einmal auf das Vajrayoginī-Prinzip als Prajñāpāramitā ein, die Weisheit des unterscheidenden Gewahrseins.

Wir sprachen schon von Vajrayoginīs Hakenmesser als »Haken des Bodhicitta«. Es ist auch eine Waffe, die man benutzt, um die Täuschungen des Ich zu durchschneiden. In der Linken hält Vajrayoginī eine Schädelschale oder *Kapāla,* die mit Amrita gefüllt ist, Sinnbild des Prinzips, extreme Überzeugungen zu »berauschen«. Die mit Amrita gefüllte Schädelschale ist auch ein Symbol der Weisheit. Der Khatvānga ist der Stab, den Vajrayoginī an die Schulter gelehnt trägt. Er ist das Zeichen ihrer geschickten Mittel, aber auch das geheime Symbol ihres Gefährten Chakrasamvara, der die Essenz der geschickten Mittel ist.

Auf dem Khatvānga sind drei Häupter zu erkennen; sie stehen für das in dieser Strophe erwähnte Trikāya-Prinzip. Vajrayoginī wird hier »der spontane Trikāya« genannt, weil das strahlende Leuchten ihrer Weisheit alle Ebenen der Erfahrung umfasst. Aufgrund der Universalität ihrer Weisheit kann sie zum Nutzen aller Wesen die drei Gifte Leidenschaft, Aggression und Verblendung unwirksam machen.

Selbstgeborene große Glückseligkeit, o Vajrayoginī,
unwandelbarer Weisheits-Vajra des Dharmakāya,
Nichtdenken, nichtbedingte Weisheit, absoluter
Dharmadhātu –
wir werfen uns nieder vor deiner reinen, nicht-dualen Form.

Auch diese Strophe preist Vajrayoginī als Essenz der Weisheit, der ursprüngliche »Weisheits-Vajra des Dharmakāya« und die noch ursprünglichere »nichtbedingte Weisheit« des »absoluten Dharmadhātu«; diese Weisheit ist vollkommen nichtdual. Darüber hinaus zeigt diese Strophe die Zusammengehörigkeit von Weisheit und Glückseligkeit. *Mahāsukha,* die »große Glückseligkeit«, ist »selbstgeboren«, also nicht erschaffen oder vom begrifflichen Geist erzeugt.

Mahāsukha ist tatsächlich eine totale körperliche und seelische Glückserfahrung, hervorgerufen durch den Zustand des Nichtdenkens, vollkommen frei von allen diskursiven Gedanken. Man wird eins mit dem nicht-dualen Zustand des Erwachtseins. Diese Erfahrung ist die Erfüllung der Vajrayoginī-Praxis; sie erwächst aus der vollkommenen Identifikation mit dem Weisheitsgeist des Yidam. Den Schriften zufolge sind Mahāsukha und Weisheit nicht voneinander zu trennen; und da Vajrayoginī die Essenz der Weisheit ist, führt die Vajrayoginī-Praxis zur Erfahrung der selbstgeborenen großen Glückseligkeit.

In der nächsten Strophe lautet die dritte Zeile:

Selbstgeborene große Glückseligkeit, du bist die
unübertreffliche Mahāmudrā.

Auch damit ist Vajrayoginī gemeint. Die Erfahrung von Mahāsukha und Weisheit oder von Glückseligkeit und Leerheit ist zugleich auch die Verwirklichung der *Mahāmudrā,* die den Höhepunkt der Tradition des Anuttara-Tantra darstellt. *Mahā* bedeutet »groß«, und *Mudrā* bedeutet »Zeichen« oder »Geste«. Im Mahāmudrā-Zustand erfährt man die buchstäbliche Wahrheit, die symbolische Wahrheit und die absolute Wahrheit als ein und dasselbe, als vollkommen gleichzeitig und zusammenfallend. Man erfährt die Wirklichkeit als das große Symbol, das für sich selbst steht.

Die Glückseligkeit des Mahāmudrā-Zustands ist weniger ein Lustgefühl als vielmehr die Erfahrung von ungeheurer Weite und Freiheit: Man durchschaut die Dualität des Daseins und erkennt, dass die Essenz der Wahrheit, die Essenz des Raumes, hier und jetzt gegeben und erreichbar ist. Die Mahāmudrā-Freiheit ist unermesslich, unaussprechlich, unauslotbar. Solch unauslotbarer Raum und vollkommene Freiheit lösen eine unbeschreibliche Freude aus. Diese Freude ist nicht bedingt, nicht einmal durch die Erfahrung der Freiheit: Sie ist selbstgeboren, gleichsam naturgegeben.

Ausblick

Was hier erörtert wurde, mag teilweise ziemlich schwer zu verstehen sein. Und das muss auch so sein, denn die Vajrayāna-Erfahrung gewinnt man nicht aus Büchern. Der einzige Zugang zur Vajra-Freiheit besteht darin, den Buddha-Dharma, wie er seit der Zeit des Buddha bewahrt und gelehrt wurde, tatsächlich zu praktizieren.

Ich bin sehr froh über diese Gelegenheit, das Vajrayāna und das Vajrayoginī-Prinzip authentisch und gründlich darlegen zu können. Doch wer wirklich etwas für sich selbst und andere tun möchte, der setze sich hin und widme sich der Verblendung seines eigenen Geistes. Das ist eine sehr, sehr einfache Sache, und weil sie so einfach ist, übersieht man diese Möglichkeit so leicht.

Ich hoffe, dass diese Arbeit ihnen einen Einblick in die Vajrayāna-Welt gibt und etwas von ihrer Größe und Heiligkeit vermittelt. Chancen, diese Heiligkeit zu entdecken, gibt es in unserem Leben ständig. Die Gutheit und Freundlichkeit der Welt sind immer da – wir müssen sie nur sehen und würdigen. Das ist kein Mythos; es ist Tatsache. Wir können Vajrayoginī jederzeit erfahren, wenn wir nur den Mut aufbringen, unsere grundlegende Wachheit zur Kenntnis zu nehmen und die Größe dessen zu erfassen, was unser Erbe als Menschen ist.

Ewig strahlend, vollkommen leer:
Vajra-Tänzerin, du Mutter aller,
ich verneige mich vor dir.
Die Essenz aller Wesen lebt als Vajrayoginī.
Aus dem Milchmeer ihrer Segnungen
wird gute Butter geschlagen,
dem Würdigen zum Preis.
Möge einem jedem ewige Freude
am Lotosgarten der Mutter des Zugleich-Erscheinens
zuteil werden.

Dritter Teil

Miteinander leben

8

Beziehungen*

»Es wird Zeit, dass die Idee der Beziehung in die Brüche geht. Wenn wir erkennen, dass Leben Ausdruck des Todes und Tod Ausdruck des Lebens ist, dass Kontinuität nicht ohne Diskontinuität sein kann, dann gibt es keinen Grund mehr, sich an das Eine zu klammern und das Andere zu fürchten. Da ist kein Terrain mehr für den Tapferen und den Feigen. Beziehung ist dann das Fehlen von jedem Bezugspunkt.«

Ewigkeitshoffnung

»EWIGKEIT« GEHÖRT ZU DEN VORSTELLUNGEN, die uns lieb und wert sind, weil sie uns Mut machen. Da es Ewigkeit gibt, wird es wohl auch ewige Kommunikation geben. Irgendein endloses Weitergehen wird da sein, das den Dingen einen

* Verfasst während der Klausur in Charlemont, Massachusetts, 1972

Sinn gibt: ein spiritueller Hintergrund voller transzendenter Zukunftsaussichten.

Wir merken kaum, wie dieses Hintergrundgefühl unsere Sicht von Beziehungen beeinflusst. Wenn wir auf der Schule einen guten Freund gewinnen, nehmen wir wie selbstverständlich an, dass diese Freundschaft immer so weitergehen wird. Es mag fünfzehn Jahre her sein, dass wir mit einem Freund eine Hütte gebaut haben, aber immer noch begehen wir unsere Kameradschaft feierlich und gehen immer wieder durch, wie gut uns doch das Holzgerüst und die Eckverbindungen damals gelangen, was für Nägel wir benutzten und so weiter.

Viele Beziehungen entstehen aus gemeinsamem Schmerz oder gemeinsamen Aufgaben. Und wir bauschen diesen Schmerz oder diese Aufgabe auf, so dass sie ein Unterpfand unserer Beziehung werden. Oder wir begegnen jemandem unter dem Gesichtspunkt eines lebhaften gemeinsamen Interesses: Es scheint keinerlei Verständigungsschwierigkeiten zu geben, alles läuft wie geschmiert, und wir sonnen uns darin, als hätten wir einen gemeinsamen Gegner abgewehrt. In beiden Fällen jedoch, ob nun Schmerz oder zwangloses Gelingen uns verbindet, bekommt unsere Beziehung etwas Legendäres.

»Gute Freunde«, das impliziert »für immer«. Du erwartest einfach von dem Menschen, dem du dich so verbunden fühlst, dass er Honig auf dein Grab träufelt – sonst würdest du dich hintergangen fühlen. Ständig legst du dich ins Zeug, diese ewige Freundschaft schön zu halten, und das wird ziemlich strapaziös für die Beziehung. Doch genau das ist das Beziehungsmodell theistischer Traditionen wie etwa des Christentums oder Hinduismus. Wenn man solche Beziehungen lebt, handelt man dann nicht wie von Gott geboten, und nähert man sich nicht dem Beispiel der Liebe Gottes, die ja ewig ist?

Die Idee der Ewigkeit ist ein Missverständnis; wir benutzen sie als Ausdruck für die Tiefe unserer Beziehung, unserer unsterblichen Freundschaft. Wir nehmen gern an, dass irgend etwas für immer weitergehen wird, und das verehren wir, wie jemand vielleicht ein Stück rostigen Zaundraht verehrt, von dem es heißt, es habe bei irgendeiner berühmten Schlacht an einem Zaun gehangen. Wir verehren den scheinbaren Ewigkeitswert der Dinge mehr als ihre Tiefe. Seltsamerweise macht aber die Wahrheit der Vergänglichkeit dann doch eine sehr tiefe Aussage daraus.

In Gesellschaften, die – außer vielleicht auf der ganz volkstümlichen Ebene – von der nicht-theistischen Sicht geprägt sind, etwa in buddhistischen oder konfuzianistischen Gesellschaften, ist Beziehung eher eine Sache des guten Benehmens und der Redlichkeit als der Versuch, einem ewigen göttlichen Vorbild nachzueifern. Hier ist zwar weniger Schuldgefühl, aber doch noch Rechtschaffenheits- und Gerechtigkeitsdenken. Menschliche Beziehungen haben etwas von Geschäften nach dem uralten Prinzip des Tauschhandels an sich. Man feilscht hier nicht um monetäre Einheiten, sondern wertvolle Naturalien müssen gegeben und wertvolle Naturalien dafür entgegengenommen werden. Doch da steht immer noch die Ewigkeit im Hintergrund, die Verehrung uralter Beziehungsmodelle.

Todesfurcht

Gefährdet wird diese Ewigkeitsidee durch alle Entwicklungen – zum Guten oder Schlechten –, die eine Beziehung ganz von selbst und unabhängig von unserem Wollen nimmt. Eine Ahnung von unausweichlichem Chaos und Tod kommt dann auf. Da wir die unabhängige, spontane Entwicklung der Beziehung fürchten, versuchen wir unsere tatsächlichen Emotionen und unser eigenes Wollen zu ignorieren. Bei eher mutigen Menschen geschieht das halbbewusst; sie legen der Beziehung ein Dogma zugrunde oder sehen eine Art Mission in ihr, die zu erfüllen ist. Eher feige Menschen ziehen sich durch einen unbewussten Trick aus der Affäre.

Im allgemeinen tut sich die mutige Strategie beim Aufbau einer »idealen« Beziehung schwerer als die feige. Dieser dogmatische Ansatz hat nur solange Bestand, wie es ihm gelingt, dem Freund oder Partner eine fundamental unlogische Position irgendwie logisch plausibel zu machen. Ständig muss an diesem erhabenen Bauwerk ausgebessert werden, damit es nicht zusammenbricht. Die weniger Mutigen, aber Findigeren leisten die ganze Verdrängungsarbeit, ohne es je zu einer Konfrontation über wirklich wichtige Dinge kommen zu lassen. Sie verteilen die unterschwellige Todesahnung auf tausend unverfängliche Dinge: Der Partner dreht die Ketchupflasche nicht ordentlich zu oder drückt am falschen Ende auf die Zahnpastatube. Alle Schuld liegt in diesen nichtigen Dingen.

Trotz unseres philosophischen oder religiösen Ewigkeitsglaubens, werden wir dieses Gefühl von Todesbedrohung, vom Untergang unserer Beziehung nie ganz los. Und ob wir mutig sind oder nicht, wir sitzen in dieser Situation fest und basteln an einem ewigen Flickwerk, um zu überleben.

Jenseits von Hoffnung und Furcht

Allzu viel Aufheben um unsere Beziehungen ist tödlich – wie wenn man eine Zwiebel schneidet und dabei mehr auf den Schneidenden als auf das Schneiden selbst achtet; wie schnell geht der Schnitt da in den Finger. Wenn uns das klarzuwerden beginnt, sind wir zunächst wie erschlagen vom ganzen Ausmaß unserer Hilflosigkeit. Ansichten nützen hier gar nichts – sie sind nur leere Schale. Der naive theistische Ewigkeitsglaube und die humanistische Idee des guten Benehmens und der Würde sind beide nur Teil eines Gesellschaftsspiels, das mit der tatsächlichen Lage wenig zu tun hat. Ihre Maximen, etwa »Geduld ist eine Tugend« oder »lieber tot als ehrlos« sind nichts als pure Konvention.

Es wird Zeit, dass die Idee der Beziehung in die Brüche geht. Wenn wir erkennen, dass Leben Ausdruck des Todes und Tod Ausdruck des Lebens ist, dass Kontinuität nicht ohne Diskontinuität sein kann, gibt es keinen Grund mehr, sich an das Eine zu klammern und das Andere zu fürchten. Da ist kein Terrain mehr für den Tapferen und den Feigen. Beziehung ist dann das Fehlen von jedem Bezugspunkt.

Man mag nun denken, dass solche Beziehungen nur etwas für spirituell hochentwickelte Menschen sind, aber eigentlich sind sie etwas ganz Normales. Jeder noch so gut gedachte Bezugspunkt wird irgendwann destruktiv. Uns kommt der Verdacht, dass die Beziehung gar nicht existiert. Aber keine Sorge: Diese Nichtexistenz bleibt als fruchtbarer Boden für weitere Beziehungen bestehen. Solche Vorsicht ist immer noch ein Standpunkt, aber immerhin ein Standpunkt, der im Unterschied zum Haften an der Ewigkeit Überraschungen zulässt. Im Unterschied auch zu prinzipiellem Misstrauen, das keine Beziehung einfach in aller Unschuld aufblühen lassen kann. Vertrauen, das durch einen Pakt gesichert ist, führt zu Misstrauen, aber vorsichtiges, behutsames Vertrauen kann sehr echte und innige Beziehungen schaffen.

9

Den Tod nicht leugnen*

»Wir müssen das Unaussprechliche nicht unter Verschluss halten, aber wir brauchen auch nicht darauf herumzureiten. Zumindest sollten wir einem Menschen helfen, mit dem Gedanken des Verlusts ein wenig vertraut zu werden – mit der Möglichkeit, nicht mehr hier zu sein und im Unbekannten aufzugehen. Darum geht es in jeder Beziehung: eine gewisse Ehrlichkeit walten zu lassen und herauszufinden, wie weit man darin gehen kann. So können Beziehungen sehr stark, sehr intensiv und sehr schön werden.«

Wenn wir über Krankheit sprechen, sei sie körperlicher oder seelischer Art, müssen wir auch den Stellenwert unseres Überlebenswillens bedenken. Wir möchten gern weiterleben, und wenn wir von Krankheit sprechen, sprechen wir auch vom Überleben. Etwas anders gesagt: Unsere Überlebensstrategie ist unser Reaktionsmuster auf das Faktum des Todes.

* Basierend auf dem Seminar »Die Bedeutung des Todes«, Barnet, Vermont, 1973

Unsere Einstellung gegenüber dem Tod ist entscheidend für jeden Heilungsprozess. Er wird zwar meist ignoriert, steht aber doch immer im Hintergrund. Niemand möchte der Möglichkeit des Todes ins Auge sehen oder sich auch nur mit dem Gedanken an ihn befassen. Doch schon eine leichte Erkrankung deutet die Möglichkeit des Nichts an: Vielleicht verlieren wir die Kontrolle über Körper und Geist, vielleicht gehen wir irgendwo einfach verloren. Wenn wir Angehörige der Heilberufe sind, haben wir ständig mit der Angst vor Verlust zu tun und sollten diese Möglichkeit irgendwie in das Gesamtbild einbringen. Sich ihr zu stellen bedeutet noch nicht die Lösung, aber um einen Anfang zu machen, muss man das Problem zumindest zur Kenntnis nehmen.

Viele Menschen sind unsicher in ihrer eigenen Haltung gegenüber dem Tod und natürlich auch gegenüber Sterbenden: Sollen wir die Sache lieber vertuschen oder darüber reden? Manchmal möchten wir über das Geschehen nicht sprechen, weil wir das Gefühl haben, damit würden wir eingestehen, dass irgend etwas grundsätzlich nicht in Ordnung ist. Das führt häufig dazu, dass in der Beziehung zwischen Ärztin oder Arzt und Patientin bzw. Patient alle Zuversicht und aller Schwung verlorengehen. Aber wenn wir einfach zur Kenntnis nehmen, was da wirklich geschieht, regen sich sofort die Lebensgeister wieder. Man könnte sogar sagen, dass durch dieses schlichte Anerkennen eine Art Gesundheit entsteht. Ich denke also, dass es sehr wichtig ist, die Menschen mit der Möglichkeit vertraut zu machen, dass ihnen vielleicht ein Verlust, ein Zustand der Bestürzung bevorsteht. Verunsicherung und tiefe Bestürzung sind sogar die Vorboten des Todes. Sich dieser Möglichkeit ganz direkt zu stellen wäre weitaus gesünder und hilfreicher, als sie einfach zu ignorieren. Der Arzt oder die Ärztin, Therapeut oder Pflegerin sollte dem oder der Kranken Mut machen, ihre Verunsicherung ganz direkt zu erfahren. Diese offene Kommunikation wird eine echte Begegnung, eine ehrliche Beziehung ermöglichen.

Wir müssen das Unaussprechliche nicht unter Verschluss halten, aber wir brauchen auch nicht darauf herumzureiten. Zumindest sollten wir einem Menschen helfen, mit dem Gedanken des Verlusts ein wenig vertraut zu werden – mit der Möglichkeit, nicht mehr hier zu sein und im Unbekannten aufzugehen. Darum geht es in jeder Beziehung: eine gewisse Ehrlichkeit walten zu lassen und herauszufinden, wie weit man darin gehen kann. So können Beziehungen sehr stark, sehr intensiv und sehr schön werden.

Als Heilenden geht es uns in unseren Beziehungen zu den Patienten nicht darum, sie zu ändern. Krankheit und Gesundheit sind kein absoluter Gegensatz, sondern beide sind Bestandteil eines organischen Prozesses. Wir nehmen uns einfach der Krankheit und der Möglichkeit des Todes an, anstatt irgendwelche Doktrinen anzuwenden. Es geht nicht darum, jemanden zu bekehren. Und das, was wir als Arbeitsmaterial haben, ist ohnehin sehr reichhaltig: Wir können auf diesem Weg verfolgen, wie das Samenkorn zur Blüte wird. Aber wir ändern die Menschen nicht – sie wachsen einfach. Wenn wir den Menschen Mut machen, Tod und Verunsicherung anzunehmen, sagen wir ihnen ja nicht, dass sie dem Teufel ins Auge blicken sollen. Dieses Annehmen ist vielmehr etwas sehr Positives im Menschenleben; die Überwindung der Furcht vor dem Unbekannten setzt große Kräfte frei.

Wenn vom Heilen die Rede ist, meinen manche eher den magischen Aspekt, etwa das Handauflegen, während andere eher an Handfestes wie Medikamente, Operationen und dergleichen denken. Wichtig scheint mir aber vor allem der Gesichtspunkt zu sein, dass echte Heilung nur aus seelischer Offenheit entstehen kann. Und es gibt ständig Gelegenheit zu dieser Offenheit – immer wieder sind kurze Lücken in unseren geistigen und körperlichen Prozessen. Wenn wir ausatmen, schaffen wir Raum für das Einströmen von frischer Luft. Atmen wir nicht, kann auch keine frische Luft einströmen. Es kommt auf unsere innere Haltung an, nicht darauf, dass wir uns äußeren Kräften überlassen, die uns heilen sollen. Offenheit ist der Schlüssel zur Heilung – der einzige offenbar. Und Offenheit bedeutet, dass wir bereit sind, unsere grundlegende Gutheit anzuerkennen; was uns auch geschieht, wir fallen nie ins Bodenlose, immer ist da ein Grund, zu dem wir in Verbindung treten können.

Die Rolle des Heilenden erschöpft sich nicht darin, die Krankheit zu kurieren; mehr noch besteht sie darin, das Bild der Krankheit als äußere Bedrohung zu korrigieren. Indem er kameradschaftliche und einfühlsame Betreuung bietet, lässt er beim Kranken allmählich eine Ahnung von grundlegender Gesundheit aufkommen, die dann alle naiven Krankheitsvorstellungen abbaut. Man könnte auch sagen: Er sorgt dafür, dass der falsche Umgang mit den schöpferischen Lücken in unserem Leben, der immer wieder zu Entmutigung führt, allmählich aufhört.

Die Menschen meinen gern, ihre eigene Krankheit sei etwas Besonderes und niemand sonst habe solch eine Krankheit. Tatsächlich ist ihre Krankheit aber nichts Besonderes und auch nicht gar so schrecklich. Wir sollten lieber zur Kenntnis nehmen, dass wir allein geboren werden und allein sterben – und dass das ganz in Ordnung so ist. Daran ist nichts Schreckliches oder Besonderes.

Häufig wird Krankheit auch als ein rein mechanisches Problem aufgefasst: Irgendwas ist nicht in Ordnung mit dem Motor, mit dem Körper. Doch damit wird das wirklich Wichtige verfehlt. Nicht die Krankheit ist das große Problem, sondern die psychische Verfassung, die dahinter steht. Wir wären nämlich gar nicht erst krank geworden, hätte nicht unser Interesse, unsere Aufmerksamkeit irgendwo nachgelassen. Ob wir von einem Auto angefahren werden oder uns erkälten, irgendwo war da eine Lücke, in der wir nicht richtig achtgegeben haben, ein leerer Augenblick, in dem wir nicht in der richtigen Weise die Verbindung zu den Dingen gehalten haben, in dem wir aus dem Gewahrsein unserer inneren Verfassung herausfielen. Wir selbst öffnen dem Kranksein Tür und Tor, und deshalb sind eigentlich alle Krankheiten – nicht nur die als psychosomatisch anerkannten – psychischen Ursprungs. Alle Krankheiten werden von der eigenen Geistesverfassung angezettelt. Und selbst wenn wir die Krankheit überwinden können und die Symptome verschwinden, säen wir nur weitere Neurosen, indem wir so tun, als wäre das Problem erledigt.

Wir drücken uns offenbar generell vor der eigenen Verantwortung und nehmen lieber an, Krankheit sei etwas, das uns von außen her befällt. Wir verschlafen die Lücken, die sich in unserem scheinbar so festgefügten Leben auftun. Und in dieser Achtlosigkeit erreicht uns dann plötzlich die unüberhörbare Botschaft: Unser Körper fordert Aufmerksamkeit, er verlangt, dass wir achtgeben auf alles, was in unserem Leben vorgeht. Krankheit holt uns auf den Boden der Tatsachen zurück und lässt alle Dinge soviel direkter und unmittelbarer werden.

Krankheit ist eine sehr direkte Aufforderung zu einer Haltung der Achtsamkeit; wir müssen einfach, was uns selbst angeht, mehr Intelligenz walten lassen. Nichts ist uns näher als unser eigener Geist und unser eigener Körper. Nur sie wissen, wie ihr Körper sich anfühlt. Niemand sonst kann – oder will – das wissen. Deshalb existiert da eine natürliche Wachheit, all das betreffend, was ihnen gut tut und was nicht. Sie können intelligent auf ihren Körper reagieren und auf ihre geistige Verfassung achten.

Deshalb ist vielleicht die Meditation die einzige Methode, uns wahrhaft zu heilen. Wenn man meditiert, um gesund zu werden, so ist das natürlich zunächst ein materialistischer Ansatz, doch die Meditation selbst räumt dann nach und nach mit allem Materialismus auf. Achtsamkeit ist im Grunde nichts weiter als gelassene Ruhe. Bei der Meditation sind wir nicht darauf aus, etwas zu erreichen; wir sind einfach da und nehmen unser Leben wahr. Wir verweilen in wacher Aufmerksamkeit und gewahren unseren Körper als einen hochsensiblen Mechanismus, der uns ständig etwas mitteilt. Haben wir zu viele Gelegenheiten verpasst, auf diese Botschaften wirklich einzugehen, dann sind wir krank. Der Körper zwingt uns, augenblicklich zur Achtsamkeit zurückzukehren. Es ist also sehr wichtig, die Krankheit nicht einfach nur loswerden zu wollen, sondern sie als Botschaft aufzunehmen.

Wir verstehen unseren Wunsch, die Krankheit loszuwerden, als Lebenswillen, doch tatsächlich ist das Gegenteil der Fall: Er ist eher der Versuch, dem Leben auszuweichen. Es sieht so aus, als wollten wir leben, aber in Wirklichkeit möchten wir nur echte Intensität vermeiden. Was für eine verrückte Verdrehung: Wir möchten geheilt werden, um dem Leben auszuweichen! Die Hoffnung auf Heilung ist eine gewaltige Lüge, die größte Verschwörung überhaupt. Und es gibt ja so vieles – vom Kino bis zu all den sogenannten Selbstverwirklichungs-Programmen –, womit wir uns gegenseitig einzureden versuchen, wir seien »*in touch*« mit dem Leben. Tatsächlich benebeln wir uns nur immer weiter.

In der Heilungs-Beziehung begegnen sich zwei Geister, der des Heilenden und der des Patienten – aber auch der des spirituellen Meisters und der des Schülers. Wenn beide offen sind, kann ein Dialog stattfinden, der nichts Bemühtes hat. Die Kommunikation entwickelt sich natürlich, weil die Situation beide Seiten miteinander verbindet. Fühlt der Patient bzw. die Patientin sich grässlich, nimmt der oder die Heilende diese Befindlichkeit auf; einen Augenblick lang empfindet er so, als wäre er selbst krank. Einen Augenblick lang sind die beiden nicht getrennt, und etwas ganz Authentisches findet zwischen ihnen statt. Für den Patienten oder die Patientin ist es genau das, was ihr not tut: Jemand nimmt ihr Dasein und die Tatsache, dass sie oder er sehr dringend Hilfe braucht, wirklich zur Kenntnis. Jemand nimmt diese Krankheit und ihn oder sie selbst wirklich ganz wahr. Jemand hat wahrhaft mit ihr kommuniziert, und das kann der Beginn des Genesungsprozesses sein. Beide haben für einen Moment den Grund wahrgenommen, auf dem sie beide stehen. Jetzt beginnt die psychologische Basis der Krankheit auseinanderzubrechen und sich aufzulösen. Das gleiche geschieht bei der Begegnung zwischen einem Meditationslehrer bzw. -Lehrerin und ihren Schülern und Schülerinnen. Ein Augenblick des Verstehens, gar nichts besonders Mystisches oder »Abgehobenes«, wie man so sagt, sondern einfach nur schlichte, direkte Kommunikation. Der Schüler versteht und der Lehrer versteht im selben Augenblick. In diesem gemeinsamen Augenblick des Verstehens wird Wissen mitgeteilt.

Ich mache hier keinen Unterschied zwischen Ärzten bzw. Ärztinnen und Psychiatern bzw. Psychiaterinnen. Ob wir es mit der psychologischen oder mit der medizinischen Ebene zu tun haben, für die Beziehung zum Patienten gilt genau das gleiche. Die Atmosphäre des Akzeptierens ist etwas sehr Schlichtes, aber hochwirksam. Wichtig ist hier vor allem, dass der oder die Heilende und der Patient oder die Patientin ihr Gefühl von Schmerz und Leiden miteinander teilen – sei es Klaustrophobie oder Angst vor körperlichem Schmerz. Der Heilende muss sich selbst als Teil der Gesamtsituation erfahren. Viele versuchen dieser Art von Identifikation aus dem Weg zu gehen; mit solch intensiven Erfahrungen wollen sie nichts zu tun haben. Sie geben sich lieber ganz besonders nüchtern und unbeteiligt und möchten gern ihre professionelle Distanz wahren.

Aber wir sprechen die gleiche Sprache, erleben eine ähnliche Art von Geburt und eine ähnliche Art von Tod. Also muss es wohl immer irgendeine Verbindung geben, einen Zusammenhang zwischen ihnen und dem anderen. Es ist ein bisschen mehr, als einfach nur mechanisch zu sagen: »Ja, ich weiß, es tut sehr weh.« Statt dieses oberflächlichen Mitgefühls käme es darauf an, den Schmerz des Kranken tatsächlich zu empfinden und seine Angst wirklich zu teilen. Dann wird man vielleicht sagen: »Ja, ich spüre diesen Schmerz«, aber es sind nicht nur die Worte, die hier den Unterschied machen. Völlig offen auf einen anderen einzugehen, das heißt, dass man sich von seinem Problem wirklich in Anspruch nehmen lässt. Vielleicht wissen sie dann trotzdem nicht recht, wie man damit umzugehen hat, und müssen einfach ihr Bestes geben, aber selbst – oder gerade – in dieser ratlosen Unbeholfenheit liegt alle Bereitschaft, alle Großzügigkeit. Vollkommene Offenheit und tiefe Bestürzung treffen sich in einem sehr kleinen Punkt.

Es gehört sehr viel mehr zur Arzt-Patient-Beziehung als nach den Büchern vorzugehen und die geeignete Medizin nachzuschlagen. Nach der buddhistischen Lehre sind tätiges Mitgefühl und Weisheit das Wesen des Menschen. Sie müssen sich also Kommunikationsfertigkeit nicht erst von irgendwoher aneignen – sie haben sie schon. Und das hat nichts mit mystischer Erfahrung oder spiritueller Ekstase zu tun, sondern ist einfach durch die Arbeitssituation gegeben. Wenn sie an etwas wirklich interessiert sind, dann ist das Offenheit. Und wenn sie wirklich Anteil nehmen an den Leiden und Konflikten der Menschen, dann haben sie diese Offenheit jederzeit. Daraus können sie ein Gefühl von Vertrauen und Verstehen entwickeln, so dass aus ihrer Offenheit tätiges Mitgefühl wird.

Auch wenn man mit sechzig Menschen pro Tag zu tun hat, kann man doch bei jedem einzelnen dieses »Einrasten« erleben. Dazu gehört vollkommene Hingabe und der Wille, wach zu bleiben, ohne ein bestimmtes Ziel anzustreben. Wenn sie ein Ziel haben, versuchen sie das Geschehen zu manipulieren, und das verhindert die Heilung eher, als dass es sie fördert. Sie müssen ihre Patienten und Patientinnen verstehen und sie ermuntern, sich mitzuteilen, aber sie können sie nicht zwingen. Erst dann kann der Patient in seinem Gefühl von Abgeschnittenheit, das auch ein Gefühl von Tod ist, Hoffnung schöpfen. Wenigstens ist da jemand, der wirklich Anteil nimmt, der wirklich zuhört, wenn es auch nur für ein paar Augenblicke ist. Da kann schon ein sehr intensiver, sehr echter Austausch stattfinden. Und dieser Austausch ist ganz schlicht; es steckt kein Trick dahinter, keine komplizierte Lehre, die man erst studieren müsste. Man muss hier nicht lernen, *wie* man es anfängt, sondern es einfach tun und dran bleiben.

Psychiater und Ärzte müssen genau wie ihre Patienten mit der Angst angesichts der drohenden Nichtexistenz ins Reine kommen. Wo diese Offenheit herrscht, muss der Heilkundige die Probleme seiner Patienten nicht mehr unbedingt vollständig lösen. Dieses Bemühen, alles zu reparieren, ist in der Vergangenheit stets ein Problem gewesen; es erzeugt einen endlosen Rattenschwanz von Kuren und Irreführungen, die wie ein Reißverschluss ineinandergreifen. Ist die Grundangst erst einmal eingestanden, wird die Fortsetzung der Behandlung ganz einfach: der Pfad kommt zu ihnen, und sie brauchen sich gar nicht zu bemühen, einen Weg zu bahnen.

Angehörige der Heilberufe genießen den Vorzug, sich entwickeln zu können durch die Vielfalt der Situationen, vor die sie gestellt werden. Überall gibt es Gelegenheiten, sein Gewahrsein und seine Offenheit zu vertiefen. Natürlich ist es leichter, auf ihre Patienten und Patientinnen und ihre Lage herabzublicken und sich glücklich zu schätzen, dass sie ihre Krankheiten nicht haben. Sie haben dann das Gefühl, besser dran zu sein. Aber wenn sie sich eingestehen, dass sie letztlich im selben Boot sitzen – dass Geburt, Alter, Krankheit und Tod und die Angst, die mit ihnen einhergeht, gemeinsame Erfahrung sind –, wird ein Gefühl von Demut aufkommen. Und das ist der Anfang des Heilungsprozesses. Alles weitere ergibt sich ganz mühelos und natürlich aus der uns innewohnenden Weisheit und Mitgefühl. Das ist eigentlich kein mystischer oder spiritueller Prozess; es ist ganz simple, gewöhnliche menschliche Erfahrung. Wenn sie sich das erste Mal einem Menschen so zu nähern versuchen, mag es ihnen schwierig erscheinen. Aber tun sie es einfach, ganz direkt, ohne Zögern.

Und schließlich, was meinen wir eigentlich, wenn wir sagen, ein Patient sei geheilt? Geheilt sein bedeutet komischerweise, dass man vom Leben nicht mehr aus der Fassung gebracht wird. Man ist fähig, dem Tod ohne Groll oder Erwartung gegenüberzustehen.

10

Alkohol als Medizin oder Gift*

»Im Guhyasamāja-Tantra sagt der Buddha: ›Was den dualistischen Geist berauscht, ist fürwahr der natürliche Trank gegen den Tod.‹ Im tantrischen Buddhismus wird Alkohol benutzt, um die Grundenergie des Rausches freizusetzen. Das ist die Energie, die die Dualität der erscheinenden Welt in Advaya – ›nicht zwei‹ – verwandelt. So können Form, Geruch und Schall im Reich von Mahāsukha, der ›großen Freude‹, ganz direkt wahrgenommen werden, wie sie sind.«

Es liegt in der Natur des Menschen, Bequemlichkeit und alle möglichen Sinnesfreuden zu suchen. Er möchte ein schützendes Zuhause, eine glückliche Ehe, anregende Freunde, leckere Speisen, schöne Kleidung und guten Wein. Die allgemeine Moral allerdings sagt, es sei nicht gut, sich solchen Dingen hinzugeben: Wir sollten doch bedenken, dass unser Leben mehr ist als das; wir sollten an unsere Brüder und Schwestern denken, die all das nicht haben; wir sollten

* Verfasst während der Klausur in Charlemont, Massachusetts, 1972

großzügig mit ihnen teilen, statt nur für uns allein zu schwelgen.

Dieses Moraldenken rechnet Alkohol dem Bereich des übermäßigen Sich-Gehenlassens zu oder betrachtet das Trinken als typisch bourgeoise Beschäftigung. Andererseits schöpfen Menschen, die gern trinken, großes Behagen daraus und finden, es mache sie gutmütiger und offener im Umgang mit Freunden oder Freundinnen und Kollegen oder Kolleginnen. Doch sie werden häufig von Schuldgefühlen geplagt: Sie fürchten um die Gesundheit ihres Körpers und um ihre Selbstachtung.

Es gibt verschiedene Typen von Trinkern. Der eine verrichtet tagsüber schwere körperliche Arbeit, und nach Feierabend möchte er sich zu Hause einen Schluck genehmigen oder irgendwo im Gewühl an der Theke ein, zwei Gläschen heben. Dann die etwas feineren Trinker, leitende Angestellte zum Beispiel, die bei ihren Geschäftsbesprechungen gern durch das Entstöpseln der Flasche eine etwas gelöstere und intimere Atmosphäre schaffen. Dieser letztere Typ neigt wohl eher zu heimlichen Schuldgefühlen als sein proletarischer Bruder, der einfach den Feierabend begießt. Doch allen Zweifeln zum Trotz: Jemanden zu einem Drink einzuladen hat offenbar einfach mehr Leben, als ihm eine Tasse Tee anzubieten.

Andere Leute trinken – oder rauchen –, um ihrer Langeweile Herr zu werden. Eine Hausfrau, die gerade mit dem Staubwischen oder der Wäsche fertig ist, setzt sich vielleicht mit einem Gläschen hin, um in der neuesten Mode- oder Schöner-Wohnen-Zeitschrift zu blättern. Wenn das Baby schreit oder es an der Tür läutet, nimmt sie wohl noch einen ordentlichen Schluck, bevor sie sich der Herausforderung stellt. Der verdrossene und entnervte Schreibtischhocker hat vielleicht eine Flasche in der Schublade, an der er immer mal wieder kurz nippen kann, bevor der Chef oder die begriffsstutzige Sekretärin wieder hereinplatzt. Und Mittags unterbricht er die lastende Nichtigkeit seines Tages vielleicht durch einen Abstecher zur Bar.

Leute, die das Trinken ernst nehmen, bezeichnen es als Zuflucht vor dem hektischen Getriebe des Lebens; außerdem haben sie Angst, Alkoholiker zu werden. In beiden Fällen hat ihre Art des Trinkens etwas von Liebe und Hass zugleich – und von einem Gefühl des Aufbruchs in etwas Unbekanntes. In manchen Fällen kann diese Reise ins Unbekannte schon eine Klarheit erzeugt haben, die man unter den gegebenen Umständen nur unter Alkohol ertragen kann, weil sie sonst zu schmerzhaft wäre.

Eines der Probleme, vor das überzeugte Trinker und Trinkerinnen sich gestellt sehen können, ist die moralisierende Haltung gegenüber dem Trinken: Soll man trinken oder nicht? Angesichts dieser Frage sucht man nach Rückhalt bei Freunden. Manche von ihnen werden ohne weiteres und mit Vergnügen mittrinken. Andere haben feste Anschauungen darüber, wann und wie man trinkt. Für echte Trinker sind solche Leute Amateure, weil sie sich nie richtig auf Alkohol eingelassen haben. Und meist sind ihre Vorbehalte auch nur Formsache – wie das korrekte Parken. Man darf bei einer Feier schon mal ordentlich zulangen, aber nur wenn man es mit seiner Frau oder seinem Mann tut und anschließend sehr vorsichtig nach Hause fährt.

Irgendwas stimmt nicht mit dieser Haltung gegenüber dem Alkohol, die nur auf Moral oder Etikette beruht. Die Skrupel, die hier wirksam werden, haben nur mit den äußeren Wirkungen des Trinkens zu tun. Die eigentliche Wirkung des Alkohols wird neben seinen gesellschaftlichen Wirkungen gänzlich übersehen. Trinker selbst allerdings empfinden, dass das Trinken außer dem Vergnügen noch etwas anderes und Wertvolles beinhaltet. Sie empfinden Herzlichkeit und Offenheit, vermutlich dadurch bedingt, dass ihre sonst übliche Ichbefangenheit sich ein wenig löst. Auch wird ihr Unzulänglichkeitsgefühl in diesem Zustand aufgehoben, und sie gewinnen das Zutrauen, sich adäquat mitteilen zu können. Wissenschaftler und Wissenschaftlerinnen können plötzlich ihr Problem lösen; Philosophen und Philosophinnen gewinnen neue Einsichten; Künstler und Künstlerinnen gelangen zu klarer Wahrnehmung. Trinker und Trinkerinnen erleben größere Klarheit, weil sie deutlicher spüren, was sie wirklich sind; deshalb können sie vorübergehend ohne Tagträume und Phantasien auskommen.

Alkohol scheint ein schwaches Gift zu sein, das sich in eine Arznei verwandeln lässt. Ein altes persisches Märchen erzählt vom Pfau, der sich von Gift ernährt, weil es ihm so gut bekommt und seine Federn leuchten lässt.

Das Wort »Whiskey« stammt von dem gälischen *uisgebeatha* ab, das soviel wie »Wasser des Lebens« bedeutet. Die Dänen haben ihren Aquavit, und auch der Wodka ist das »Wässerchen«. Die alten Namen scheinen zu sagen, dass Alkohol zumindest harmlos, vermutlich sogar Medizin ist. Aber harmlos oder medizinisch, jedenfalls hat der Alkohol schon immer und fast überall auf der Welt die sozialen und psychologischen Strukturen tiefgreifend mitgeprägt. In der hinduistischen und buddhistischen Mystik Indiens wird Alkohol als Trank gegen den Tod – Amrita – bezeichnet. Birwapa, ein indischer Siddha, fand Erleuchtung, als er sieben große Krüge Alkohol an einem einzigen Nachmittag trank. Auch G. I. Gurdjieff sprach von den Vorzügen des »bewussten Trinkens« und hielt seine Schüler an, sich im gemeinschaftlichen bewussten Trinken zu üben. Das bewusste Trinken demonstriert klar und deutlich die Herrschaft des Geistes über die Materie. Er erlaubt uns, die verschiedenen Stadien der Trunkenheit bewusst zu erleben: unsere Erwartungen, dann das fast teuflische Vergnügen, wenn die Wirkung einsetzt, und schließlich das Stadium in dem alle gewohnten Grenzen und Schranken allmählich verschwinden.

Dennoch kann Alkohol ebenso Todestrank wie Medizin sein. Die Stimmung von Jovialität und Herzlichkeit kann uns dazu verleiten, unser Gewahrsein aufzugeben. Glücklicherweise geht mit dem Trinken auch eine subtile Depression einher. Wir neigen sehr dazu, uns ganz auf die wohlige Gelöstheit zu werfen und die Depression zu ignorieren. Das ist der Affeninstinkt, ein großer Fehler. Wenn wir den Alkohol nur benutzen, um uns aufzumöbeln und zu entspannen, wird er außerordentlich gefährlich. Dann ist es mit dem Alkohol genauso wie mit allem anderen in unserem Leben, mit dem wir nur partielle Beziehungen unterhalten.

Es besteht ein großer Unterschied zwischen Alkohol und anderen Rauschmitteln. Substanzen wie LSD, Marihuana und Opium bringen keine Depression mit sich. Wenn Depression auftritt, ist sie rein psychischer Natur. Beim Alkohol sind stets auch körperliche Symptome beteiligt: vermehrte Schwere, Appetitverlust, verstärktes Gefühl von Festigkeit (wozu auch der Kater gehört). Stets bleibt das Gefühl erhalten, dass man einen Körper hat. Der Alkoholrausch hat psychologisch gesehen eher etwas Erdenschweres, während andere Substanzen eher das Gefühl von Aufstieg in den Raum vermitteln.

Ob Alkohol Gift oder Medizin ist, hängt von unserem Gewahrsein beim Trinken ab. Bewusstes Trinken – der eigenen Bewusstseinszustände gewahr bleiben – wandelt die Wirkungen des Alkohols. Gewahrsein bedeutet hier, dass man sich einen intelligenten Selbstschutz schafft, nämlich dadurch, dass man sich nicht einfach gehenlässt. Alkohol wird destruktiv, wenn man sich seiner Gelöstheit einfach ergibt: Das Loslassen erlaubt dem Gift, in den Körper einzudringen. Damit kann Alkohol eine Art »Scheidewasser« werden: Er bringt ans Licht, von welcher Art die normalerweise unter Verschluss gehaltene Neurose der Trinker ist. Wenn ihre Neurose stark – und stark verdrängt – ist, vergessen sie später, was geschah, während sie betrunken waren, oder es ist ihnen sehr peinlich, sich daran zu erinnern.

Das Schöpferische des Alkohols beginnt da, wo mit seiner Wirkung etwas Tänzerisches einsetzt – man nimmt seine Wirkungen mit Humor. Für den bewussten Trinker oder für den Yogi besteht die Stärke des Alkohols darin, dass er einen auf den Boden der gewöhnlichen Wirklichkeit herunterholt und nicht zulässt, dass man sich in Meditation über Nichtdualität verliert. In diesem Fall wirkt der Alkohol als ein Elixier des langen Lebens. Wer allzu sehr darauf pocht, dass die Welt ein Trugbild, eine Illusion ist, muss erst mal aus der Meditation in die Nichtmeditation zurückgeholt werden, damit er mal wirklich auf Menschen eingehen kann. In diesem Zustand kann alles, was in der Welt zu sehen, zu hören und zu riechen ist, überwältigend komisch werden. Wenn der Yogi trinkt, ist das seine Art, die dualistische Welt der gewöhnlichen Erscheinungen anzunehmen. Die Welt fordert seine Aufmerksamkeit – seine Zuwendung und Mitgefühl. Froh und vergnügt nimmt er diese Einladung zur Kommunikation an.

Für den Yogi ist Alkohol der Brennstoff für die Beziehung zu seinen Schülern und Schülerinnen und zur Welt überhaupt – wie Benzin der Brennstoff für die Beziehung des Autos zur Straße ist. Allerdings: Wenn der gewöhnliche Trinker dieses transzendente Trinken nachzuahmen versucht, macht er aus Alkohol Gift. In den Hinayāna-Texten des Buddhismus ist verzeichnet, dass der Buddha einen Mönch rügte, der nur einen mit Alkohol benetzten Grashalm ableckte. Machen wir uns aber klar, dass der Buddha hier nicht die Wirkungen des Alkohols verdammte; es ging ihm vielmehr darum, dass man nicht einfach dem Reiz des Spielens mit dem Feuer erliegen darf.

Die Anschauung, dass Alkohol »Teufelszeug« sei, ist ziemlich fragwürdig. Und wenn wir fragen, werden wir unsicher, wessen Verbündeter der Alkohol nun ist – des Guten oder des Bösen. Und ebendiese Ungewissheit kann im Trinker oder der Trinkerin Intelligenz und Furchtlosigkeit erzeugen. Sie lässt ihm bzw. ihr nur die Möglichkeit, sich ganz auf den gegenwärtigen Augenblick einzulassen, wie er ist. Die furchtlose Bereitschaft, angesichts des Unbekannten intelligent mit allem umzugehen, was geschieht – das ist die Energie der Transmutation, wie sie in der tantrischen Tradition des Buddhismus beschrieben wird. Im *Guhyasamāja-Tantra* sagt der Buddha: »Was den dualistischen Geist berauscht, ist fürwahr der natürliche Trank gegen den Tod.« Im tantrischen Buddhismus wird Alkohol benutzt, um die Grundenergie des Rausches freizusetzen. Das ist die Energie, die die Dualität der erscheinenden Welt in *Advaya* – »nicht zwei« – verwandelt. So können Form, Geruch und Schall im Reich von *Mahāsukha,* der »großen Freude«, ganz direkt wahrgenommen werden, wie sie sind. Im *Chakrasamvara-Tantra* heißt es: »Durch puren

Schmerz ohne Lust kann man nicht befreit werden. Lust ist vorhanden im Kelch des Lotos. Dies muss der Yogi nähren.« Hier erhält die Lust große Bedeutung. Aber verwirklicht wird sie erst dadurch, dass wir uns offen dem Schmerz stellen. Alkohol erzeugt eine Hochstimmung, die alle Grenzen zu sprengen scheint; und zugleich erzeugt er die Depression des Wissens, dass man noch einen Körper hat und die Neurosen schwer auf einem lasten. Bewusste Trinker kennen vielleicht Augenblicke, in denen sie beide Seiten erfahren.

In der tantrischen Mystik bezeichnet man den Rausch als den Zustand der Nichtdualität. Man darf das nicht als Aufforderung zum Selbstgenuss verstehen; aber andererseits bietet sich hier den bewussten Trinkern die Möglichkeit, den kosmischen Orgasmus, Mahāsukha, zu erfahren. Wer von seinem kleinlichen Haften an der eigenen Befreiung ablassen und einfach das Gegebensein der Freiheit akzeptieren kann, anstatt sie anzuzweifeln, dem wachsen geschickte Mittel und Weisheit zu. Das ist die höchste Form des Berauschtseins.

11

Übung und grundlegende Gutheit: Worte für Kinder*

»Während ihr größer werdet, ist es ganz in Ordnung, einverstanden mit euch selbst zu sein – euch stark zu fühlen und stolz auf euch zu sein. Ihr braucht euch nicht minderwertig zu fühlen, weil ihr Kinder seid, die erst noch erwachsen werden müssen. So was ist völlig unnötig. Ihr braucht einfach nur zu sein. Dazu müsst ihr nur an eure grundlegende Gutheit glauben und euch in der Meditation üben.«

ICH MÖCHTE GERN ERZÄHLEN, wie wir hierher gekommen sind und weshalb wir Buddhisten sind. Eigentlich ist das ganz einfach: Ihr und eure Eltern und ich, wir folgen einem bestimmten Schulungsweg, einer Tradition, die Buddhismus genannt wird. Wenn ihr in eure Schule geht, die ja keine buddhistische Schule ist, wird euch da vielleicht alles ein biss-

* Basierend auf einem für Kinder abgehaltenen Seminar in Boulder, Colorado, 1978

chen komisch vorkommen. Ihr möchtet da vielleicht alles so machen, wie es die anderen tun; und wenn ihr nach Hause kommt, möchtet ihr so sein wie eure Eltern. Andererseits kann es auch sein, dass ihr einen gewissen Widerstand gegen eure Eltern empfindet.

Mit dem Buddhismus hat es eigentlich nicht mehr auf sich, als dass wir dem Beispiel des Buddha folgen. Der Buddha war ein Inder, ein indischer Prinz, der seinen Palast und sein Reich verließ, weil er wissen wollte, was es mit dem Leben auf sich hat. Er suchte nach dem Sinn und Zweck des Lebens. Er wollte wissen, wer und was er war. Also fing er an zu meditieren, und er aß sehr wenig. Er meditierte sechs Jahre lang, vierundzwanzig Stunden am Tag. Und am Ende dieser sechs Jahre entdeckte er etwas: Ihm wurde klar, dass die Menschen sich gar nicht so sehr abmühen müssen. Wir brauchen unsere kleinen Streitereien, unsere Schmerzen und Unbequemlichkeiten nicht gar so wichtig zu nehmen. Der Buddha entdeckte, dass da in uns etwas ist, was man grundlegende Gutheit nennt. Deshalb brauchen wir uns nicht zu verurteilen, wenn wir böse oder ungezogen waren. Der Buddha hat das, was er herausgefunden hatte, der Menschheit mitgeteilt. Und was er damals, vor zweitausendfünfhundert Jahren, lehrte, wird heute noch gelehrt und geübt. Für uns kommt es darauf an zu erkennen, dass wir im Grunde gut sind.

Schwierigkeiten entstehen überhaupt nur dann, wenn wir diese Gutheit nicht erkennen. Wir sehen sie nicht, also machen wir irgendwem oder uns selbst Vorwürfe. Das ist falsch. Wir brauchen anderen keine Vorwürfe zu machen, und wir müssen uns selbst nicht schlecht vorkommen oder böse sein. Die grundlegende Gutheit ist immer bei uns, immer in uns. Deshalb ist auch das Lernen gar nicht schwierig. Wenn wir grundlegende Gutheit in uns haben, dann ist das Wissen schon ein Teil von uns. Deshalb bekunden wir mit dem Schulbesuch und der Meditation eigentlich nur diese grundlegende Gutheit.

Während ihr größer werdet, ist es ganz in Ordnung, einverstanden mit euch selbst zu sein – euch stark zu fühlen und stolz auf euch zu sein. Ihr braucht euch nicht minderwertig zu fühlen, weil ihr Kinder seid, die erst noch erwachsen werden müssen. So was ist völlig unnötig. Ihr braucht einfach nur zu *sein.* Dazu müsst ihr nur an eure grundlegende Gutheit glauben und euch in der Meditation üben. Die Meditation im Sitzen ist eine lebendige Tradition. Wir wissen, wie es der Buddha gemacht hat, und wir können es selbst auch. Wenn ihr wie der Buddha sitzt, geht euch allmählich etwas auf, was man Erleuchtung nennt. Das ist nichts weiter, als dass ihr etwas sehr Einfaches und Geradliniges und Sprühendes in euch bemerkt. Das hat nicht unbedingt etwas mit »gut drauf sein« zu tun. Es ist viel besser: eine unglaubliche Lebensfreude, unglaublicher Auftrieb. Ihr fühlt euch so gesund, so ganz einfach und so stark.

Wenn ihr dazu Fragen habt, dann bitte.

Schüler/Schülerin: Das ist bestimmt eine dumme Frage, aber wenn der Buddha sechs Jahre lang vierundzwanzig Stunden am Tag gesessen hat, wie hat er dann gegessen?

Trungpa Rinpoche: Na ja, er hat sehr wenig gegessen. Und wie es in den Geschichten heißt auch nur morgens – ungefähr wie unser Frühstück. Und er hat sehr wenig geschlafen. Meistens hat er einfach gesessen. Als mal Freunde kamen, haben sie ihn erst gar nicht erkannt, weil er so dünn war. An dem Morgen, an dem er Erleuchtung fand, kam eine Frau mit Reis und Milch zu ihm, und das gab ihm neue Kraft. Dann machte er gleich mit seiner Meditation im Sitzen weiter, aber von da an war er nicht mehr dünn. Auf Bildern vom Buddha, zum Beispiel auf dem da, das auf dem Altar steht, sieht man Lichtkreise um seinen Kopf. Das soll heißen, dass er von strahlender Gesundheit und Größe war.

Schüler/Schülerin: Rinpoche, kannst du mal sagen, wie lange Kinder sitzen sollen?

Trungpa Rinpoche: Wenn man jeden Tag übt, das wäre schon gut. Ich hoffe, du kannst das. Ich fing mit neun Jahren an zu sitzen, und dann immer ungefähr eine Dreiviertelstunde lang. Aber hier sind halt die Umstände anders, und ich würde sagen, sieben Minuten wären schon ganz gut – jeden Tag. Das reicht völlig. Wenn du aber nur einmal die Woche dazu kommst, solltest du versuchen, eine halbe Stunde zu sitzen. Deine Eltern können mit dir sitzen, aber du kannst es auch allein machen. Und der Platz, wo du sitzt, sollte gepflegt und behaglich sein. Sitzt du zu Hause?

S: Manchmal.

TR: Wie oft? Einmal die Woche?

S: Nach der Schule.

TR: Ah, das ist vielleicht eine gute Regelung. So kannst du nach Hause kommen und erst mal zur Ruhe kommen.

Schüler/Schülerin: Ich bin oft ziemlich niedergeschlagen und möchte gerne wissen, ob ich mehr sitzen soll.

Trungpa Rinpoche: Ja, du solltest mehr sitzen. Genau das ist es. Vor allem wenn du dich niedergeschlagen fühlst oder zu aufgeregt bist, solltest du mehr sitzen, weil du dann was hast, womit du arbeiten kannst. So hat es der Buddha auch gemacht. Vor seiner Sechs-Jahre-Meditation war er sehr niedergeschlagen; er war sehr unglücklich mit seinem ganzen Leben. Und weil er so niedergeschlagen war, hatte er was, womit er arbeiten konnte.

Schüler/Schülerin: Ich werde meistens so unruhig, wenn ich sitze.

Trungpa Rinpoche: Tja, so geht das den Menschen – immer. Das macht nichts, lass dich einfach nur nicht mitziehen von deiner Unruhe. Versuch einfach, deine Haltung beizubehalten, und geh zurück zum Atem. So machst du es nämlich dem Buddha nach. Kopf und Schultern aufrecht halten, wie er es auch gemacht hat. Dann fühlt man sich schon besser. Wenn die Unruhe kommt, sinken Kopf und Schultern nach vorn, und du wirst noch viel unruhiger, wie ein Tier. Aber wenn du aufrecht sitzt, bist du was anderes als ein Tier. Diese Haltung wird deine Ruhelosigkeit abschneiden.

Schüler/Schülerin: Als du diese ganzen Leute aus Tibet herausgeführt hast, hast du da einfach geraten, wo es langgeht?

Trungpa Rinpoche: Nein, geraten eigentlich nicht.

S: Aber dann habt ihr euch doch verlaufen. Hast du dann geraten, wohin man gehen muss?

TR: Also, man hat ja einen Richtungssinn, und du spürst dann einfach, dass es nach Indien da langgeht. Wenn man sich verlaufen hat, macht man für fünf Minuten Halt und sitzt. Danach ist dein Blick viel klarer, und du weißt, wohin du gehen musst. Man verläuft sich nur, wenn man zerstreut ist. Aber wenn man ganz klar ist, weiß man, wo es nach Indien geht. Der Rest ist eigentlich nicht so schwierig. Es gibt Pfade, die in die Richtung führen, und man geht ihnen einfach nach.

S: Als du die Leute da oben in den Bergen durch den Schnee geführt hast, warst du da immer ganz ruhig.

TR: Naja, wir mussten einfach ruhig sein, sonst hätten wir uns verlaufen. Und wir hätten nur Kraft verloren. Wir waren auch ganz mit Energie aufgeladen. Ich hatte nie irgendwelche Zweifel, und wir sind einfach weitergegangen. Ruhe zu bewahren und diese Kraft zu haben, das war sehr wichtig. Wir sagten uns einfach, dass wir es schaffen würden, und wir haben es geschafft.

S: Ihr habt also Vertrauen gehabt und wart dadurch stark genug, über die Berge zu kommen?

TR: Ja.

Schüler/Schülerin: Auf Bildern vom Buddha sieht man meistens drei Edelsteine. Ich weiß nicht, was die bedeuten.

Trungpa Rinpoche: Die drei Edelsteine stehen für den Gedanken, dass die Schüler des Buddha sich öffnen und ihm Gaben darbringen. Sie stehen für die Gabe von Körper, Rede und Geist an den Buddha. Das heißt, ihr schenkt euch ihm und seiner Lehre. Und diese Juwelen, heißt es, geben euch mehr Reichtum. Ihr gebt dem Buddha, was euch kostbar ist, und bekommt dafür Geduld und Reichtum.

Schüler/Schülerin: Damals auf dem Weg, sind euch da auch mal die Vorräte ausgegangen?

Trungpa Rinpoche: Na, und wie! Hast du das gelesen in dem Buch? Hast du »Ich komme aus Tibet« gelesen? Solltest du mal tun. Das ist vielleicht eine Geschichte. [*Gelächter*] Ja, die Nahrungsmittel sind uns ausgegangen. Im letzten Monat hatten wir kaum noch was zu essen. Wir mussten sogar unsere Lederbeutel kochen. Weiter unten in den Vorbergen kamen wir dann an Bambus und Litschis und Bananenbäumen vorbei. Aber wir sind einfach weitergegangen; keiner hatte je

Bananen gesehen, und wir wussten nicht, dass man sie essen kann.

S: Habt ihr unterwegs auch gesessen.

TR: Aber ja! Das hatten wir uns sogar zur Regel gemacht. Daher kam ja unsere Kraft, unsere Energie. Ohne das wären wir umgekommen. Wir waren ja alles in allem zehn Monate unterwegs – ganz schön lang, nicht?

Schüler/Schülerin: Sind unterwegs auch welche gestorben?

Trungpa Rinpoche: Drei sind gestorben. Sie waren zu alt und konnten nicht mehr laufen. Wir hatten jeden Tag ein großes Pensum und mussten von morgens bis abends immer weiter. Da haben ihnen die Beine zu weh getan, und sie sind einfach umgefallen.

Schüler/Schülerin: Waren auch Kinder mit dabei?

Trungpa Rinpoche: Massenhaft. Für Mütter mit ganz kleinen Kindern war es schwer, aber die größeren Kinder kamen bestens zurecht. Die waren eigentlich sogar die Besten, weil sie einfach immer mehr Energie bekamen, immer mehr Kraft hatten.

Einmal mussten wir eine chinesische Landstraße überqueren. Wir mussten eine günstige Gelegenheit abwarten, denn die chinesischen Soldaten durften uns ja nicht sehen. Unter uns war also die Landstraße, und immer irgendwelche Truppen unterwegs. Wir mussten uns hinter einem Kamm verstecken und die Dunkelheit abwarten. Wir verabredeten, dass wir alle auf einmal die Straße überqueren würden. Aber als wir schon dicht an der Straße waren, fuhr ein Lastwagen vorbei, und die kleinen Kinder machten ein mörderisches Geschrei. Aber die Chinesen haben uns nicht gesehen. Als wir drüben waren, hat jemand die Straße mit einem Reisigbündel abgefegt, damit die Chinesen unsere Spuren nicht finden konnten.

Schüler/Schülerin: Wie groß waren denn die großen Männer, die sich immer hingelegt haben, um für die anderen einen Weg durch den Schnee zu bahnen?

Trungpa Rinpoche: Gar nicht so besonders groß. Die waren einfach stark und entschlossen, weiter nichts.

S: Leben sie noch?

TR: Ja – obwohl so viele von uns gefangengenommen wurden. Beim Aufbruch waren wir dreihundert, und nur fünfundneunzig sind entkommen.

Schüler/Schülerin: Haben die Chinesen und die tibetischen Buddhisten immer noch Krieg, oder ist der Krieg vorbei? Schießen sie noch aufeinander?

Trungpa Rinpoche: Nein, im Moment nicht. Die Chinesen haben die meisten buddhistischen Führer umgebracht oder vertrieben, also haben sie im Moment niemand mehr, gegen den sie kämpfen können.

Schüler/Schülerin: Wenn du unterwegs meditiert hast, bist du den Chinesen jetzt wohl nicht mehr sehr böse, oder?

Trungpa Rinpoche: Nein, eigentlich nicht. Das mit den Chinesen war ungefähr so wie ein Gewitter: Da kann man schlecht böse sein. Und es war wohl auch an der Zeit. Wären die Chinesen nicht in Tibet, dann wäre ich nicht hier.

Schüler/Schülerin: Warum schauen die Menschen zu Christus auf? Was mögen sie an ihm so sehr?

Trungpa Rinpoche: Na ja, er war sehr, sehr mutig. Und er war erleuchtet. Er gab sein Leben für die Menschen. Die Menschen liefen zusammen, um ihn sprechen zu hören. Er war ein sanfter Mensch, ein guter Mensch. Es gab noch andere gute Menschen außer ihm. Mohammed zum Beispiel. Wen noch?

S: König David.

TR: Ja, und viele, viele andere, die ähnliches getan haben.

Schüler/Schülerin: Damals in den Bergen, haben die Chinesen da auch versucht, euch aufzuspüren?

Trungpa Rinpoche: Allerdings. Ich glaube sogar, sie waren die ganze Zeit hinter uns, aber wir haben sie ausgetrickst. Hinter mir sollen sie immer noch her sein. Ein Freund von mir war mal in der chinesischen Botschaft in London. Da hing ein Fahndungsbild von mir, und ein Kopfgeld war ausgesetzt.

Schüler/Schülerin: Wie ist es zu dem Krieg zwischen den Chinesen und den Buddhisten gekommen?

Trungpa Rinpoche: Tja, die Kommunisten mögen einfach Meditation nicht. Sie halten sie für Zeitverschwendung. Sie finden, dass die Leute unentwegt arbeiten sollten. Meditation erzeugt zu viel persönliche Kraft. Die Kommunisten wollen aber Gruppenkraft, nicht persönliche Kraft. Sie glauben nicht an die grundlegende Gutheit des einzelnen; für sie kann nur die Gruppe gut sein. Das ist eigentlich auch der Grund, weshalb das Ganze Kommunismus heißt, denn das ist wörtlich die »Lehre von dem, was allen gemeinsam ist«.

So, vielleicht sollten wir hier Schluss machen. Danke, dass ihr so geduldig und gar nicht unruhig wart. Ich finde eure Geduld wirklich bewundernswert. Kommt sicher von eurer Meditation. Macht bitte weiter damit, ja? Und studiert den

Buddhismus weiter und versucht, euch mit euren Eltern anzufreunden – wenn ihr könnt. [Gelächter] Betrachtet sie als Freunde, nicht so sehr als Verwandte. Das ist ein sehr wichtiger Punkt. Danke.

12

Dharma-Poetik*

»Wenn wir über Dichter und Poetik sprechen, dann sprechen wir davon, uns wirklich ganz und sehr präzise auszudrücken, anstatt nur zu nuscheln – mit dem Mund, mit dem Geist, mit dem Körper. In der poetischen Welt haben wir etwas, das uns wach macht und in Schwung bringt. Hier ist Mut, und hier ist die unverrückbare Entschlossenheit, sich vor keiner Bedrohung mehr, welcher Art auch immer, zu fürchten. Wir verhelfen uns selbst zu dankbarer Wertschätzung für die Welt, die ja schon schön ist.«

WENN WIR ÜBER POETIK SPRECHEN, müssen wir uns nicht unbedingt auf sprachliche Poesie beschränken. Auch all das, was wir sehen, hören oder fühlen, hat seine Poetik. Wir sprechen also nicht von Lyrik; wir sprechen vom vollständigen, umfassenden Wahrnehmen der phänomenalen Welt – die Dinge sehen, wie sie sind. Dann wäre also auch davon

* Basierend auf eine Diskussion mit den Poetikstudenten des Naropa Institute, 1982

zu sprechen, wie man sein Essen poetisch isst oder seinen Tee poetisch trinkt. Diesen Ansatz könnten wir »Dharma-Poetik« nennen. Mit »Dharma« bezeichnet man, wie sie wissen, die Lehren des Buddha. Die Grundbedeutung des Wortes ist »Gesetz« oder »Norm«: die Wirklichkeit in der ihr angemessenen Weise erfahren.

Bei dieser Poetik können wir drei Stufen unterscheiden. Die erste ist die Zurückweisungsstufe. Wir weisen Gewohnheitsmuster wie Aggression, Leidenschaft und Unwissenheit zurück, die aus Ichbezogenheit entstehen. Wir müssen uns von solchen Mustern freimachen. Ein Beispiel: Wenn wir ein Kleidungsstück nicht vollständig säubern und von Farbe befreien, können wir ihm keine neue klare Farbe geben. Reinheit und das Aufgeben des Alten sind also Voraussetzung dafür, dass wir ein Kleidungsstück so einfärben können, wie wir möchten.

So ist das mit Geist und Körper auch. Wir müssen erst eine Läuterung, eine natürliche Läuterung erfahren. Das kann bedeuten, dass wir von unseren persönlichen Trips, von unseren Wünschen, von allen Philosophien, die man uns beigebracht hat, erst einmal loslassen müssen.

Auf der zweiten Stufe können wir uns dem nähern, was Poetik eigentlich bedeutet. Es gibt zwei Hauptarten: verjüngende Poetik und die Poetik des Altwerdens. Dazwischen sind viele weitere Formen möglich. Wir können Sonne und Mond, das grüne Gras, die Blumen, die Bäche und die Berge wirklich erkennen. Wir können ein Gewitter wirklich erkennen; wir können den Schneefall wirklich erkennen, wir können Vater und Mutter wirklich erkennen. Wir können die ganze Welt wirklich erkennen – oder, warum nicht? – uns über sie lustig machen; auch das ist völlig akzeptabel. Wir können uns über

Schnee im April lustig machen oder über unsere Eltern, die uns so schlecht behandeln.

Kurz und gut, der Grundgedanke der Poetik ist der, dass wir zuerst unser Universum sehr klar, sehr präzise und sehr gründlich wahrnehmen. Niemand macht uns etwas weis. Das wollen wir hier als Grundlage der Poetik nehmen.

Ein Gedicht als Beispiel, nicht aus dem Gedächtnis aufgesagt, sondern hier und jetzt verfasst:

Vaters Liebe ist gut.
Habe ich von Mutter geborgt?
Gleichwohl bleibe ich doch
Chrysantheme.

Schüler/Schülerin: Sie sagten, es gebe zwei Arten von Poetik, verjüngende Poetik und die Poetik des Altwerdens. Was meinen Sie damit?

Trungpa Rinpoche: Nun, entweder haben sie schon genug von der Welt gesehen, oder sie schicken sich an, die Welt zu sehen, wie sie aufwächst. Das ist wie der Unterschied zwischen einem guten Frühling und einem guten Herbst.

S: Oder einem jungen Dichter und einem alten Dichter?

TR: Ja, sehr richtig. Genau so.

S: Was weiß der alte Dichter, das der junge nicht weiß?

TR: Was sie da sagen, ist selbst schon Poesie. Fragen sie sich selbst! Der Kniff, wissen sie, besteht hier darin, dass ich ihnen nicht sonderlich helfen werde. Sie müssen das selbst herausfinden.

S: Sehr hilfreich. [Gelächter]

TR: Weniger hilfreich sein ist hilfreicher als hilfreich sein.

Schüler/Schülerin: Für mich liegt im Unvollkommenen eine gewisse Schönheit. Wenn man das Kleidungsstück ganz säubert und entfärbt und dann in einer reinen Farbe einfärbt, dann wäre die Farbe zwar rein, aber es wäre nur eine Farbe.

Trungpa Rinpoche: Nicht unbedingt. Sie können dem Stoff alle möglichen Farben geben. Und jedes Mal würde ein anderes Lächeln, eine andere Freude entstehen. Wir sprechen hier nicht von doktrinärer Poetik; wir sprechen von einer Poetik, die vielen Situationen gerecht werden kann – verschiedene Arten für verschiedene Menschen. Aber auf jeden Fall müssen wir am Anfang erst einmal saubermachen. Das ist immer so. Und wenn saubergemacht ist, können Farben aller Art zum Vorschein kommen. So wie ein gut geputzter Spiegel viele Dinge widerspiegeln kann.

Aber lassen sie uns jetzt zur dritten Stufe kommen. Der gemeinsame Nenner dieser drei Stufen ist ein Grundgefühl von Freude. Freude heißt ja manchmal, dass man nicht redlich mit sich selbst umgeht, sondern nur einen Weg gefunden hat, sich gehenzulassen und Selbstgenuss zu finden. Aber hier ist mit Freude gemeint, dass man eben *nicht* in Selbstgenuss schwelgt. Das ist die erste Stufe, die wir eben als das Läutern unserer selbst, als das Zurückweisen von Gewohnheitsmustern beschrieben haben.

Freude bedeutet mit anderen Worten, dass unsere Wahrnehmung der Welt geklärt werden kann. Die beste Poetik besteht hier in Präzision und Angemessenheit in der Art und Weise, wie wir das Universum wahrnehmen. Das ist die zweite Stufe. Wenn wir unsere Wahrnehmung klären, lassen wir uns nicht mehr täuschen von Grün, Gelb, Rot, Blau, Pink oder Orange. Wir lassen uns nicht von ihnen täuschen und auch nicht von Bergen, Bächen, Blumen und Bienen. Sie werden die Liste sicher mühelos verlängern können. Wir lassen uns auch von unserem Vater, unserer Mutter, unseren Schwestern, unseren Brüdern und unseren Geliebten nicht täuschen. Alle diese Dinge können Thema der Poesie sein, aber sie können auch zum Hindernis werden – sie können Blindheit erzeugen.

Hier wäre vielleicht noch mehr zum Thema »Freude« zu sagen. Freude ist da in der Welt, sie ist klar zu sehen und tief zu erfahren in diesem Universum. Wir ziehen also nicht lange Gesichter, sondern fangen an, diese Welt, in der wir leben, wahrhaft zu erkennen und dankbar zu schätzen. Es ist eine schöne Welt, eine wunderbare Welt, in der abendländischen Tradition würde man sagen: eine Gabe Gottes. Für die buddhistische Tradition ist sie das Ergebnis eines entsprechend herrlichen Karma. Aber Freude ist in beiden Fällen der Grundton.

Die dritte Stufe besteht darin, dass wir in Rede und Geist klar und rein sein müssen. Wenn wir über Dichter und Poetik sprechen, dann sprechen wir davon, uns wirklich ganz und sehr präzise auszudrücken, anstatt nur zu nuscheln – mit dem Mund, mit dem Geist, mit dem Körper. In der poetischen Welt haben wir etwas, das uns wach macht und in Schwung bringt. Hier ist Mut, und hier ist die unverrückbare Entschlossenheit, sich vor keiner Bedrohung mehr, welcher Art auch immer, zu fürchten. Wir verhelfen uns selbst zu dankbarer Wertschätzung für die Welt, die ja schon schön ist. Und darum, meine ich, geht es.

Schüler/Schülerin: Sie haben eine Reihe von Dingen unserer Alltagserfahrung erwähnt, von denen wir uns nicht täuschen lassen sollen. Was meinen Sie damit?

Trungpa Rinpoche: Genau da zu sein, wo wir hier und jetzt sind, das meine ich damit. Wir lassen uns von niemandem in seinen Trip – seine Egomanie, seine Philosophie – hineinziehen. Wir bleiben einfach, was wir sind. Nur eben das. Philosophie kann hier von jeder erdenklichen Art sein – religiös, soziologisch, politisch. Es geht nur darum, dass wir uns nicht irgendeiner Erfahrungsweise einfach anschließen, sondern selbst genau hinsehen, genau und gründlich erfahren, und immer wissen, was wir tun.

S: Zum Beispiel wissen, dass wir den Bergen und den Bächen unsere Philosophie überstülpen?

TR: Ja. Sie können die Berge besingen und den Himmel; können sie machen. Aber alles, was sie den Dingen überstülpen, werden sie loslassen müssen.

S: Und dann ist Freude?

TR: Ja. Wenn sie unglücklich sind, nicht froh, dann fallen sie auf allerlei Trips herein. Sie haben ein langes Gesicht, und es bleibt lang, aber sie kaufen trotzdem alles, was die Leute ihnen unter die Nase halten. Wenn sie wirklich Freude haben und zu sich stehen, fühlen sie, was sie sind, und das fühlt sich gut an; und dann wissen sie ganz einfach, wer sie einzuseifen versucht und wer wirklich helfen will.

S: Wie viel Aufwand ist gerechtfertigt, um herauszufinden, ob man von anderen zum Narren gehalten wird oder sich nur selber zum Narren hält?

TR: Tja, das ist kompliziert. Manchmal meinen sie nämlich, dass sie der andere sind, und der andere meint, er sei sie. Das beste dürfte sein, sich ganz für sich an Bergen, Flüssen, Wäldern, Schnee, Regen und Hagelwetter zu erfreuen. So werden sie auf irgendeine poetische Art sich selbst retten können. Übrigens glaube ich, dass Berge eigentlich und ursprünglich genau dazu da sind. Bäche sind dazu da, dass sie das tun können. Bäume auch. Dschungel auch. Seien sie also ganz für sich sie selbst. Ich bin sicher, dass sie wunderbare Gedichte schreiben können, wenn sie das tun.

Allen Ginsberg: Ich tue mich manchmal schwer, mir Freude auch nur vorzustellen, wenn ich krank bin oder Schmerzen habe. Ich frage mich, wie das wohl sein mag, wenn man alt ist und irgendwo unterwegs auf irgendeiner Straße im Nahen Osten, wo die Granatsplitter nur so schwirren, keine Familie mehr, keine Heimat mehr. Kurz, wie kann man unter extrem schmerzhaften Bedingungen wie Alter, Krankheit und Tod noch Gedichte der Dankbarkeit schreiben?

Trungpa Rinpoche: Nun ja, Schmerz und Lust gehen immer zusammen. Das ist der Klassiker unter den Weisheiten. Wenn sie Schmerz empfinden, dann deshalb, weil sie zugleich froh sind. Warum tragen sie eine dunkle Sonnenbrille? Weil sehr viel Licht auf sie zukommt. Verstehen sie die Logik? Und Frustration fügt sich genauso in dieses Muster ein. Sie empfinden immer beides zugleich, und manchmal merken sie es sogar: Im schlimmsten Schmerz findet man manchmal das schönste Glück. Haben sie das schon mal erlebt? Wir erfahren davon in den Geschichten von Milarepa und Marpa – von allen Dichtern der Kagyü-Linie.

AG: Was verhindert denn völlige Desillusionierung, Depression, das Untergehen in körperlichem Schmerz? Ist es die Festigkeit des Geistes, die man durch meditative Schulung gewonnen hat?

TR: Ich denke, es ist eine Art Funke, eine Eruption der Freude, die mitten im Schmerz geschieht. Vor allem im Schmerz.

AG: Und Sie glauben, das geschieht den Menschen wirklich, die irgendwo in einem Bürgerkriegsland unter grauenhaften Umständen leben?

TR: Ja. Weil es da so viel Chaos gibt, gibt es auch so viel Stille. Zwischen Stille und Chaos besteht die Beziehung der Relativität, ganz im einsteinschen Sinne.

Schüler/Schülerin: Glauben Sie, dass der amerikanischen Dichtung etwas fehlt, weil wir keine meditative Tradition haben?

Trungpa Rinpoche: Die amerikanischen Dichter sind ganz in Ordnung, als Dichter. Aber ich glaube, sie könnten ein bisschen meditative Schulung gebrauchen, um einfach die phänomenale Welt besser und mit mehr Wertschätzung zu sehen: wie schön das Grün der Pflanzen und das Blau des Himmel ist, wie wunderbar das Weiß der Wolken. Vielleicht dichten die Dichter zu viel. Sie müssen die Lebendigkeit der Welt sehen. Amerika ist ein wunderbares Land. Ihr habt so hohe Berge, so schöne Seen, soviel grünes und fruchtbares Land. Ihr habt alles in diesem Land. Sie sollten stolz sein auf ihr Land, dann sehen sie die Schönheit Amerikas – wenn sie ein Dichter werden.

Schüler/Schülerin: Rinpoche, ich hörte mal jemanden sagen: »Das Leiden ist der Besen, der die Ursache des Leidens hinwegfegt.« Ist es das, was Sie mit »Funken von Lust und Schmerz« meinen?

Trungpa Rinpoche: Gut gesagt. Sie müssen ein Schüler des Buddhismus sein. [Gelächter] sie müssen ein Vajrayāna-Schüler sein.

S: Situ Rinpoche hat das gesagt.

TR: O ja, das ist gut. Vielen Dank.

13

Schein-Energie*

»Wenn wir uns in der richtigen Weise auf das Geld einlassen, ist es nicht mehr bloß das Zeichen von Austausch oder von abstrakter Energie, sondern wird auch ein Schulungsmittel: Wir sind nicht mehr abhängig davon wie von Tabletten, die für uns zur Suchtdroge geworden sind, sondern können ganz praktisch und nüchtern damit umgehen wie ein Meister mit seinen Werkzeugen.«

Beim Umgang mit Geld sind wir ständig in einer Art Chaos. Das liegt daran, dass die Beziehung zwischen der Erde und uns unterbrochen ist. Mit der Erde verbunden sein heißt, dass man weiß, wann praktisch und direkt zu handeln ist; man ist dann wirklich innig verbunden mit dem, was man tut. Das passiert uns selten, wenn es ums Geld geht.

Geld ist im Grunde eine ganz einfache Sache. Aber unsere Einstellung zum Geld ist mit so vielem befrachtet, voller vorgefasster Anschauungen eines Ich, das sich nur selbst erhö-

---

* Ursprünglich für Harpers Sonderausgabe über Geld verfasst, 1976

hen will und dieses Ziel mit manipulativen Mitteln verfolgt. Das Umgehen mit Geld – nichts weiter als Papier und Metall – wird als ein sehr ernstes Spiel angesehen. Es ist ungefähr so, als baute man eine Sandburg und verlangte dann Eintritt. Der Unterschied zwischen den Spielen der Kinder und denen der Erwachsenen besteht darin, dass bei den Erwachsenen immer Geld dazugehört. Kinder denken nicht an Geld, aber Erwachsene hätten immer gern Eintritt für ihre hehren Konstruktionen.

Auch wenn wir das Geld als in sich selbst unbedeutend zu betrachten versuchen, einfach als Zeichen oder Be-Scheinigung unserer praktischen oder schöpferischen Fähigkeiten, gewinnt es doch große Bedeutung, weil es mit der Energie unserer vorgefassten Anschauungen verbunden ist. Geld hat irgendwie etwas Peinliches an sich, es steht unserem Herzen ein bisschen zu nahe. Deshalb nennen wir es auch lieber anders, »Knete« oder »Kohle«. Oder wir verstehen das Geld als unsere Rettungsleine, als Absicherung; sein abstrakter Gehalt repräsentiert irgendeinen unbenennbaren Aspekt unserer selbst. Wir sagen zum Beispiel: »Ich bin pleite und habe allen Mut verloren«; »Ich bin ein solider Bürger, nie in den roten Zahlen«; »Ich habe soviel Geld, dass ich mir gar kein einfaches Leben leisten kann.«

Die Energie, die die Scheine annehmen, macht bei allen Kommunikationen und Beziehungen einen gewaltigen Unterschied. Wenn ein Freund im Restaurant plötzlich seine Rechnung nicht bezahlen will, entsteht bei uns sofort ein Gefühl von Übelnehmen, von Getrenntsein. Wenn ein Freund uns einen Tee spendiert, so ist das ja nur eine Tasse, heißes Wasser und ein bisschen Tee, aber trotzdem kommt noch irgendeine Bedeutungsdimension hinzu.

Es erscheint mir sinnvoll, uns gerade den negativen Aspekten des Geldes zuzuwenden, um etwas mehr über uns selbst in Erfahrung zu bringen. Wir müssen herausfinden, inwiefern dieses ebenso peinliche wie mächtige Tauschmedium ein Teil unserer selbst ist, den wir nicht ignorieren dürfen. Wenn wir uns in der richtigen Weise auf das Geld einlassen, ist es nicht mehr bloß das Zeichen von Austausch oder von abstrakter Energie, sondern wird auch ein Schulungsmittel: Wir sind nicht mehr abhängig davon wie von Tabletten, die für uns zur Suchtdroge geworden sind, sondern können ganz praktisch und nüchtern damit umgehen wie ein Meister mit seinen Werkzeugen.

14

Aufwachen*

»Wenn sie zu lange warten, sei es in der christlichen oder in der buddhistischen Tradition, passiert gar nichts. Der ›Heilige Geist‹ oder das, was wir ›erster Gedanke, bester Gedanke‹ nennen, springt sie ja an, sie brauchen gar nicht darauf zu warten. Mut ist hier verlangt: Sie müssen bereit sein, dem Erfordernis des Augenblicks bedenkenlos zu folgen. Wann immer ihnen eine Eingebung kommt, folgen sie ihr augenblicklich. Deswegen heißt es: ›Erster Gedanke, bester Gedanke.‹ Einfach augenblicklich folgen!«

ERLEUCHTUNG IST EIN ZIEMLICH UMFANGREICHES THEMA, und ich möchte meine Erörterung hier ganz einfach halten. Das Sanskritwort für Erleuchtung lautet *Bodhi,* und das bedeutet »wach«. Macht man ein Nomen daraus, dann wird es *Buddha.* Buddha nennt man also jemanden, der zu einem wachen Seinszustand gelangt ist. Was hier mit »wach« gemeint

* Vortrag auf der dritten Konferenz des Naropa-Instituts über buddhistische und christliche Meditation, 1983

ist, hat aber nichts mit dem Wachen oder Schlafen des Körpers zu tun. Wach heißt hier, von Grund auf verwirklicht zu sein, so dass man den Schmerz der Welt und auch den Ausweg aus dieser Welt des Leidens sehen kann.

Als der Buddha Erleuchtung erlangt hatte, fragte er sich sieben Wochen lang, wie er solch eine Erfahrung von Wachheit den Menschen mitteilen könne. Ähnlich war es wohl, als Christus diese lange Zeit in der Wüste verbrachte; manche meinen ja sogar, er sei nach Tibet oder zumindest nach Kaschmir gegangen.

Der Buddha entdeckte und lehrte, dass es Menschen möglich ist, erweckt zu werden. Dieser Zustand des Erwecktseins hat zwei Hauptkennzeichen: das erste, auf Sanskrit *Karunā,* ist Weichheit, Sanftheit, ist das, was wir »tätiges Mitgefühl« nennen; der zweite ist *Upāya,* »geschickte Mittel«. Der Karunā-Aspekt hat mit uns selbst zu tun, der Upāya-Aspekt bezieht sich auf unseren Umgang mit anderen. Mitgefühl und geschickte Mittel bilden zusammen das, was man Ichlosigkeit nennt. Nicht-Ich, das heißt frei sein von allen Fesseln, frei vor allem von der Vorstellung, das eigene Sein sei von substantieller Wirklichkeit.

Wir neigen dazu, uns an alle möglichen Vorstellungen und Auffassungen zu klammern. Wir müssen uns diese Neigung eingestehen und erkennen, dass wir dadurch an die niederen Daseinsbereiche gekettet sind: an den Bereich der Hölle, der Hungrigen Geister und der Tiere. In der christlichen Tradition hängen diese Bereiche mit der Idee der Sünde zusammen. In der buddhistischen Tradition denken wir dabei jedoch nicht an Bestrafung, und der Begriff der Ur- oder Erbsünde existiert nicht. Wir sprechen vielmehr von Gewohnheitsmustern. Manche Hunde, wenn sie einen Menschen sehen, möchten gern beißen oder bellen; wenn ein Floh auf einen Menschen springt, möchte er auch gern beißen; wenn Menschen einander begegnen, möchten sie küssen – und so weiter. Das sind die Instinktreaktionen, die wir mit »Gewohnheitsmuster« meinen. Und wenn ein Mensch ganz seinen Gewohnheitsmustern verfällt, lebt er in den niederen Bereichen seiner Leidenschaft, Aggression und Verblendung.

Wir klammern uns an das, was wir zu sein glauben, und daraus entstehen alle möglichen Gewohnheitsneigungen. Wir lassen uns scheiden, weil wir meinen, wir würden einen besseren Partner finden. Wir wechseln das Restaurant, weil wir meinen, wir fänden anderswo etwas, wo wir besser und billiger essen können. So funktionieren die Gewohnheitsmuster des Ich. Erleuchtung ist Freisein von solchen Mustern. Und der Weg zu dieser Freiheit ist die Praxis der Meditation im Sitzen.

Bei der Meditation im Sitzen betrachten wir unseren Geist und wahren eine gute Haltung. Und wenn wir Körper und Geist in dieser Weise zur Übereinstimmung bringen, eifern wir dem Buddha nach – wir erlernen die richtige Art zu *sein*. Dann bildet sich allmählich ein Einverständnis mit uns selbst, was etwas ganz anderes ist als dieses Haften an uns selbst. Etwas Weiches und Sanftes entsteht da, und jetzt verstehen wir, inwiefern die Buddhisten sanft sprechen und achtsam wandeln.

Dann beginnt diese Erfahrung der Sanftheit und Achtsamkeit sich über die Meditation im alltäglichen Leben auszubreiten; sie erfasst das Einkaufen, Kochen, Saubermachen und alles, was wir sonst so tun. Und wir merken, dass die Dinge nicht nur Problem und Plage sind, sondern dass mit ihnen durchaus zurechtzukommen ist. Eine erstaunliche Einsicht kommt uns: Das Leben ist lebenswert. Wir fangen an, uns besser zu behandeln. Wir tragen gute Kleidung, wir ernähren uns gut, wir lächeln. Die Stimmung bessert sich und wir merken, dass das Leben etwas grundlegend Gutes hat. Und schließlich merken wir, dass auch andere in diese Welt hineingezogen werden können.

Jetzt leben wir achtsam und in dankbarer Wertschätzung der phänomenalen Welt. Was in unserem Leben mühsam und schwer ist, kommt nicht von den anderen, sondern ist immer selbstgemacht. Deshalb können wir es auch abschütteln und unsere Welt dankbar begrüßen. Ich möchte ihnen allen einen Vorschlag machen: Seien wir unserer selbst gewahr, seien wir froh und dankbar in der Erfahrung unseres Lebens, und lächeln wir mindestens dreimal jeden Tag. Ich danke ihnen.

Tut mir leid, wenn das ein bisschen nach Predigt klingt. Wenn sie jetzt Fragen stellen möchten, bin ich sehr gern bereit zu antworten.

Zuhörer/Zuhörerin: Ich bin so froh über Ihre Gastfreundlichkeit, die mir als Christ ermöglicht, hier zu sein. Ich bin zutiefst dankbar für den Geist, der das hier möglich macht. Wir haben so viel voneinander zu lernen, ich habe so viel zu lernen. Wie ich hörte, haben Sie aufgrund einer Begegnung mit Thomas Merton zu dieser Zusammenkunft hier im Naropa Institute angeregt. Da wir heute hier die Früchte dieser Begegnung genießen, würde ich, falls Sie darüber sprechen möchten, sehr gern hören, welchen Eindruck Sie von dieser Begegnung hatten.

Trungpa Rinpoche: Vielen Dank. Pater Merton besuchte Südostasien, als ich in Kalkutta war. Er war von einer Gruppe eingeladen worden, die der Philosophie des Stöberns im spirituellen Supermarkt folgte, und er war der einzige, dem auffiel, dass da etwas ganz und gar nicht stimmte. Er spürte die Orientierungslosigkeit und Unwissenheit, die dort herrschten, blieb aber trotzdem da. Wir aßen zusammen und sprachen ausgiebig über spirituellen Materialismus. Etliche Gin Tonics begleiteten unser Gespräch. Ich hatte das Gefühl, einem alten Freund, einem echten Freund zu begegnen. Wir planten sogar die Herausgabe eines Buches, das Auszüge aus den heiligen Schriften des Christentums und des Buddhismus enthalten sollte. Wir wollten uns in Großbritannien oder Nordamerika wieder treffen. Er war unter den Westlern, denen ich begegnete, der erste echte Mensch.

Nach dieser Begegnung mit Pater Merton besuchte ich etliche Mönchs- und Nonnenklöster in Großbritannien, und in einigen wurde ich gebeten, über Meditation zu sprechen. Ich tat es. Und ich war sehr beeindruckt. Als ich in Oxford studierte, hatte ich als Tutor einen belgischen Priester, einen Jesuitenpater, der in Sri Lanka studiert hatte. Er konnte Sanskrit und las viel in den buddhistischen Sūtras und ihren Kommentaren. Die kontemplative Seite des Christentums und die Klöster selbst beeindruckten mich tief. Das Leben hier und die ganze Art der Menschen brachten mich zu der Überzeugung, dass Christentum und Buddhismus nur dadurch zusammenzubringen sind, dass man die kontemplative Praxis des Christentums und die meditative Praxis des Buddhismus miteinander verbindet.

Zuhörer/Zuhörerin: Sir, Tenshin Anderson Sensei sprach neulich von einem stillen Punkt im Zentrum, wo die Buddhas leben – wo man den Schmerz aller Lebewesen und die Leiden aller Lebewesen erfährt. Und er sagte, von dort her wachse etwas oder steige auf wie Wolken. Das sei die Essenz von Mitgefühl und der geschickten

Mittel; wenn sie sich bilde und aufsteige, könne man in die Welt hinausgehen und für alle Lebewesen Gutes tun. Das erinnerte mich an »erster Gedanke, bester Gedanke«. Können Sie etwas sagen über »erster Gedanke, bester Gedanke« und das mitfühlende Handeln in der Welt?

Trungpa Rinpoche: Ich glaube, das ist eine Frage des Nicht-Zögerns. Wenn sie zu lange warten, sei es in der christlichen oder der buddhistischen Tradition, passiert gar nichts. Der »Heilige Geist« oder das, was wir »erster Gedanke, bester Gedanke« nennen, springt sie ja an, sie brauchen gar nicht darauf zu warten. Mut ist hier verlangt: Sie müssen bereit sein, dem Erfordernis des Augenblicks bedenkenlos zu folgen. Wann immer ihnen eine Eingebung kommt, folgen sie ihr augenblicklich. Deswegen heißt es: »Erster Gedanke, bester Gedanke.« Einfach augenblicklich folgen.

Zuhörer/Zuhörerin: In dem Zusammenhang haben wir über zwanghaftes Helfen-wollen gesprochen, über dieses voreilige Sich-Aufdrängen, um jemanden zu ändern. Wenn jemand leidet, möchte man dieses Leiden anhalten, aber das ist vielleicht nur ein auf Vorstellungen beruhendes, zwanghaftes Handeln, das eher schadet als nützt. Können Sie noch etwas deutlicher sagen, worin der Unterschied zwischen echtem mitfühlendem Handeln und bloßem Getriebensein, bloßem Zwangsverhalten liegt?

Trungpa Rinpoche: Das ist wie beim Niesen und Nase putzen. Sie niesen spontan und putzen sich dann die Nase.

Z: Ah, vielen Dank!

Zuhörer/Zuhörerin: Zuerst möchte ich gern sagen: Ich finde, das war eine sehr nette christliche Ansprache, die Sie da gehalten haben.

Trungpa Rinpoche: Danke.

Z: Aber ich mache mit Christen immer die Erfahrung, dass Sie große Schwierigkeiten haben mit dem Umstand, dass die Buddhisten keinen Gottesbegriff haben oder nicht an die Wirklichkeit Gottes glauben. Ich versuche sie zu beruhigen und sage ihnen, bei meiner Lektüre hätte ich festgestellt, dass Buddhisten einfach nur andere Wörter benutzten. Bei ihnen besitzen Wörter wie »das Selbst« oder »Das« oder »Soheit« einen ähnlichen Stellenwert.

Aber heute habe ich eine interessante Erfahrung gemacht. Ich habe jemanden getroffen, der aus der orthodoxen Tradition kommt und dann Buddhist geworden ist; er hat mir etwas mitgeteilt, was Sie mal in seiner Gegenwart gesagt haben, nämlich dass Sie eine gewisse Nähe zur orthodoxen Auffassung der Wirklichkeit empfinden, die von der Gottesidee repräsentiert wird. Ich würde gern darüber noch Näheres hören.

TR: Die orthodoxe Tradition war eigentlich *der* Lichtblick in meiner Oxforder Zeit, weil ihre Anhänger verstehen, was Meditation ist; sie wissen, dass Meditation nicht einfach Nichtstun ist, sondern auch verlangt, dass man seine Offenheit ausstrahlt. Die kontemplativen Traditionen im Judentum und Christentum, insbesondere die chassidische Überlieferung und im orthodoxen Christentum das Herzensgebet – mit beiden habe ich mich ein wenig befasst –, scheinen der Boden zu sein, auf dem die östliche und die westliche Auffassung einander begegnen können. Wenn wir von Dogmen und Doktrinen einmal absehen, wird klar, dass das Herz der Boden ist, auf dem beide stehen und sich begegnen können. Irgendwann werde ich mit meinen Schülern und Schülerinnen mal zum Berg Athos fahren, um zu sehen, wie die orthodoxen Mönche ihr Leben führen.

Zuhörer/Zuhörerin: Mich würde alles interessieren, was Sie vielleicht über den Gottheits-Yoga sagen könnten, insbesondere zu der Frage, inwiefern die Visualisation von Gottheiten eine Bewusstseinsveränderung bewirkt.

Trungpa Rinpoche: Von welcher Art von Bewusstsein sprechen sie?

Z: Ich meine die Änderung, die der Gottheits-Yoga, die Praxis des Gottheits-Yoga, in unserem normalen Gewahrsein der Welt bewirkt. Ich fragte also: Wohin führt das, welche Art von Bewusstsein erzeugt das?

TR: Jeder hier ist Gottheit. Das ist ganz einfach. Einer der wesentlichen Punkte ist hier, dass man Klarheit über die grundlegende Heiligkeit von allem gewinnt. Heiligkeit ist auf Sanskrit *Adhishthāna*; es bedeutet auch »Segnung« oder »tragende Kraft«. Adhishthāna gibt ihnen ein offenes Herz und zugleich ein Gefühl von Wachheit. Es geschieht eben jetzt, während wir miteinander sprechen. Sehen sie es?

Z: Vielen Dank.

TR: Tja, meine Damen und Herren, leider gibt es so etwas wie Zeit, und sie wird knapp, so dass wir jetzt vielleicht besser schließen. Ich möchte meinen Dank aussprechen, ihnen, die sie teilgenommen haben, und vor allem denen, die diese Konferenz organisiert haben. Sie alle sind so freundlich, aufrichtig und gut gewesen. Ich hoffe, sie können wiederkommen und noch mehr beitragen. Das wird ein Stück vom Kuchen der Weltrettung sein. Ich danke ihnen sehr.

Anhang

Das Bön-Leben

Die ursprüngliche, vorbuddhistische Religion Tibets, Bön, ist ein sehr umfangreiches und vielgestaltiges und ein weitgehend noch unbehandeltes Thema. Leider ist es auch außerordentlich schwierig, zutreffende Informationen über die höhere spirituelle Schulung im Bön zu erhalten; was wir zur Zeit an Material zur Verfügung haben, lässt nur Umrisse erkennbar werden und ist zudem mit volkstümlichem Buddhismus durchsetzt. Wenn man heutige Bön-Priester befragt, stellt man fest, dass sie häufig in buddhistischen Ausdrücken sprechen und Parallelen zwischen ihrer Lehre und den Lehren des Buddhismus aufzuzeigen versuchen.

Noch weiter wird die Erforschung der Bön-Religion dadurch erschwert, dass es in Tibet ein »weißes Bön« gibt, was eigentlich nichts anderes als »bönisierter« Buddhismus ist. Weißes Bön ist also eine adaptierte Form des Buddhismus, aber der »Buddha« heißt hier Shenrap, und an der Stelle des buddhistischen Vajra finden wir das Hakenkreuz, die linksdrehende Swastika. Die Swastika repräsentiert im Bön Unwandelbarkeit und Unzerstörbarkeit; darin ist sie wie der buddhistische Vajra, doch darüber hinaus steht sie auch für Reichtum und Fülle. Häufig erscheint sie als Symbol des Reichtums, zum Beispiel als Verzierung, die man an seinem

Chuglha-Beutel anbringt – einem Beutel mit Dingen, die dem Gott des Reichtums geweiht sind. Weiterhin heißt ein Bodhisattva im Bön *Yungdrung sempa,* das heißt *Svastikasattva.* In Texten steht »Bön« für »Dharma«. Es gibt Bön-Entsprechungen aller Namen von Buddhas und Bodhisattvas, aber auch für die zehn »Stufen« – oder *Bhūmis,* wie das Sanskritwort lautet – des Bodhisattva-Pfades. Die heutigen Bön-Anhänger sind demzufolge meist keine besonders verlässlichen Informanten, was die reine Tradition ihrer Religion angeht.

Die meisten ursprünglichen Bön-Texte sind entweder vernichtet oder auf Buddhismus getrimmt worden. Da wir also kaum noch ursprüngliche philosophische Quellen haben, müssen wir beispielsweise die Kosmologie des Bön aus Ritualtexten rekonstruieren, die intakt blieben, weil sie vom Buddhismus assimiliert wurden. Immerhin, einige Bön-Texte haben überlebt, und es ist möglich, die Grundzüge des Bön aus ihnen abzuleiten.

Das tibetische Wort »Bön« bedeutet »Lebensweise« und wird traditionell im Sinne von »grundlegendes Gesetz« aufgefasst. Der tibetische Name für Tibet ist Bö, und das ist im Prinzip das gleiche Wort. Außerdem wurde Tibet bis etwa ins siebte Jahrhundert von seinen Bewohnern Bön genannt, während Bö erst später gebräuchlich wurde. Wir wissen das aus antiken Schriftrollen, die Anfang unseres Jahrhunderts in afghanischen Höhlen gefunden wurden, und aus alten khotanischen Rollen, auf denen von Steuern die Rede ist, die »dem großen König von Bön« gezahlt wurden. Der Name der tibetischen Religion und des Landes selbst waren also zumindest im Altertum gleichlautend.

Die höheren Bön-Lehren wurden den Tibetern von dem Weisen Shenrap Miwo mitgeteilt. *Shen* bedeutet »himmlisch«; *Rap* bedeutet »Erhabener«; und *Miwo* bedeutet »großer Mensch«. Shenrap lebte lange vor dem Buddha. Der Shenrap-Mythos nennt den Buddha als den Lehrer der Weisheit, König Gesar als den Lehrer des Krieges, den Herrn von Taksik als den Lehrer des Gesetzes und des Reichtums und so weiter. Sie alle werden als Inkarnationen Shenraps aufgefasst. Das Werk Shenraps existiert in Tibet heute noch in über vierhundert Bänden, aber es ist von den Buddhisten sehr stark bearbeitet worden. Ein paar Bücher, die den Buddhisten nicht in die Hände fielen, geben uns einige Anhaltspunkte zu der Frage, wie man als Praktizierender den Bön-Pfad geht.

Die Bön-Religion verfolgt mit ihrer Darstellung von der Entstehung des Universums die Absicht, das Land und die Bräuche und Gewohnheiten des tibetischen Volkes zu heiligen. Das steht im Gegensatz zur buddhistischen Spiritualität, die ja dem weitaus abstrakteren Ziel der inneren Entwicklung verpflichtet ist. Die Spiritualität des Bön gründet sich auf eine Kosmologie: Neun Götter erschufen die Welt, eine Welt, in der Geburt, Tod, Ehe und Krankheit ihren Platz haben. Wenn der Gläubige durch Rituale und Zeremonien und durch das Verständnis dieser Zeremonien eine Verbindung zu den Göttern herstellen kann, so ist er in der Lage, alles zu erfüllen, was die kosmische Ordnung von ihm verlangt.

Spirituelle Einsicht zu erlangen ist im Bön nur möglich auf der Grundlage von *Tendrel,* dem »kosmischen Gesetz«. Hier besteht eine gewisse Beziehung zu dem buddhistischen Begriff *Nidāna:* beide fassen den Gang der Dinge als kausale Verkettung auf. Während aber der buddhistische Begriff dem Schicksal etwas Definitives gibt, lässt Tendrel Raum für Eingriffe und Einflüsse. Wer durch die richtigen Riten und Praktiken in Übereinstimmung mit dem Gang der Dinge bleibt, kann darauf vertrauen, nicht aus diesem Strom herausgestoßen zu werden. Indem er die höchste Bön-Gottheit in der angemessenen Weise anruft und auch seinen eigenen Namen dabei immer wieder nennt, kann er die Götter als Verbündete und Beschützer herbeirufen.

Das höchste göttliche Prinzip des Bön wird Yeshen genannt. Dieser höchsten Gottheit wird die gleiche kosmische Totalität zugeschrieben, die wir auch in den meisten anderen theistischen Religionen finden. *Ye* bedeutet »uranfänglich« oder »ursprünglich«; *shen* bedeutet »göttlich«, »himmlisch« oder »spirituell«, besitzt aber auch einen anthropomorphen Beiklang, etwa im Sinne eines göttlichen Urahnen. Shen hat jedoch auch einen Unterton von Wohlwollen und Güte im Sinne von »Freund« oder »Verbündeter«. Der Ahnen-Aspekt verknüpft das Gefühl von Würde und Reichtum des Uralten mit dem Göttlichen. Yeshen wird als passiv und friedvoll angesehen, als Hort der letzten friedvollen Ruhe für den, der ihn anbetet.

Der Energie-Aspekt der göttlichen Sphäre wird von Se verkörpert. Se ist vor allem das rächende Prinzip, und er kommuniziert direkt mit dem Menschen. Er ist das Bindeglied zwischen der absoluten Ebene des Göttlichen und der relativen Ebene des Menschen. Für den Menschen kommt es im Bön darauf an, den Yeshen-Charakter in allen Dingen, auch denen des täglichen Lebens, zu sehen. Kann er das, so wird ihm weitere Anleitung durch Se zuteil, der ihm die Richtung seiner spirituellen Praxis weist.

Se ist ein machtvoller Krieger, und der Bön-Gläubige nennt ihn »Gott« *(lha)*. Die weltlichen Könige Tibets trugen ebenfalls den Titel Lha und hatten dadurch teil an der Ausstrahlung, die vom Bild des machtvollen Kriegers ausgeht. Schon im Altertum hieß die Hauptstadt Tibets Lhasa (*sa* bedeutet »Ort«), und so fiel der Sitz des Königs mit dem des Gottes zusammen.

Wir wollen uns jetzt einen gewissen Eindruck verschaffen von den Methoden, mit Se in Verbindung zu treten und sich mit Yeshen zu vereinigen. Bön legt im Unterschied zu den Schöpfungen der arischen Kultur – insbesondere Hinduismus, Buddhismus und Jainismus – wenig Wert auf Bestrebungen der Selbsterlösung durch Entsagung. Nach der Bön-Philosophie kommt Yeshen im Wechselspiel zwischen Himmel und Erde zum Ausdruck. Deshalb sucht der Praktizierende magische Macht durch die Vereinigung mit der Yeshen-Natur, wie sie sich in Bergen, Bäumen, Flüssen und Seen niederschlägt – die ja in Tibet alle in eindrucksvoller Weise vertreten sind. Besonders stark ist die Hinwendung zu Wasserfällen, Schneefall, Wolken und dem Nebel, der aus den tiefen Tälern aufsteigt, denn in ihnen bekundet sich das Wirken Yeshens mehr als anderswo, und so kommt dem Glauben an die magische Kraft dieser Naturphänomene eine überragende Bedeutung zu.

Um mit Yeshen zu kommunizieren, muss der Praktizierende zunächst den höchsten Gipfel der Gegend aufsuchen. Beim *Lhasang,* einer Reinigungszeremonie, die in Tibet an glückverheißenden Tagen (und sogar von Buddhisten) häufig ausgeführt wird, ruft er den Namen Yeshens an.

Zur Vorbereitung des Lhasang wird ein Feuer aus Zedernnadeln entfacht. Es werden Opfergaben dargebracht, bestehend aus den »drei weißen Dingen« (Quark, Milch und Butter), den »drei süßen Dingen« (brauner Zucker, Kristallzucker und Honig) und gebuttertem *Tsampa* mit Puffgerste und Schalen, die mit Gerstenbier, Tee und Milch gefüllt sind. Yeshen, Se und die acht *Degyes* (Ses Boten) steigen auf dem Rauch vom Himmel hernieder. Die Zeder ist Ses Baum; ihr Holz und

Rauch gelten als rituell rein. Die Zeremonie soll das Göttliche in die Sphäre des Menschlichen herunterbringen und zugleich die Zeremonie in die Sphäre des Göttlichen erheben. Das Verbrennen der Zedernnadeln ist eines der wichtigsten Mittel der Kommunikation mit Yeshen. Der Praktizierende selbst wird gleichsam aufgesogen vom Rauch des Ritualfeuers. An den Mustern des aufsteigenden Rauchs kann man bestimmte Botschaften ablesen. So deutet etwa sanft aufsteigender weißer Rauch darauf hin, dass man akzeptiert wird, während dunkler Rauch, der immer wieder vom Wind unterbrochen wird, Hindernisse erwarten lässt.

Die Schöpfung ist das Werk von neun Gottheiten (einschließlich Se), die zusammen das Se-Prinzip bilden. Nur über Se oder eine der anderen acht Gottheiten kann der Mensch zu Yeshen in Verbindung treten. Se, wenn man sich ihm nur richtig nähert, kann Yeshen veranlassen, die Grundenergie des Universums auf eine für den Bittsteller günstigere Weise fließen zu lassen. Die übrigen acht Gottheiten sind Ses Boten oder Degyes. Diese Degyes sind allerdings eher Typen oder Prinzipien als individuelle Wesenheiten, denn sie können in vielen verschiedenen lokalen Manifestationen auftreten. Jeder Degye hat außerdem ein Gefolge von Günstlingen, Aufwärtern, Helfern und anderen, die seinem Geheiß folgen.

Von welcher Art diese Bön-Gottheiten sind, kann man aus ihrer Ikonographie und den ihnen geweihten Ritualen und Zeremonien ersehen. Als durchgängigen ikonographischen Zug haben Se und die Degyes das *Per,* ein knöchellanges, kimonoartiges Gewand mit dreieckigen Ärmeln und einer über die Hüften fallenden Falte. Das Per war im Altertum das Gewand des tibetischen Königshauses. Die kriegerischen Degyes tragen unter dem Per eine Rüstung und dazu einen Helm mit

Wimpeln in ihren jeweiligen Farben. Diese Wimpel lassen den Status einer Gestalt erkennen. Se trägt ein weißes Per mit kristallener Rüstung und einem ebensolchen Helm. Weiß ist das Zeichen der Göttlichkeit – es ist rein und enthält alle anderen Farben. Er reitet ein weißes Pferd mit Türkisflügeln.

Der einzige weibliche Degye ist Lu, dem Wasser zugeordnet. Sie bringt den Regen und daher auch Fruchtbarkeit. So ist sie auch die Schutzgottheit der Frauen, insbesondere der jungen Mädchen. An Seen und Quellen erbaut man Schreine, die Lu geweiht sind. Sie straft mit Lepra, Rheumatismus und Hautkrankheiten. Mit Opfergaben der drei weißen Dinge und der drei süßen Dinge kann man sie günstig stimmen. Lu sind die Schlangen sowie die blaugrauen Pferde und Esel zugeordnet. Sie trägt ein Kleid aus Federn und nahtloser Wasserseide, das Nebel repräsentiert. Sie reitet ein blaues Pferd mit weißen, Wasser andeutenden Streifen und hält eine mit Edelsteinen gefüllte Kristallvase.

Tsen ist der Gott des Feuers. Sein ist die Macht augenblicklicher Zerstörung. Zu ihm gehören Schnelligkeit und Vollbringen – insbesondere der Destruktion. Er tötet seinen Feind nicht von außen, sondern vermag aufgrund der Schnelligkeit seines Pferdes und seines jähen Zorns durch Mund oder After in den Körper seines Feindes einzudringen. Tsen ist die Schutzgottheit der Banditen und Krieger. Missgeschicke, die er herbeiführt, sind Herzversagen und Tod durch Unfall. Herausgefordert wird er durch Feuer am falschen Ort, durch das Rösten von Fleisch und ganz allgemein durch das Stören der Harmonie eines bestimmten Ortes. Als Opfergaben für ihn eignen sich Ziegenblut und Ziegenfleisch. Braune Pferde und Schakale sind ihm zugeordnet. Er trägt eine kupferne Rüstung unter seinem roten Per und reitet einen Rotschimmel, in seinem Bild herrscht der Eindruck von Blut und Feuer vor. Der Sonnenuntergang ist die Zeit, zu der er bevorzugt zuschlägt. Er hält einen Krummsäbel und ein Lasso.

Therang ist in den Felsbrocken, in der Asche und in Würfeln. Er bringt Glück im Spiel, vor allem beim Würfeln, aber auch bei Brettspielen. In den Feldzügen des Altertums, heißt es, lenkte er die Flugbahnen katapultgeschleuderter Steine. Unter den Krankheiten und Gebrechen werden vor allem Fieber und Schwindel Therang zugeschrieben. Die für ihn geeignete Opfergabe ist Puffgerste mit Milch. Er ist der Schutzgott der Kinder und der Grobschmiede und hat auch eine gewisse Beziehung zum Regen. Therang reitet auf einer Ziege und trägt eine Ziegenhaut über seinem schwarzen Per. Er hält Blasebalg und Hammer.

Dü ist der Dégyé der Dunkelheit. Er bringt Unglück, wenn man ihn nicht mit Opfergaben und Speiseresten versöhnlich stimmt. Krähen und schwarze Schweine sind ihm zugeordnet. Sein Reittier ist ein Rappe mit einer Blesse. Rüstung und Helm sind aus Eisen, sein Per ist schwarz. Dü hält ein Schwert und einen Speer mit schwarzem Banner. An seinem Sattel hängt ein mit Gift gefüllter Wassersack, ein langes schwarzes Brett mit einem Griff, darauf der Name seines Opfers, und ein Knäuel vielfarbigen Garns, der von seinem Platz springen und das Opfer qualvoll verschnüren kann.

Chuglha ist der Gott des Reichtums. Er belohnt Sparsamkeit mit Wohlstand und bestraft Verschwendung mit Armut. Auch er kann Rheumatismus bringen, und dazu Geschwüre und überhaupt Krankheiten, die mit Schwellungen verbunden sind. Er ist die Schutzgottheit der Kaufleute und des Haushalts, und man opfert ihm Butter und Getreide. Er ist mit der Erde verbunden, aber auch mit Schafen, Yaks und

Pferden. Chuglha reitet ein gelbes Pferd oder einen Löwen. Er trägt ein goldenes Per über goldener Rüstung und dazu einen goldenen Hut, der wie eine Blüte mit vier Blütenblättern aussieht. Er hält ein vielfarbiges zylindrisches Siegesbanner in der Rechten und eine Schriftrolle in der Linken. Er speit Juwelen.

Nyen ist der Gott der tibetischen Volkskultur und Beschützer aller Herrscher und Patrioten. Er ist der Gott der Berge. Man opfert ihm Käse, die drei weißen Dinge, die drei süßen Dinge und Ähren von Getreidepflanzen. Man vergeht sich an ihm, wenn man Bäume fällt, die als lokale Heiligtümer gelten, oder heiligen Grund aufgräbt; auch den Geruch angebrannter Speisen oder das Licht von Fackeln und Lampen auf Bergen, die ihm geweiht sind, mag er gar nicht. Er straft durch die Verschlimmerung bestehender Krankheit und durch häusliches Chaos. Pferd und Hirsch (insbesondere Moschushirsch) sind seine heiligen Tiere, aber eigentlich gehören alle Vierfüßler und auch die Vögel dazu. Sein weibliches Gegenstück ist für Wetter und Stürme zuständig. Die Farbe von Nyens Rüstung und Per ist von Ort zu Ort verschieden, meist jedoch weiß. Er hält ein weißes Wimpelbanner und dazu ein Tablett oder eine Vase mit Juwelen. Auch die Farbe seines Pferdes ist von Ort zu Ort verschieden.

Za ist der Gott der psychischen Energie, des Blitzes, des Hagels und neuerdings auch der Elektrizität. Ärgert man ihn, kann er die Sinne verwirren oder auch epileptische Anfälle und Wahnsinn herbeiführen. Man kann ihn gegen sich aufbringen, wenn man irgend etwas Zusammenhängendes unterbricht – also etwa ein Seil zerschneidet oder Farbe und Tusche verdirbt. Besänftigt wird er mit Opfergaben von Ziegenfleisch und Ziegenblut. Za ist der Schutzgott der Magier, und sein

Tier ist der Drache. Er reitet ein zorniges Krokodil. Über jedem seiner achtzehn Gesichter – je eines für jede Art mythischer Blitzdrachen – ist ein Rabenkopf, aus dem Blitze schießen. Er ist sechsarmig und hält ein Siegesbanner, ein Schlangenlasso, einen Beutel mit vergiftetem Wasser, einen Bogen und ein Bündel Pfeile. Er hat einen großen Mund am Bauch, und sein Körper ist mit Augen übersät.

Drala ist der Kriegsgott und der Beschützer der Kriegsherren und Krieger. Ein wenig hat er auch mit Sturm und Sturmwolken zu tun. Ein Gräuel ist ihm die Misshandlung von Waffen. Er straft mit Demütigung und Skandal, mit Schlaflosigkeit und Alpdrücken, ja sogar mit dem Verlust der *La* oder »Seele«. Man opfert ihm Gerstenbier, Tee, die drei weißen Dinge und die drei süßen Dinge. Die weiße Form von Yak, Pferd, Adler und Rabe sind seine heiligen Tiere. Drala reitet ein Pferd, meist einen Fuchs. Er trägt Rüstung und Helm aus lackiertem Metall und ein rotes Per. Achtzehn Wimpel flattern an seinem Helm. Er hält eine hoch aufgehisste Flagge mit achtzehn an ihren Rändern befestigten Bändern und trägt einen Gürtel mit allerlei Kriegsgerät: Bogen und Pfeile, ein Lasso, eine Axt, ein Speer, ein Dolch, ein Schwert und anderes. Aus seinem Rumpf lässt Drala einen Tiger hervorgehen, aus einem seiner Beine einen Bären mit weißer Brust, aus jedem Auge einen Schakal und aus dem Kopf einen Falken und einen Adler.

Nachdem wir jetzt einen Eindruck von den Bön-Gottheiten und ihren Kräften haben, wollen wir etwas tiefer in die Welt des Bön eindringen und uns einige der Bräuche und Praktiken anschauen, die im Leben des Gläubigen eine Rolle spielen. Wenn etwa ein Haus gebaut werden soll, muss der Standort nach der Bön-Auffassung von einem Menschen gewählt werden, der Weisheit und Einsicht besitzt. Dabei sind vier Hauptgesichtspunkte zu berücksichtigen. Das Haus muss so stehen, dass sich der Berg Nyens in seinem Rücken, das heißt westlich befindet. Dieser Berg wird *Lhari,* »Gottesberg«, genannt. Es sollte ein felsiger und möglichst mit roten Flechten bewachsener Berg sein, der aussieht wie ein großer roter Vogel. So ist das Haus beschützt wie ein Kind auf dem Schoß seiner Mutter.

Auch an der Vorderseite sollte ein Berg sein, aber weniger hoch. Er sollte möglichst etwas Kreidiges haben und im Idealfalle einem weißen Tiger ähneln. Rechts soll in einem Tal ein Fluss sein, dessen Lauf an einen Drachen erinnert, und links liegt idealerweise ein Gebirgszug, dessen Umriss die Rückenlinie eines Schildkrötenpanzers nachzeichnet. Diese nördlichen Berge sollen also nicht zerklüftet, sondern wie eine einzige Masse sein, denn scharfe Einschnitte, sagt man, sind wie die Zähne des Todes. Das könnte der Familie den Tod bringen. Abgestorbene oder stark beschädigte Bäume in der näheren Umgebung bedeuten Unglück und werden gefällt – falls man nicht feststellt, dass sie irgendeiner lokalen Gottheit als Behausung dienen.

Dem einmal gewählten Ort nähert man sich nun der Tradition zufolge so, dass man auf dem Gipfel des Lhari einen Turm oder *Sekhar* errichtet. Dieser Turm ist als Heiligtum für Se oder den örtlichen Nyen oder eben den Degye gedacht, der hier die Macht hat. Er soll den Segen auf den Bauplatz lenken. Bei der Zeremonie zur Weihe des Turms wird in alle vier Himmelsrichtungen eine Wollschnur ausgelegt. Sie dient Se als »Fadenkreuz«, wenn er vom Himmel herniedersteigt. Bestimmte Stellen in der Nähe des Turms werden für sakrosankt erklärt; niemand darf sich dort aufhalten, außer um Opfer darzubringen.

Für den Bön-Gläubigen ist die Geburt etwas sehr Heiliges. Dennoch gelten die Frauen als unrein, weil sie die Versuchungen der Leidenschaft verkörpern. Deshalb muss eine werdende Mutter in der Zeit vor der Geburt in der Scheune bleiben, bis sie ihr Kind zur Welt gebracht hat. Im Bön wird auch die Achtung vor der Heiligkeit und Weisheit der Alten sehr ernst genommen. Es steht der Großmutter zu, beim Aufgang des Morgensterns Wasser aus dem Bach zu holen und es Mutter und Kind zu bringen. (Der Morgenstern gilt als der Stern der Stirn, also des Sitzes von Weisheit und Gelehrtheit. Außerdem ist er das Symbol des Neubeginns: Auf dem Bön-Kalender wechselt das Datum beim Erscheinen des Morgensterns, das die Dämmerung einleitet.) Ist das Kind geboren, wird es mit dem Erbe seiner Familie identifiziert, einschließlich des Familienberges, des Familiensees und das Familienbaumes. Es bekommt auch einen Türkis, denn die Familie besitzt für jeden Angehörigen solch einen Stein.

Das Geburtsritual wird *Lalu* genannt, »Auslösung der La«. *La* lässt sich ungefähr mit dem vergleichen, was unser Wort »Seele« meint. Alle Menschen besitzen *La* oder Seele, *Sem* oder Bewusstsein und *Sok* oder »Leben«. In der Bön-Tradition besitzen Tiere kein La. La ist ein Teil unseres Seins, besitzt aber keine Intelligenz. Deshalb kann es gestohlen, »beschlagnahmt« und zurückgewonnen, aber auch durch spirituelle Kraft verstärkt werden. Es wird angezogen von Herzlichkeit und allem Einladenden. Das La eines Kindes wird geboren, wenn das Kind den Mutterschoß verlässt und die Nabelschnur durchtrennt wird. Aufgrund ihrer weißen Farbe, die, wie schon erwähnt, das Gute und Göttliche repräsentiert, stehen Butter und Milch dem La nahe. Bei der heute noch üblichen Lalu-Zeremonie wird ein Schaf aus Butter geformt und das Neugeborene mit Milch gewaschen, um die Seele zum Bleiben einzuladen.

Die Lalu-Zeremonie ist auch wichtig bei der Bekämpfung von Krankheiten. Jede Krankheit ist nach dem Bön-Glauben direkt oder indirekt durch die Degyes oder gewisse böse Kräfte verursacht. Sie beginnt mit einem Nachlassen der Vitalität beim Betroffenen. Dahinter kann ein *Dön* stecken. Döns lungern verstohlen außerhalb der Domäne Yeshens herum und haben etwas von hungrigen Geistern oder Hunden – nicht gerade mutig, aber wenn sie etwas zu fassen bekommen, halten sie zäh daran fest. Ein Dön dringt dann ein, wenn man gegen die göttliche Ordnung verstoßen hat oder einen Augenblick der Niedergeschlagenheit und Schwäche erlebt. Hat ein Dön Besitz von einem Menschen ergriffen, so entsteht eine Öffnung, durch die einer der Handlanger eines Degye sein La stehlen kann. Ist das geschehen, kann das Sok (Leben) von allen möglichen Krankheiten befallen und überwältigt werden. Verläuft dieser Angriff erfolgreich, stirbt der Mensch. Wenn es sich aber um eine unmittelbare Bestrafung durch einen der Degyes handelt, kann der Degye das Sok auch direkt an sich reißen, und der Mensch stirbt, ohne erst die beschriebenen Stadien zu durchlaufen. Ein Dön oder ein Helfer eines Degye reißt ein La oder Sok an sich, weil er damit seine eigene Präsenz und Vitalität stärken kann.

Die Heilungsbemühungen richten sich danach, welche Ursache man für die Krankheit ermittelt hat. Manchmal ist eine Zeremonie gegen einen Dön angebracht. Man fertigt ein Bildnis des Kranken an und bietet es dem Dön zusammen mit etwas Fleisch sowie dem Haar oder der Kleidung des Kranken als Ablösung an. Sollte ein hoher Priester erreichbar sein, so kann dieser ein Ritual ausführen, durch das alle Döns der ganzen Gegend versammelt werden; dann erscheint er ihnen als zornvoller Se, so dass sie erschreckt das Weite suchen. Gelingt ihm dies, so wird die Krankheit aufhören. Gelingt es nicht, muss man auf die Lalu-Zeremonie zurückgreifen.

Hier dient die Lalu-Zeremonie einem doppelten Zweck: Einerseits wird dem Entführer des La ein Lösegeld angeboten, und andererseits soll die Anziehungskraft zwischen dem Kranken und seinem La wiederhergestellt werden. Deshalb werden bestimmte Gegenstände erneut geweiht: der Türkis des Kranken, sein La-Becher (jeder besitzt einen solchen Becher zu ebendiesem Zweck) und der Schenkelknochen eines Schafes; auf diesen Knochen wird der Name des Kranken geschrieben und sein astrologisches Diagramm gezeichnet, und dann umwickelt man ihn mit farbigen Fäden, die die Elemente repräsentieren, wobei das Element für das Geburtsjahr des Kranken die Mitte bilden muss.

Versagt auch diese Zeremonie, so liegt eine sehr ernste Krankheit vor, bei der es um Leben und Tod geht. Jetzt wird es Zeit, einen wirklich fähigen Priester zu rufen. Der Priester wird den To-Ritus ausführen, mit dem Se selbst und die acht Degyes angerufen werden. Er bietet ihnen kleine, aus Fäden gemachte Häuser als Wohnung an.

Noch gewichtiger ist eine Zeremonie, die *Dö* genannt wird. Sie wird auch von Buddhisten häufig angewandt, um die *Gönpos (mahākālas* auf Sanskrit), die Beschützer, anzurufen. Bei der Bön-Zeremonie wird der Degye angerufen, den man für den Verursacher der Krankheit hält. Bei dieser Zeremonie wird dem Degye ein neues Schloss angeboten, ein sehr kompliziertes Miniaturbauwerk namens Dö. Man will den Degye damit nicht nur aus dem Kranken, sondern auch aus seiner eigenen Wohnung herauslocken. Man opfert ihm täglich, und nach einer gewissen Zeit wird ihm feierlich angeboten, das Schloss ganz und für immer zu übernehmen, wenn er den Kranken dafür freigibt.

Es gibt noch weitere Zeremonien dieser Art, die nur Priester von höchstem Rang ausführen dürfen. Bei einer dieser Zeremonien muss der Priester mit der Tötung des Dö drohen, falls der Degye den Kranken nicht freigibt. Und wirklich aufs Ganze geht es in einem Ritual, bei dem der Priester sich mit Se und daher auch mit den Degyes identifiziert; er ruft sie herbei und sperrt sie in bestimmte geweihte Dinge ein, die er dann vergräbt. Versagt der Priester hier, so kommt das einer Katastrophe gleich, denn der Versuch erbost die Degyes natürlich aufs höchste, und wenn sie entkommen, werden sie Rache nehmen. Gut möglich, dass der Priester dann selber krank wird oder stirbt.

Eine weitere sehr wichtige Bön-Praktik besteht darin, einen Se und den Degyes geweihten Berg gegen den Uhrzeigersinn zu umschreiten und dabei an bestimmten Punkten das Lhasang-Ritual auszuführen.

Dann scheint es noch Beschwörungen in der uralten Shangshung-Sprache zu geben, die Vorläufer der tibetischen Sprache gewesen sein könnte. Diese Beschwörungen sollen die spirituelle Kraft entwickeln, vor allem wenn sie von bestimmten tanzartigen Körperbewegungen begleitet werden. Vermutlich gab es auch Visualisationen von Bön-Gottheiten, und diese Visualisationen wurden mit den Beschwörungen und Tanzbewegungen verbunden – aber wir wissen darüber nichts. Wer sich in diesen Praktiken intensiv geschult hat, demonstriert die dadurch entwickelten Kräfte, indem er an erhitztem Eisen leckt oder aus Butter geformte Skulpturen in kochendes Wasser wirft und unversehrt wieder herauszieht.

Viele Aspekte der Bön-Religion wären noch zu beschreiben, doch eine solche Aufgabe ist im Rahmen dieses kurzen Überblicks nicht zu bewältigen. Wir hoffen aber, in groben Zügen ein treffendes Bild dieser Religion gezeichnet und eine gewisse Vorstellung von ihrer Natur vermittelt zu haben.

Der Vajrayogini-Altar

UM DIE BEDEUTUNG DES VAJRAYOGINĪ-ALTARS und seiner Ritualobjekte erfassen zu können, bedarf es eines gewissen Verständnisses dessen, was wir »Weisheit des Zugleich-Erscheinens« oder »Gemeinsam-Hervortretens« genannt haben. Wenn wir diesen Zugleich-Charakter der Wirklichkeit zu erkennen beginnen, geht uns auf, dass selbst ganz gewöhnliche Dinge wie eine Vase, ein Stuhl oder ein Tisch etwas sein können, woran sich das Erwachen entzünden kann. Das gleiche gilt auch für alle unsere Sinneswahrnehmungen und für alle Emotionen. Wir finden uns in einer Welt aus sich selbst und für sich selbst bestehender Botschaften. Und da wir die Botschaften der phänomenalen Welt als Darlegungen der heiligen Weitsicht zu »lesen« in der Lage sind, können wir auch den *Vajrayoginī*-Altar richtig erfassen, denn der Altar vereinigt diese selbstexistierenden Botschaften in sich und vermittelt sie. Er dient nicht der Anbetung einer äußeren Gottheit oder Kraft; er soll vielmehr die Botschaften der grundlegenden Geistesgesundheit und Wachheit, die in der Welt existieren, wie ein Brennglas sammeln, soll ihre Klarheit und Kraft vermehren und sie der Erfahrung des Praktizierenden zugänglich machen.

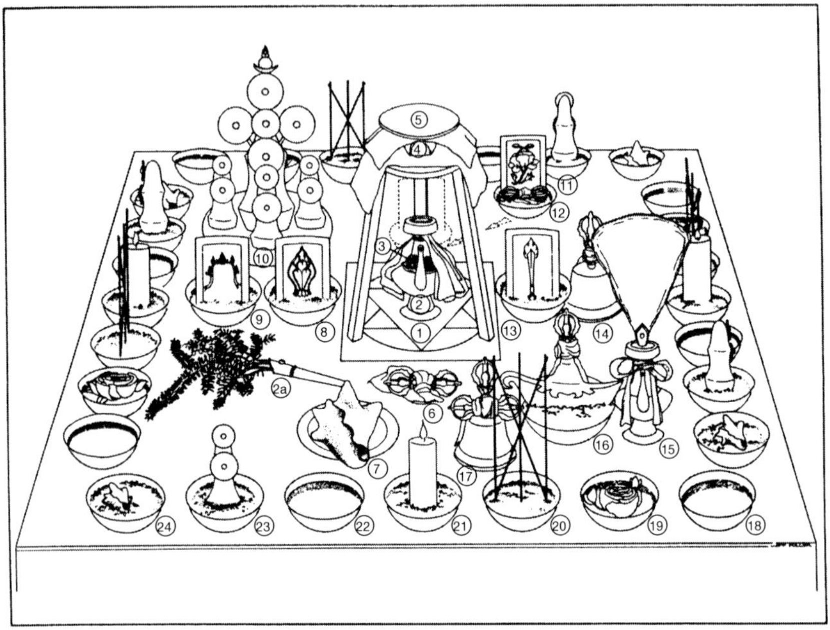

Der traditionelle Vajrayoginī-Altar

1 Das Vajrayoginī-Mandala
2 Tsobum-Vase (2a. Oberteil der Tsobum-Vase)
3 Kleiner Vajra mit fünffarbigem Garn
4 Schädelschale
5 Spiegel-Mandala
6 Vajra mit weißem Band
7 Muschel für das Gelübde-Wasser
8 Juwel-Tsakali
9 Kronen-Tsakali
10 Phagmo-Torma
11 Blüten-Tsakali
12 Vajra mit rotem Band
13 Schwert-Tsakali
14 Glocke mit grünem Band
15 Lebum
16 Hakenmesser
17–24. Die sieben traditionellen Opfergaben (an allen vier Seiten des Altars wiederholt).
17 Glocke und Dorje, miteinander verbunden
18 Wasser
19 Blüten
20 Räucherwerk
21 Licht
22 Duftwasser
23 Speise (Torma)
24 Musik (durch eine kleine Muschel symbolisiert)

Das Vajrayāna wird manchmal als ein hochsymbolisches System missdeutet. Wir hören zum Beispiel häufig, der Vajra *symbolisiere* die geschickten Mittel oder die Ghantā *symbolisiere* Weisheit. Das ist zwar nicht ganz falsch, aber im echten Vajrayāna-Sinne steht der Vajra nicht *stellvertretend* für geschickte Mittel, weil der Begriff oder die Vorstellung »geschickte Mittel« viel zu abstrakt ist, um direkt behandelt oder gezeigt zu werden. Der Vajra *ist* geschicktes Mittel; er vermittelt und verleiht Geschicklichkeit im Handeln ganz direkt, wenn man die geradlinige Unmittelbarkeit des Vajrayāna erfasst. Aus diesem Grund werden der *Vajrayoginī*-Altar und alle seine Zutaten selbst als heilige Objekte betrachtet.

Der abgebildete Altar ist ein Abhisheka-Altar; auf ihm sind all die Dinge zu sehen, die für das *Vajrayoginī*-Abhisheka benötigt werden. Bei der täglichen Praxis des Sādhana benutzt man eine vereinfachte Form des Altars. In der Mitte des Altars hat das *Vajrayoginī*-Mandala seinen Platz. Traditionell wird es aus farbigem Sand gemacht, manchmal ist es auch ein gemaltes Mandala. Ist beides nicht möglich oder verfügbar, so macht man ein Mandala aus Reishäufchen. Das Mandala und die Objekte, die darüber aufgebaut werden, sind ein besonderer Kraft- oder Brennpunkt des Altars, der die Energie und Segenskraft *Vajrayoginīs*, also die selbstexistierende Wachheit anziehen soll.

Im Zentrum des gemalten Mandala finden wir das Hakenmesser, das *Vajrayoginī* in der rechten Hand hält. Das bedeutet, dass der Hauptyidam, *Vajrayoginī* selbst, im Zentrum des Mandala steht. Bei dem gemalten Mandala befindet sich das Hakenmesser in der Mitte zweier einander überlagernder Dreiecke, die die beiden »Ursprünge der Dharmas« *(chöjung)* repräsentieren, den Palast und Sitz *Vajrayoginīs*. Eigentlich handelt es sich hier um eine dreiseitige Pyramide, die aber im gemalten Mandala auf diese Weise zweidimensional abgebildet wird. Die Spitze der Pyramide, abwärts weisend, ist ein ausdehnungsloser Punkt; die offene Basis, in der *Vajrayoginī* steht, ist von ungeheurer Weiträumigkeit.

Der Ursprung der Dharmas geht aus der Leerheit hervor und hat drei Eigenschaften: er ist nicht-geboren, nicht-verweilend und nicht-endend. Im Grunde ist er der absolute Raum mit einer Grenze oder einem Rahmen. Damit ist das gleichzeitige Hervortreten von Weisheit und Verblendung aus der Leerheit des Raumes angedeutet. Der Ursprung der Dharmas wird manchmal auch als ein Kanal für Shūnyatā oder als kosmischer Hals bezeichnet. Der Ursprung der Dharmas ist die abstrakte Form des Zugleich-Erscheinens und *Vajrayoginī* ist die ikonographische oder anthropomorphe Gestalt der Mutter des Zugleich-Erscheinens. Die Pyramide – mit der Spitze nach unten und der weiten Öffnung nach oben – besagt, dass alle Formen von Räumlichkeit zugleich ihren Platz finden, Mikrokosmos ebenso wie Makrokosmos, das Allerwinzigste ebenso wie das Allergrößte.

Interessanterweise symbolisiert die Pyramide in vielen theistischen Kulturen das Aufwärtsstreben zur Vereinigung mit dem Göttlichen. Die Spitze der Pyramide oder der Apex der Kathedrale scheint in die Wolken hinaufgreifen zu wollen. In unserem Fall strebt der Ursprung der Dharmas nach unten, so dass Lust und Schmerz, Freiheit und Gefangenschaft im allertiefsten Punkt der Pyramide in eins zusammenlaufen. In der nicht-theistischen Tradition des tantrischen Buddhismus strebt das Dreieck immer tiefer hinunter in den Grund des Wirklichen; wenn man ganz unten die Spitze des Dreiecks erreicht, findet man dort Wasser, und dieses Wasser heißt Mitgefühl und Amrita.

In den vier Kardinalpunkten des gemalten Mandala, das Hakenmesser in der Mitte umgebend, finden wir die Symbole von Vajra, Ratna, Padma und Karma. *Vajrayoginī* offenbart im Mittelbereich des Mandala ihre Zugehörigkeit zur Familie des Buddha. Ihre Energie bringt jedoch ein vollständiges Mandala hervor, in dem die Energien aller Buddha-Familien wirksam sind. Deshalb zeigt die Ikonographie als *Vajrayoginīs* Gefolge im Osten die Vajra-Dākinī, im Süden die Ratna-Dākinī, im Westen die Padma-Dākinī und im Norden die Karma-Dākinī. Sie erscheinen im gemalten Mandala als die Symbole der Buddha-Familien in den vier Kardinalpunkten: Der Vajra im Osten repräsentiert *Vajrayoginīs* Buddha-Vajra-Charakter, das Juwel im Süden ihren Buddha-Ratna-Charakter, der Lotos im Westen ihren Buddha-Padma-Charakter und das Schwert im Norden ihren Buddha-Karma-Charakter. Das gemalte Mandala zeigt auch Freudensymbole, Ausdruck der großen Glückseligkeit, Mahāsukha, die *Vajrayoginī* spendet.

Auf dem Mandala steht die wichtigste Abhisheka-Vase, Tsobum genannt. Beim ersten Vasen-Abhisheka erhält der Schüler, wie schon beschrieben, durch das Tsobum-Wasser Kraft und Ermächtigung. Auf einem Dreifuß über dem Mandala und der Vase befindet sich eine mit Amrita gefüllte Schädelschale, die beim zweiten, dem geheimen Abhisheka, verwendet wird. Diese Übertragung lässt den Geist des Schülers im Geist des Lehrers und der Linie aufgehen. Amrita ist das Prinzip, extreme, durch den Glauben an das Ich begründete Überzeugungen durch Berauschung aufzulösen und damit die Grenze zwischen Verblendung und Erwachtheit verschwinden zu lassen, so dass das Zugleich-

Erscheinen oder Gemeinsam-Hervortreten erfahren werden kann.

Auf der Schädelschale befindet sich *Vajrayoginīs* Spiegel-Mandala, ein mit rotem *Sindura*-Staub bedeckter Spiegel; in den Staub sind *Vajrayoginīs* Mandala und Mantra gemalt. Der Spiegel zeigt, dass die phänomenale Welt *Vajrayoginīs* Erwachtheit widerspiegelt und ihr Mandala in der Erfahrung des Schülers widergespiegelt wird. Das ist wieder die selbstexistierende Botschaft, von der wir schon sprachen. Der rote Sindura-Staub auf dem Spiegel repräsentiert die kosmische Sinnlichkeit und Leidenschaft der Mutter des Zugleich-Erscheinens. Auf dieser Stufe der Schulung wird Leidenschaft nicht mehr als Problem angesehen. Frei von allem Anhaften, wird sie die Kraft der Expansion und Kommunikation; sie ist Ausdruck des »aus sich selbst leuchtenden Mitgefühls«, wie es im *Vajrayoginī-Sādhana* heißt.

Um dieses Arrangement aus Mandala, Tsobum, Schädelschale und Spiegel sind die Dinge angeordnet, die mit den fünf Buddha-Familien in Zusammenhang stehen und beim Vasen-Abhisheka gebraucht werden. Direkt vor dem gemalten Mandala, im Osten, liegt der fünfspitzige Vajra, das Symbol der Vajra-Familie. Die Symbole der Buddha-Familie – die Glocke mit dem über Kreuz daran befestigten Dorje und das Hakenmesser – befinden sich ebenfalls hier, ein wenig zur Seite gerückt. Im Süden (links) befinden sich die Krone und das Juwel der Ratna-Familie. Im Westen (hinter dem Mandala; zur besseren Sichtbarkeit aus ihrer Position gerückt) finden wir den neunspitzigen Vajra und den Lotos der Padma-Familie. Im Norden (rechts) schließlich die Ghantā und das Schwert der Karma-Familie. Wo die Objekte selbst nicht zu beschaffen sind, genügen entsprechend bebilderte Karten *(tsakali)*. Eine zweite Abhisheka-Vase, *Lebum* genannt, steht in der nordöstlichen Ecke des Altars (vorne rechts). Sie wird als Verkörperung der Karma-Dākinī angesehen. Zu Beginn des Abhisheka, noch vor dem Vasen-Abhisheka, trinken die Schüler Wasser aus der Lebum-Vase, um sich zu reinigen und zu läutern; an bestimmten Punkten der Zeremonie besprengt der Vajra-Meister die Schüler erneut mit diesem Wasser, um sinnfällig zu machen, dass weitere Läuterung und weitere Überwindung psychischer Hindernisse stattgefunden hat. Die Muschelschale mit dem Wasser des Samaya-Gelübdes befindet sich an der Vorderseite (Ostseite) des Altars zwischen den Symbolen der Vajra-Familie und den Opferschalen am Rand des Altars.

Im südwestlichen Quadranten (hinten links) stehen die *Phagmo Tormas;* sie repräsentieren *Vajrayoginī* und ihr Gefolge. Ein Torma ist eine Art Brotskulptur aus Gerstenmehl, Wasser, Alkohol und anderen Zutaten. Die Phagmo Tormas auf dem Altar sind wichtig als Opfergaben für *Vajrayoginī*; indem man sie darbringt, zieht man den Segen des Yidam auf die Linie und alles, was mit der Schulung zusammenhängt. Die Tormas spielen eine zentrale Rolle bei dem als Opfergabe dargebrachten Festmahl *(ganachakra),* das einen Teil des *Vajrayoginī-Sādhana* bildet. Beim Ganachakra geht es im Grunde darum, alle Sinneswahrnehmung und Erfahrung als Opfergabe darzubringen und so all das, was sonst nur Ausdruck von Verblendung und Selbstgenuss wäre, in Wachheit zu verwandeln.

Entlang der Ränder des Altars stehen viermal sieben Opferschalen. In diesen sieben Schalen befinden sich jeweils: Safranwasser, Blüten, Räucherwerk, Leuchten, Speisen, Duftwasser und Musikinstrumente. Die Gabe von Safranwasser steht für die Läuterung neurotischer Neigungen und emotionaler

»Befleckungen« oder Kleshas von Körper, Rede und Geist. Im Sādhana heißt es dazu:

Um die Klesha-Neigungen der Lebewesen zu läutern,
bringen wir dieses Waschungswasser für Körper, Rede und
Geist dar.

Die Blütengabe meint die Gabe angenehmer Sinneswahrnehmungen :

Blüten, den Siegreichen aller Mandalas eine Freude,
erhaben, Wohlgestalt, von himmlischer Art.

Die Räucherwerkgabe steht für Disziplin:

Der Duft der Disziplin ist vom erhabenen Räucherwerk das
Beste.

Die Lichtgabe steht für Prajñā:

Die giftigen Kleshas verbrennt, das Dunkel des
Nichtwissens vertreibt
die strahlende Prajñā als wunderbare Fackel.

Die Gabe von Duftwasser steht für Güte:

Reines Wasser mit Duftessenzen und Kräuterzutaten
ist das Badewasser der Siegreichen …
Möge Güte unablässig aus den Wolken der Weisheit regnen
und die Vielzahl der üblen Gerüche läutern.

Die Speisengabe steht für Amrita:

> *Obgleich die Siegreichen keinen Hunger haben,*
> *opfern wir zum Wohl der Wesen diese göttliche Amrita-Speise.*

Die Gabe von Musikinstrumenten steht für die Melodie der Befreiung:

> *Gong und Zimbeln sind die Befreiungsmelodie Brahmas.*

An der Wand hinter dem Altar oder an einer Seitenwand hängt ein *Thangka,* ein Gemälde, auf dem *Vajrayoginī* abgebildet ist. Das Thangka stellt eine weitere Huldigung dar; außerdem ist es für den Schüler eine Hilfe bei der Visualisation.

Dank der Herausgeberin

Ich möchte den vielen Menschen danken, die an der Entwicklung der in diesem Buch enthaltenen Artikel mitwirkten. Insbesondere danke ich den übrigen Angehörigen des Vajradhatu-Redaktionsbüros, nämlich Sherab Chödzin, Carolyn Rose Gimian und Sarah Coleman; sie haben über die Jahre hin die Hauptverantwortung getragen für die Bearbeitung und Herausgabe von Trungpa Rinpoches schriftlichem Werk. Sie alle wurden von Trungpa Rinpoche direkt in allen relevanten Fragen unterwiesen: wie seine mündlichen Darlegungen am besten in schriftlicher Form wiederzugeben sind, und wie die Texte je nach Anlass und Publikum zu redigieren sind. An den im vorliegenden Band gesammelten Artikeln lässt sich das Spektrum dieser Bearbeitungsformen und -ebenen erkennen. Die erste Redaktion etlicher dieser Artikel hat Sherab Chödzin, der erste Vajradhatu-Chefredakteur, vorgenommen. Er gab auch das *Garuda Magazine* heraus, in dem viele dieser Artikel erstmals erschienen sind. Carolyn Gimian arbeitete als meine Nachfolgerin im Vajradhatu-Redaktionsstab eng mit Trungpa Rinpoche zusammen und besorgte die erste Redaktion des Artikels über »Heilige Weitsicht«. Sie ging dieses Buch sorgfältig durch und gab mir viele Ratschläge für das Gesamtmanuskript. Sarah Coleman hat viele Jahre im Vajradhatu-

Redaktionsbüro gearbeitet und sich in dieser Zeit auch mit einigen Artikeln dieser Sammlung auseinandergesetzt.

An der ursprünglichen Veröffentlichung der hier vorgelegten Artikel haben etliche freiwillige Helfer mitgewirkt; sie kümmerten sich um die Bandaufnahmen, die Abschriften der Bänder, die Manuskriptkorrekturen. Ihnen allen, die großzügig ihre Zeit und Arbeitskraft zur Verfügung stellten, sei hier gedankt.

Ich danke Mrs. Diana Mukpo für die freundliche Erlaubnis, dieses Material zu verwenden.

Und ganz besonders danke ich Chögyam Trungpa, dem verehrten Meister, für den unermüdlichen Einsatz, mit dem er seine Schüler auf dem Pfad des Erwachens anleitete.

Judith L. Lief, 1991

Über den Autor

Der ehrwürdige Chögyam Trungpa wurde 1940 in der Provinz Kham in Osttibet geboren. Als er gerade erst dreizehn Monate alt war, wurde er als ein hoher *Tulku,* die Inkarnation eines Vajrayāna-Meisters, erkannt. Nach der tibetischen Tradition ist es einem erleuchteten Meister aufgrund seines Bodhicittagelübdes möglich, über Generationen hin in Menschengestalt wiedergeboren zu werden.* Wenn er stirbt, hinterlässt er einen Brief oder irgendeinen anderen Hinweis auf den Ort seiner nächsten Inkarnation. Später sehen sich Schüler und Schülerinnen und andere erleuchtete Meister und Meisterinnen diese Hinweise genau an, und dann gewinnt man aus sorgfältig ausgeloteten Träumen und Visionen die Leitlinien, nach denen der Nachfolger zu suchen und zu erkennen ist. So entstehen bestimmte Linien der Lehre, die sich in manchen Fällen über Jahrhunderte hin fortsetzen. Chögyam Trungpa war der elfte in der Linie der Trungpa Tulkus.

Sobald ein junger Tulku erkannt ist, beginnt für ihn die intensive Schulung in Theorie und Praxis der buddhistischen

* Siehe dazu: »Die verborgenen Schätze Tibets. Eine Erläuterung der Termatradition der Nyingmaschule des Buddhismus« von Tulku Thondup, edition khordong im Wandel Verlag, Berlin, 2013

Lehren. Trungpa Rinpoche *(Rinpoche* ist ein Ehrentitel mit der Bedeutung »Kostbarer«) begann seine Schulungszeit nach seiner Inthronisation als oberster Abt der Surmang-Klöster und Gouverneur des Surmang-Bezirks; sie sollte achtzehn Jahre dauern, bis zur Flucht aus Tibet im Jahre 1959. Da er ein Tulku der Kagyü-Linie war, bestand seine Schulung in erster Linie in der systematischen Meditationspraxis und in tiefer Durchdringung der buddhistischen Philosophie. Die Kagyü-Linie, eine der vier Hauptlinien des tibetischen Buddhismus, wird auch »Linie der Praxis« genannt.

Mit acht Jahren wurde Trungpa Rinpoche zum Mönchsnovizen ordiniert. Von da an widmete er sich intensiv dem Studium und der Praxis der traditionellen monastischen Disziplinen, aber auch der Kalligraphie, der Thangka-Malerei und dem Klostertanz. Seine Hauptlehrer waren Jamgön Kongtrul aus Sechen und Khenpo Kangshar, zwei führende Lehrer der Nyingma- und der Kagyü-Linie. 1958, im Alter von achtzehn Jahren, schloss Trungpa Rinpoche seine Studien ab und erhielt den Titel des *Kyorpön* (etwa dem Doktor der Theologie entsprechend) und des *Khenpo* (Meister der Gelehrsamkeit). Außerdem erhielt er die volle Mönchsordination.

Die späten fünfziger Jahre waren eine Zeit großer Umwälzungen und Tumulte in Tibet. Als ganz deutlich geworden war, dass die chinesischen Kommunisten das Land gewaltsam an sich reißen wollten, ergriffen viele Menschen, Klosterangehörige und Laien, die Flucht. Trungpa Rinpoche verbrachte viele harte und entbehrungsreiche Monate auf der Flucht durch die Himālaya-Berge; er schrieb darüber in seinem Buch *Ich komme aus Tibet.*

Nur sehr knapp entkam er am Ende den Chinesen und erreichte 1959 schließlich Indien. Hier wurde ihm von Seiner

Heiligkeit Tenzin Gyatso, dem vierzehnten Dalai-Lama, das Amt des spirituellen Beraters an der Young Lamas Home School in Dalhousie übertragen. Er bekleidete es von 1959 bis 1963.

Zu seiner ersten Begegnung mit dem Westen kam es, als er ein Spaulding-Stipendium erhielt, das ihm ein Studium an der Universität von Oxford ermöglichte. Er studierte dort vergleichende Religionswissenschaft, Philosophie und Kunst. Er studierte außerdem die japanische Kunst des Blumensteckens und erhielt einen Titel der Sogetsu-Schule. Noch in England begann Trungpa Rinpoche, westliche Schüler und Schülerinnen im Dharma zu unterweisen, und 1968 gründete er zusammen mit Akong Tulku das Samye-Ling-Meditationszentrum in Dumfriesshire in Schottland. In dieser Zeit veröffentlichte er zwei auf Englisch geschriebene Bücher, *Ich komme aus Tibet* und *Aktive Meditation*.

1969 reiste Trungpa Rinpoche nach Bhutan, wo er für längere Zeit in Meditationsklausur ging. Diese Zeit der Zurückgezogenheit brachte eine Wende in seinem Selbstverständnis als Lehrer mit sich. Gleich nach seiner Rückkehr legte er die Mönchsgewänder ab und kleidete sich nach abendländischer Art. Außerdem heiratete er eine junge Engländerin, und gemeinsam übersiedelten sie von Schottland nach Nordamerika. Viele seiner früheren Schüler und Schülerinnen waren über diese Veränderung schockiert und bestürzt. Trungpa Rinpoche gab jedoch seiner Überzeugung Ausdruck, dass der Dharma, wenn er im Westen Fuß fassen solle, frei von allem kulturellen Gepräge und aller religiösen Faszination gelehrt werden müsse.

In den siebziger Jahren war Amerika in politische und kulturelle Gärung geraten. Es war eine Zeit der Vorliebe für alles Östliche. Trungpa Rinpoche kritisierte die materialistische und kommerzielle Prägung der Spiritualität und sprach vom »spirituellen Supermarkt«. In seinen Vorträgen und in den beiden Büchern *Spirituellen Materialismus Durchschneiden* und *Der Mythos Freiheit* stellte er die Schlichtheit und Direktheit der Meditation im Sitzen als das Mittel heraus, mit dem sich solche Entstellungen der spirituellen Reise abschneiden lassen.

In den siebzehn Jahren, die er in Amerika lebte, kam er in den Ruf, ein dynamischer und umstrittener Lehrer zu sein. Da er die englische Sprache beherrschte, war er einer der ersten Lamas, die ganz direkt, ohne die Hilfe eines Übersetzers, mit westlichen Schülern und Schülerinnen sprechen konnten. Auf ausgedehnten Reisen durch Nordamerika leitete er immer wieder Seminare und hielt Hunderte von Vorträgen. Er richtete Hauptzentren in Vermont, Colorado und Nova Scotia ein, daneben aber auch viele kleinere Meditations- und Studienzentren in vielen Städten Nordamerikas und Europas. Vajradhatu entstand 1973 als zentrale Verwaltungsinstanz dieses Netzwerks.

1974 gründete Trungpa Rinpoche das Naropa Institute, das dann die einzige akkreditierte Universität buddhistischer Ausrichtung in Nordamerika wurde. Er wirkte hier sehr rührig als Dozent, und sein Buch *Feuer trinken, Erde atmen* basiert auf einem Kurs, den er hier leitete. 1976 richtete er das Shambhala-Schulungsprogramm ein, das in säkularer Atmosphäre Wochenendseminare zur Einführung in die Praxis der Meditation im Sitzen anbietet. Sein *Buch vom meditativen Leben* vermittelt einen Überblick über die Shambhala-Lehren.

Trungpa Rinpoche wurde auch auf dem Gebiet des Übersetzens tätig. In Zusammenarbeit mit Francesca Fremantle übertrug er *Das Totenbuch der Tibeter* neu ins Englische (veröffentlicht 1975, deutsche Ausgabe 1976). Später rief er das Nalanda Translation Committee ins Leben, nicht nur um die Schulungstexte übersetzen zu lassen, die seine Schüler und Schülerinnen benötigten, sondern auch um wichtige Schriften einer breiten Öffentlichkeit zugänglich zu machen.

Trungpa Rinpoche war bekannt für sein Interesse an den Künsten und vor allem für sein tiefes Verständnis der Beziehung zwischen der kontemplativen Disziplin und dem Künstlerischen. Er selbst trat künstlerisch durch Kalligraphie, Malerei, Blumenstecken, Gedichte, Schauspiele und Environment-Installationen hervor. Außerdem schuf er am Naropa Institute eine Atmosphäre, die führende Künstler und Dichter anzog. Die Erkundung des schöpferischen Prozesses unter dem Gesichtspunkt der kontemplativen Schulung wird dort heute noch als provozierender Dialog fortgesetzt. Trungpa Rinpoche hat zwei Gedichtbände veröffentlicht, *Mudra* und *First Thought Best Thought*.

In seinen siebzehn Jahren als Lehrer in Nordamerika schuf er die Strukturen, die nötig sind, um eine gründliche und systematische Schulung im Dharma zu gewährleisten. Von den einführenden Vorträgen und Kursen bis zu den Gruppenklausuren für Fortgeschrittene liegt bei allen diesen Programmen die Betonung auf der Ausgewogenheit von Studium und Praxis, von Intellekt und Intuition. Dadurch kann jeder Schüler seinem Interesse an der Meditation und am Buddhismus überhaupt auf dem für ihn angemessenen Niveau nachgehen. Die Hauptschüler Trungpa Rinpoches sind bei diesen Programmen als Lehrer tätig und geben Unterweisungen für die Meditation. Neben seiner ganz von der buddhistischen Tradition geprägten Lehrtätigkeit legte Trungpa Rinpoche auch großen Wert auf die Shambhala-Schulung mit ihren Schwerpunkten: geistige Schulung im Unterschied zu religiöser Praxis; Engagement für die Gemeinschaft und Schaffung einer erleuchteten Gesellschaft; und dankbare Wertschätzung für das Alltägliche.

Trungpa Rinpoche starb 1987 im Alter von siebenundvierzig Jahren. Zurück blieben seine Frau Diana und fünf Söhne. Als er starb, galt er als eine der entscheidenden Gestalten für die Übertragung des Dharma in den Westen. Sein großes Interesse für die abendländische Kultur und die tiefe Vertrautheit mit seiner eigenen Tradition führten zu einem einzigartigen neuen Ansatz für die Lehre des Dharma: Die ältesten und profundesten Lehren wurden auf wahrhaft zeitgemäße Weise vermittelt. Trungpa Rinpoche war bekannt als ein furchtloser Verkünder des Dharma: ohne alles Zögern, nur der Reinheit der Überlieferung verpflichtet und vollkommen frisch. Mögen diese Lehren Wurzeln schlagen und zum Wohl aller Wesen aufblühen.

Die Quellen

1. Was ist das Herz des Buddha?
   Vajradhatu Sun 4, Nr. 3, Feb./März 1981. Ursprünglich Vortrag: »Conquering Ego's Deception«, Cape Breton, 1981.

2. Intellekt und Intuition
   Erstveröffentlichung. Ursprünglich Eröffnungsvortrag zum Vajradhatu-Seminar 1973 in Teton Village, Wyoming.

3. Die vier Grundlagen der Achtsamkeit
   Garuda IV, Boulder (Vajradhatu Publications) 1976. Ursprünglich Bemerkungen zur Meditationspraxis beim Vajradhatu-Seminar 1973.

4. Ergebenheit
   Empowerment, Boulder (Vajradhatu Publications) 1976. Ursprünglich »The True Meaning of Devotion«, Barnet, Vermont, 1973.

5. Zuflucht nehmen
   Garuda V, Boulder (Vajradhatu Publications) 1977. Aus verschiedenen Zeremonien der Zufluchtnahme 1973-1978.

6. Das Bodhisattva-Gelübde
Garuda V, Boulder (Vajradhatu Publications) 1977. Aus verschiedenen Zeremonien der Bodhisattva-Gelübde 1973-1978.

7. Eine heilige Welt: Die *Vajrayoginī-Praxis*
»Sacred Outlook: The *Vajrayoginī* Shrine and Practice«, in *The Silk Route and the Diamond Path: Esoteric Buddhist Art on the Trade Routes of the Trans-Himalayan Region,* hrsg. v. Deborah Klimburg-Salter, Los Angeles (University of California Los Angeles Art Council Press) 1977. Ursprünglich für eine Ausstellung buddhistischer Kunst im Himalaya (1983) verfasst.

8. Beziehungen
Maitreya 5: Relationship, Berkeley (Shambhala) 1974.1972 während einer Klausur in Charlemont, Massachussetts, verfasst.

9. Den Tod nicht leugnen
Journal of Contemplative Psychotherapy 3, Boulder (The Naropa Institute) 1982. Erstmals veröffentlicht in *Healing,* hrsg. v. Olsen und Fossaghe, New York (Human Science Press) 1978. Nach einem Seminar über »The Meaning of Death«, Barnet, Vermont, 1973.

10. Alkohol als Medizin oder Gift
»Amrita as Poison or Medicine«, in *Vajradhatu Sun* 2, Nr. 3, Feb./März 1980. 1972 während einer Klausur in Charlemont, Massachusetts, verfasst.

11. Übung und grundlegende Gutheit: Worte für Kinder
»Talk by the Vajracarya to the Children's Program«, in *Vajradhatu Sun* 1, Nr. 5, Juni/Juli 1979. Nach einem Seminar für Kinder in Boulder, Colorado, 1978.

12. Dharma-Poetik
»Vajracarya on Dharma Poetics«, in *Vajradhatu Sun* 5, Nr. 2, Dez. 1982/Jan 1983. Nach einer Diskussion mit Poetikstudenten des Naropa Institute, 1982.

13. Schein-Energie
Harper's Magazine, Nov. 1976. Ursprünglich 1976 für *Harper's* Sondernummer über Geld verfasst.

14. Aufwachen
Vajradhatu Sun 6, Nr. 1, Okt./Nov. 1983. Vortrag bei der dritten Konferenz des Naropa Institute über buddhistische und christliche Meditation, 1983.

A. Das Bön-Leben
Vajradhatu Sun 7, Nr. 2, Dez. 1984/Jan. 1985.

A. Der Vajrayoginī-Altar, s. Angabe zu Kap. 7.

Khordong Commentary Series

I Martin J. Boord. *A Bolt Of Lightning From The Blue, The vast commentary on Vajrakīla that clearly defines the essential points.* edition khordong. Berlin, 2002. reprint: Wandel Verlag. Berlin, 2010

II James Low. *Being Right Here, Commentary on The Mirror of Clear Meaning by Nuden Dorje.* Snow Lion. New York & Colorado, 2004

II.dt – *Hier und Jetzt Sein. Ein Kommentar zu „Don Sal Melong“ – „Der Spiegel der klaren Bedeutung“, ein Dzogchen-Schatztext von Nuden Dorje.* Überarbeitete Neuauflage, edition khordong. Berlin, 2018

II.pl – *Być tu i teraz.* wydawnictwo A. Kraków, 2005

II.it – *Esserci, Un commento a »Lo specchio del chiaro significato.«* Ubaldini Editore. Roma, 2005

II.fr – *Le Miroir au Sens Limpide.* Éditions Almora, 2009

II.es – *Aquí y ahora*. Ediciones Dharma, España, 2011

III James Low. *Being Guru Rinpoche, Commentary on Nuden Dorje's Terma: The Vidyadhara Guru Sadhana.* Trafford. Canada, 2006

III.pl – *Być Guru Rinpocze.* Wydawnictwo Norbu. 2006

III.dt – *Eins mit Guru Rinpoche.* edition khordong. Berlin, 2007. reprint: edition khordong, Wandel Verlag. Berlin, 2012

III.fr – *Dans le Mandala de Padmasambhava.* Editions Khordong.France. Lyon, 2008

IV Tulku Tsultrim Zangpo (Tulku Tsurlo). *The Five Nails – A Commentary on the Northern Treasures Accumulation Praxis.* edition khordong, Wandel Verlag. Berlin, 2011

IV.dt – *Die Fünf Nägel – Ein Kommentar zu den Vorbereitenden Übungen der Nördlichen Schätze.* edition khordong, Wandel Verlag. Berlin, 2011

V Rig-'dzin rdo-rje (Martin J. Boord). *A Roll of Thunder from the Void, Vajrakīla Texts of the Northern Treasures Tradition, Volume Two.* edition khordong, Wandel Verlag. Berlin, 2010

VI Chimed Rigdzin Rinpoche, James Low. *Radiant Aspiration, The Butterlamp Prayer: Lamp of Aspiration.* Simply Being. London, 2011

VI.dt – *Lichter der Weisheit, Das Butterlampen-Wunschgebet von Chhimed Rigdzin Rinpoche. Mit einem Kommentar von James Low.* edition khordong, Wandel Verl., 2014

VII.tib Tulku Tsultrim Zangpo (Tulku Tsurlo). *Boundless Vision. A Byangter Manual on Dzogchen Training. An Outline Commentary on the Boundless Vision of Universal Goodness (Kun bZang dGongs Pa Zang Thal).* Tibetischer Text. edition khordong, Wandel V. Berlin, 2012

VIII Rig-'dzin rdo-rje (Martin J. Boord). *Illuminating Sunshine, Buddhist funeral rituals of Avalokiteśvara.* edition khordong, Wandel Verlag. Berlin, 2012

IX.dt James Low. *Zuhause im Spiel der Wirklichkeit, Ein Kommentar zum Dzogchen Schatztext »Unmittelbares Aufzeigen der Buddhaschaft jenseits aller Klassifizierung« von Nuden Dorje.* edition khordong, Wandel Verlag. Berlin, 2012

X Rig-'dzin rdo-rje (Martin J. Boord). *Gathering the Elements, Vajrakīla Texts of the Northern Treasures Tradition, Volume One.* edition khordong, Wandel Verlag. Berlin, 2013

XI Rigzin Pema Tinley / Khenpo Chowang. *The Path of Secret Mantra: Teachings of the Northern Treasures Five Nails. Pema Tinley's guide to vajrayāna practice.* edition khordong, Wandel Verlag. Berlin, 2014

XII Rig-'dzin rdo-rje (Martin J. Boord). *A Blaze of Fire in the Dark, Homa ritues of Vajrakīla. Vajrakīla Texts of the Northern Treasures Tradition, Volume Three.* edition khordong, Wandel Verlag. Berlin 2015

XII – *A Cloudburst of Blessings, The water initiation and other rites of empowerment for the practice of the Northern Treasures Vajrakīla, Vajrakīla Texts of the Northern Treasures Tradition, Volume Four.* edition khordong, Wandel Verlag. 2017

Andere Titel

Die Geheimen Dakini-Lehren, Padmasambhavas mündliche Unterweisungen der Prinzessin Tsogyal, Ein Juwel der Tibetischen Weisheitsliteratur. Überarbeitete Neuausgabe. edition khordong, Wandel Verlag. Berlin, 2011

Tulku Thondup. *Die verborgenen Schätze Tibets, Eine Erklärung der Termatradition der Nyingmaschule des Buddhismus.* Überarbeitete Neuausgabe. edition khordong, Wandel Verlag. Berlin, 2013

The Seven Chapters of Prayer, as taught by Padma Sambhava of Urgyen, known in Tibetan as Le'u bDun Ma. Translated by Chhimed Rigdzin Rinpoche & James Low. With an introduction by James Low. Practice texts. edition khordong. Berlin, 2008. reprint: Wandel Verlag. Berlin, 2010

Das Gebet in sieben Kapiteln gelehrt von Padmasambhava (Le'u bDun Ma), editiert von Chhimed Rigdzin Rinpoche. Übersetzt aus dem tibetischen von Chhimed Rigdzin Rinpoche & James Low. Übertragung ins Deutsche von Jomo Gudrun & Camel Chhimed Wangpo. Praxistext. edition khordong. Berlin, 2008. Nachdruck: Wandel Verlag. Berlin, 2010

Die Fünf Nägel, Die vorbereitenden Übungen der Nördlichen Schätze. Überarbeiteter und ergänzter Praxistext. edition khordong, Wandel Verlag. Berlin, 2013

James Low. *Aus dem Handgepäck eines Tibetischen Yogi – Grundlegende Texte der Dzogchen-Tradition.* Überarbeitete Neuausgabe. edition khordong, Wandel Verlag. Berlin, 2013

Keith Dowman. *Der Flug des Garuda, Fünf Dzogchen-Texte aus dem tibetischen Buddhismus.* Erweiterte & überarbeitete Neuausgabe. edition khordong, Wandel Verlag. Berlin, 2015

Dudjom Rinpoche. *Die Klausur auf dem Berge, Dzogchen-Lehren und Kommentare.* Erweiterte & überarbeitete Neuausgabe. edition khordong, Wandel Verlag. Berlin, 2016

James Low. *Gesammelte Schriften von Chimed Rigdzin Rinpoche (C.R. Lama), Zusammengestellt und herausgegeben von James Low.* edition khordong, Wandel Verlag. Berlin, 2016

DUDJOM LINGPA. *Buddhaschaft ohne Meditation, Eine visionäre Beschreibung, bekannt als »Verfeinerung der eigenen Wahrnehmung« (Nang-jang).* edition khordong, Wandel Verlag. Berlin, 2018

In Vorbereitung

JAMES LOW. *Cutting Free. Texts from the Theravadin, Mahayana and Dzogchen Buddhist traditions.* Edited and translated by James Low with the guidance of Chimed Rigdzin Rinpoche.

JAMES LOW. *Befreiung (AT). Texte aus der buddhistischen Tradition des Theravada, Mahayana und Dzogchen.* Herausgegeben und übersetzt von James Low unter der Anleitung von Chimed Rigdzin Rinpoche.

The Five Nails, the accumulation praxis of the Northern Treasures. Practice text. Überarbeitet und ergänzt.

Vajrakila Texts of the Northern Treasures Tradition
by Rig-'dzin rdo-rje (Martin J. Boord)

Volume 5: *An Overwhelming Hurricane*
Averting disaster and turning back obstacles for the benefit of a wider world. *forthcoming*

Volume 6: *A Fortress of Solid Rock*
Completing the accumulation of the essential life force and consolidating all the elements of the tradition in order to remain firm in one's *samādhi*. *forthcoming*

ISBN 978-3-942380-26-3
9 783942 380263 >

Blue Planet Certificate · NatureFund
BPC-105WN